미국현대사의 흐름

미국현대사의 흐름

뉴딜에서 현재까지

이주영·김형인 지음

比峰出版社

머리말

　이 책의 목적은 '현대판 로마 제국'인 미국 역사의 현대 부분을 진보파 대 보수파, 또는 좌파 대 우파의 대결 구도 속에서 설명하려는 데 있다.
　이러한 시도에 대해 의문이 일어날 수 있다. 그것은, 근본적으로 중산계급적인, 따라서 대체로 동질적인 사회인 미국에서 무슨 심각한 좌, 우 대결이 있겠는가 하는 의문이다.
　그러나 실제로 미국사회에서는 1960년대부터 심각한 갈등이 있어 왔다. 극좌파의 도시 게릴라가 나타났는가 하면, 극우파의 민병대도 나타났기 때문이다.
　미국인들은 좌파 대 우파의 대결보다는 오히려 진보파 대 보수파의 대결로 자신들을 구분하기를 더 좋아한다. 그러나 실제로 두 가지 구분법 사이에는 뚜렷한 차이가 없다. 왜냐하면 진보파 속에는 좌파가 포함되어 있고, 보수파 속에는 우파가 포함되어 있는 것으로 사용되고 있기 때문이다.
　따라서 두 세력은 느슨한 형태의 진보-좌파 연합(a liberal-left coalition)과 보수-우파 연합(a conservative-right coalition)을 형성하고 있는 것이다. 그리고 그와 같은 연합은 선거때 민주당과 공화당을 중심으로 형성되고 있는 것이다. 그것은 프랑스에서 선거 때 수많은 정치 세력들이 좌파 대연합과 우파 대연합으로 크게 갈리는 경우와 비슷하다.
　필자들은 1996년에 황혜성(한성대), 김연진(단국대), 조지형(이화여대) 교수들과 함께 <미국현대사>를 펴낸 적이 있었다. 그러나 그 이후 미국 역사는 좌, 우 대결 구도의 성격을 더욱 더 뚜렷이 드러내 왔기 때문에 이처럼 책을 완전히 다시 쓰지 않을 수 없게 된 것이다.
　오늘날 세계의 어떤 국민도 '현대판 로마 제국'인 미국과의 접촉을 회피할 수가 없게 되었다. 특히 약소국들에게는 최강대국의 본질이 무엇인지를 아는 것이 무엇 보다도 중요하게 되었다. 따라서 이 책은 그러한 목적에 부분적으로나마 기여하려는 의도에서 쓰여진 것이다. 특히 북한의 독자들에 의해서도 읽혀지기를 바라는 마음에서 쓰여진 것이다.

 오래 전에 월터 립프만은 "이 세상은 그것을 천국으로 만들려는 사람들 때문에 더욱 더 지옥이 되어 가고 있다"는 말을 한 적이 있었다. 그 말은 후진국의 이상주의자들이 실현불 가능한 추상적이고 공허한 명분을 놓고 벌이는 쓸데없는 싸움을 비판하기 위한 것이었다.

 이 책을 쓰면서 세삼스럽게 확인하게 된 사실은 미국의 진보-좌파와 보수-우파 사이에서 벌어지는 갈등은 실현가능한 구체적인 방법을 놓고 벌어진다는 것이었다. 우리 사회에서도 이와 같은 미국인들의 현실주의적이고 실용주의적인 태도가 우세해질 수 있어야만, 우리도 부유하고 강대해 질 것이라고 생각한다.

2003년 5월 이주영, 김형인

차 례

머리말 / 5

제 1 장 진보주의 정권의 출현 (1933 - 1941) / 11
  1. 뉴딜 : 보수와 진보의 갈림길 / 11
  2. 뉴딜 이전의 미국 : 1920년대 / 13
  3. 뉴딜의 사회민주주의적 성격 / 18

제 2 장 제2차대전과 세계체제의 태동 (1941 - 1945) / 25
  1. 공화당과 고립주의의 전통 / 25
  2. 참전과 얄타체제의 출현 / 28

제 3 장 냉전에 대한 진보주의 정권의 대응 (1945 - 1949) / 38
  1. 트루먼 행정부의 진보주의 외교 / 38
  2. 소련에 대한 소극적인 봉쇄 정책 / 41

제 4 장 진보주의 정권에 대한 반발 (1941 - 1952) / 50
  1. 전쟁과 정부개입 정책의 강화 / 50
  2. 좌경화에 대한 제동 / 54

제 5 장 보수주의와 '두려움의 정치' (1947 - 1953) / 62
  1. 매카시즘과 미국적 가치 / 62
  2. 한국 전쟁과 반공주의 열기 / 68

제 6 장 국민적 합의의 시기 (1953 - 1960) / 77
  1. 아이젠하워의 온건한 공화당 행정부 / 77
  2. 미국에 대한 소련의 위협 / 87
  3. 미국에 대한 제 3세계의 도전 / 92

제 7 장 번영과 풍요의 1950년대 / 99
  1. 경제성장과 노동운동의 쇠퇴 / 99
  2. 중산계급적 사회 / 105

제 8 장 진보주의의 절정 (1960 - 1968) / 112
  1. 케네디의 '뉴프론티어' / 112
  2. 존슨의 진보주의 계승 / 120

제 9 장 신좌파의 등장 (1964 - 1968) / 125
  1. 인종폭동과 흑인민족주의운동 / 125
  2. 학생반란과 대항문화 / 129
  3. 여성해방 운동의 대두 / 133
  4. 격동의 1968년 / 138

제 10 장 베트남 전쟁과 국민적 시련(1964 - 1975) / 142
  1. 베트남 전쟁 개입 / 142
  2. 전쟁의 미국화 / 145
  3. 닉슨의 끈긴한 공화당 행정부 / 149

제 11 장 한계와 불안의 1970년대 / 159
  1. 워터게이트 사건과 권위의 붕괴 / 159
  2. 에너지 위기와 경제적 쇠퇴 / 165
  3. 제3세계의 좌경화 문제 / 174

제 12 장 좌절과 위축의 시기 (1977 - 1980) / 179
  1. 카터 행정부의 무능 / 179
  2. 대외적 국가 위신의 실추 / 184

제 13 장 1970년대의 사회세력들 / 189
  1. 새로운 사회세력의 등장과 갈등 / 189
  2. 종교적 열기와 신우파의 등장 / 198

제 14 장 1980년대의 우경화 / 204
  1. 레이건의 보수우파 정권 / 204

2. 소련과의 군비경쟁 / 209
   3. 레이건의 2차임기 / 212
   4. 제3세계와의 충돌 / 216

제 15 장 우경화에 대한 진보 - 좌파의 반발(1981 - 1988) / 227
   1. 레이건 행정부에 대한 불만 / 227
   2. 빈곤과 사회문제 / 231

제 16 장 보수 - 우파의 동요 (1989 - 1992) / 237
   1. 온건한 부시 행정부 / 237
   2. 냉전의 종식과 경제의 쇠퇴 / 244
   3. 제3세계 문제와 걸프 전쟁 / 250

제 17 장 좌경화의 1990년대 (1993 - 2000) / 256
   1. 클린턴의 진보- 좌파 정권 / 256
   2. 진보- 좌파정권의 국내정책 / 262

제 18 장 좌경화에 대한 반발 (1993 - 2000) / 269
   1. 보수- 우파의 반격 / 269
   2. 클린턴의 2차 임기 / 281

제 19 장 1990년대의 미국과 세계 / 287
   1. 해외문제 개입의 확대 / 287
   2. 미국과 세계화 문제 / 294

제 20 장 보수 - 우파의 복귀 (2001 - 2003) / 305
   1. 부시의 공화당 행정부 / 305
   2. 대외정책과 문명충돌 / 311

참고문헌 / 324
찾아보기 / 328

제 1 장 진보주의 정권의 출현 (1933 - 1941)

1. 뉴딜 : 보수와 진보의 갈림길[1]

현대 미국의 진정한 출발점은 뉴딜 정책과 제2차 세계대전이 일어났던 프랭클린 루즈벨트의 통치기간(1933 - 1945년)이었다. 그 시기는 그 이전의 미국 사회와 그 이후의 미국 사회를 크게 다르게 만든 분수령이었다. 왜냐하면, 그 시기에 바로 현대 미국의 특징이 될 중요한 두 개의 변화

---

[1] 미국에서 진보주의자(liberal)는 한국에서 사용되고 있는 의미와 상당히 다르다. 그는 마르크스주의자와 같은 혁명가가 아니라, 유럽의 사회민주주의자와 비슷한 온건한 개혁적인 사람이다. 즉, 그는 자유기업 체제를 인정하면서도, 빈민을 위한 재부의 재분배나 소수세력을 위한 인권을 실현하기 위해 국가가 적극적인 역할을 해야 한다고 생각하는 정부개입주의자이다.
　여기에 대립되는 사람은 보수주의자(conservative)로서, 진보주의자와 마찬가지로 미국적 체제와 가치를 지키려는 사람이다. 그러나 가난이나 인권의 문제는 정부의 개입 없이 개인의 자립심에 의해 해결되어야 한다고 생각하는 자유방임주의자이다. 여기에 덧붙여 그는 기독교적(청교도적)인 도덕성을 강조한다.
　그러나 1960년대부터 미국에서는 진보주의자란 말이 진보 - 좌파 연합(the liberal-left coalition)의 확대된 의미로 사용되고, 보수주의자란 말이 보수 - 우파 연합(the conservative-right coalition)의 확대된 의미로 사용되는 경우가 많다. 왜냐하면 미국의 양당제도 밑에서 모든 사회세력들은 선거 때 민주당과 공화당 가운데 어느 한 쪽으로 모일 수밖에 없기 때문이다. 그 결과로 민주당과 공화당은 선거 때 프랑스의 '좌파 대연합'이나 '우파 대연합'과 같은 역할을 하게 되는 것이다.

가 일어났기 때문이다.

첫 번째 변화는 이 시기에 대외정책에 있어서 국제주의(internationalism) 노선이 압도적으로 우세해졌다는 것이었다. 미국의 제2차 세계대전 참전은 미국인들로 하여금 다른 나라들과 어떠한 동맹도 맺지 않으려는 고립주의의 전통을 포기하고, 세계 문제에 대한 개입을 당연하게 받아들이도록 만드는 계기가 되었다.

그것은 고대 로마가 해외로 팽창하면서 공화국이 제국으로 바뀌었던 것처럼, 아메리카 공화국이 아메리카 제국으로 바뀌어 가는 계기가 되었던 것이다.

두 번째의 변화는 이 시기에 미국이 유럽의 국가들처럼 정부개입과 사회복지를 강조하는 공동체주의(communitarianism)의 원리가 우세해지게 되었다는 것이다. 뉴딜 정책의 시행은 미국인들로 하여금 자유방임과 청교도적 근로윤리를 강조해 온 개인주의의 원리를 상당 부분 포기하고, 유럽의 사회민주주의(Social Democracy) 요소들을 받아들이게 되는 계기가 되었던 것이다.

그것은 자유시민들로 이루어졌던 고대 로마공화국이 제국으로 바뀌면서 빈민대중의 영향력을 크게 받게 되었던 사실을 연상시키는 변화였다.

이와 같은 두 개의 큰 변화는 진보주의자들(Liberals)이 루즈벨트의 민주당 행정부를 장악하게 되면서 가능하게 되었다. 이들 진보주의자들은 미국의 자유기업 체제, 또는 자본주의 체제를 인정하고 사회적 약자의 입장에서 그 결함을 정부의 힘을 빌려 수정하려는 개혁세력이었다.

진보주의자들은 1960년대를 거치면서 신좌파들(the New Left)의 출현에 부딪히게 되었다. 이들 신좌파는 자본주의 체제를 거부하고 인간해방의 입장에서 혁명적 변화를 찾으려는 과격한 세력이었다. 결국, 진보주의자들은 신좌파들과 손을 잡게 되었다.

두 세력의 제휴는 선거 때마다 민주당을 중심으로 비공식적으로 이루어지게 되었다. 이와 같이 형성된 진보-좌파 연합(the Liberal-Left Coalition)은 마치 프랑스에서 선거 때마다 형성되는 '좌파 대연합'과 비슷하였다.

이에 대항하기 위한 보수-우파 연합(the Conservative-Right Coalition)이 공화당을 중심으로 형성되었다. 여기서 보수파는 전통적인 자유 기업 체제와 기독교 윤리를 보존하려는 온건한 세력을 의미하였다. 이와는 달리 신우파(the New Right)는 전통적인 미국적 체제를 보존하기 위해 보다 확고한 태도와 적극적인 행동을 강조하는 과격한 세력을 의미하였다.

그 결과로 좌, 우 대결이 일어나게 되었다. 두 세력은 제각기 자기들만이 진정한 진보(Progress)의 편에 섰다고 주장하였다. 진보-좌파는 정부개입에 의한 권력과 재부의 분배를 통해 소외세력들을 도우려는 자신들이야말로 미국을 발전시키게 될 것이라고 주장하였다.

이에 반대해, 보수-우파는 근면하고 도덕적인 개인들이 자유방임의 상태에서 창의력을 자유롭게 발휘하게 하려는 자신들이야말로 미국을 발전시키게 될 진정한 진보세력이라고 주장하였다.

오늘날 미국의 좌, 우 대결은 바로 뉴딜 시대로부터 시작된 것이었다. 그것은 프랭클린 루즈벨트의 민주당 행정부에 진보주의자들이 들어가 진보주의 권력층(the Liberal Establishment)을 형성하게 된 1930년대부터 시작되었던 것이다.

2. 뉴딜 이전의 미국 : 1920년대

개인주의와 자유방임의 나라

1929년의 대공황이 일어나기 직전까지 미국은 근본적으로 개인주의(individualism)의 철학과 자유방임주의(laissez-faireism)의 원리에 토대를 둔

고전적 자본주의 사회였다. 바꾸어 말하면, 그것은 자유경쟁, 자유기업, 근로윤리(work ethic)와 같은 '부르주아적인' 가치들이 강조된 중산계급의 사회였다.

그러한 자유기업의 사회가 자랑스럽게 내놓은 특징은 경제적 번영이었다. 1920년대의 미국인들은 미국이야 말로 인류 역사에서 나타난 가장 부유하고 강대한 국가라고 생각하였다.

그리고 그 번영은 앞으로도 계속될 것으로 확신하였다. "우리 미국인들은 어느 나라 역사에서 그랬던 것보다 더 빈곤의 최종 정복에 가까이가 있다. 가난은 우리 주변에서 사라지고 있다."고 허버트 후버(Herbert Hoover)는 1929년 초의 대통령 취임사에서 말하였다.

당시 미국의 풍요는 평민들에 의해서도 향유되고 있었다. 국민 대다수는 단순한 생계의 단계를 넘어 쾌락 목적으로 상품을 살 수 있는 단계까지 생활수준이 높아졌다.

대부분의 가정이 냉장고, 세탁기, 진공청소기, 라디오를 가지고 있었다. 소비지상주의(consumerism)의 상징이 된 자동차 보유도 1929년에 3천만 대에 이를 정도로 널리 보급되었다.

국민 대중은 이와 같은 놀라운 경제적 업적이 기업가와 기술자의 천재성에서 오는 것이라고 믿었다. 그 때문에 1920년대에는 기업가와 기술자에 대한 대중의 존경심이 컸다. 그에 따라 미국은 기업가들과 중산계급의 가치관이 지배하는 기업 문명(business civilization)으로 발전하고 있었다.

이러한 기업 문명의 이론적 토대는 개인주의(individualism)의 국민철학이었다. 개인주의적인 생활방식 즉, '미국적 생활방식'(the American way of life)은 인간이 살아가는 과정에서 부딪히는 문제를 해결할 주체는 바로 개인 자신이라는 주장을 전제로 하고 있었다.

이와 같은 주장에 따르면, 개인의 문제는 다른 개인들이나 또는 국가에 의해 해결될 성격의 것이 아니었다. 그러므로 가난의 문제를 국가의 힘을 빌려 해결하려는 사회주의자들의 시도는 어리석은 것이었다.
 개인주의적인 생활방식은 미국에서는 식민지 시대부터 국민철학으로 대중 속에 깊이 스며들어 있었다. 그에 따라 창의력, 근면성, 도덕성을 가진 사람이라면 아무리 어려운 환경에 있다 하더라도 결국 재산과 명성을 얻게 된다는 자수성가인(self-made man)의 신화가 미국 역사에 굳게 뿌리를 내리게 되었다.
 그 신화 속의 영웅들은 각 개인으로 하여금 "하고 싶은 대로 하고, 가고 싶은 대로 가라"는 자유방임주의 원리가 지배하는 자유로운 사회에서만 나타날 수 있는 것으로 생각되었다. 즉, 그러한 영웅들의 출현은 미국에서만 가능하였다. 그러한 영웅들은 국민 대중에게 직접 물질적인 혜택과 개인적인 자부심을 가져다 준 행동인들이었다.
 영웅들 중에는 전등을 비롯한 가전제품들을 만들어냄으로써 국민 생활을 편리하게 해 준 발명가 토마스 에디슨(Thomas Edison) 같은 사람들이 있었다.
 또한 영웅들 중에는 일반 대중까지도 자동차를 보유할 수 있도록 생산을 합리화시킨 기업가 헨리 포드(Henry Ford) 같은 사람들도 있었다.
 그리고 영웅들 가운데는 혼자 비행기로 대서양을 횡단함으로써 항공기 시대의 가능성을 열어준 모험가 찰스 린드버그(Charles A. Lindbergh) 같은 사람들도 있었다.

중산계급의 나라

 개인주의의 국민 철학을 정치적으로 표현하고 있었던 정치세력은 공화당이었다. 공화당은 중산계급적인 정당으로서 기업가들과 우호적인 관계에 있었고, 그 사실은 캘빈 쿨리지 행정부 당시의 재무장관 앤드루 멜론과 상무장관 허버트 후버의 친기업적 태도에서 잘 나타나고 있다.
 그들은 빈민에 대한 정부의 지원을 막기 위해 정부 예산을 줄였다.

정부 지원이 게으름을 조장한다고 생각했기 때문이었다. 그리고 노동조합이나 농민조직이 기업가들의 활동을 제약하지 못하도록 정부가 감시하였다.

또한 그들은 기업의 이윤을 늘려 주기 위해 부유층에게 부과되는 개인소득세와 상속세를 줄여 주었다. 세금 삭감이 투자를 촉진시켜 경제적 번영을 가져올 것이라고 생각했기 때문이다.

이와 같은 쿨리지 행정부의 자유방임정책은 법원에 의해서도 뒷받침을 받았다. 대법원장 윌리암 태프트가 이끄는 대법원은 소년노동 금지법과 여성근로자 최저임금법을 무효화시킴으로써 기업에 유리한 사회 풍토를 조성하려고 하였다.

또한, 쿨리지 행정부는 노동조합 운동도 억제하였다. 노동운동은 '미국적 체제'를 전복하려는 비미국적(un-American)인, 따라서 비애국적인 것으로 보였다. 실제로 노동조합의 파업에는 공산주의자들이 개입하는 경우가 많았다. 따라서 정부는 노동자의 노동조합 가입을 의무화하지 못하도록 '노조 없는 작업장'(open shop)의 원리를 확대시키려고 하였다.

노조 운동이 억제되는 데 대한 보답으로 기업가들은 자발적으로 노동자의 복지를 향상시키려고 하였다. 그래서 포드 자동차 회사는 작업시간을 파격적으로 줄이고 임금을 대폭 인상하였다. 그리고 유급 휴가제를 도입하였다. 유에스 스틸 철강회사는 작업장의 안전시설과 위생 시설을 획기적으로 개선하였다.

그에 따라 미국의 자본주의 체제는 복지주의적이고 후견주의적인 성격을 띠게 되었다. 그 결과로 1926년에는 300만의 산업노동자가 은퇴 후에 국가의 도움 없이 연금을 받게 되었다. 그리고 종업원들이 자기 회사의 주식을 사들여 주주가 되었다.

이러한 혜택 때문에 노동자들은 사회주의에 관심을 돌리지 않고 기존의 자유기업 체제를 받아들이게 되었던 것이다.

청교도의 나라

미국적인 자유방임 체제를 지탱하는 확고한 대중세력은 전통적인 가치관과 생활방식을 고집하는 농촌 지역의 프로테스탄트 교도들이었다. 그들은 주로 백인들로서, 전통적인 개인주의 철학과 칼빈주의(Calvinism) 신앙을 고집하였기 때문에 '문화적 전통주의자'로 불리기도 하였다.

그들은 미국의 전통적인 프로테스탄트적 가치관이 유럽으로부터 새로 들어온 이민들의 외래문화에 의해 위협받고 있다고 생각하였다. 그들은 미국의 도시들이 낯선 언어, 낯선 복장, 낯선 습관, 낯선 종교를 가진 외국인들에 의해 잠식당하고 있다고 두려워하였다. 그러한 외국인들은 가톨릭교도, 유대인, 흑인, 공산주의자들로서 낯선 생활방식을 가지고 있었다.

특히 그들은 남유럽의 수준 낮은 국가들로부터 쏟아져 들어오는 가톨릭 이민들과 그들의 음주 습관에 대해 두려워하였다. 그리고 독특한 문화를 고집하는 유대인들에 대해서도 두려움을 가졌다.

이민들은 주로 도시에 정착했기 때문에, 농촌과 도시 사이에 '문화적 갈등'이 일어났다. 농촌의 토착주의(nativism) 백인 세력은 외국인이 지배하고 있는 도시의 이국적이고 세속주의적인 생활방식 때문에 전통적이고 도덕주의적인 생활방식이 무너지고 있다고 두려워하였다.

이들 토착주의자들은 정치적으로 공화당을 지지하였다. 그들은 도시의 노동계급, 가톨릭교도, 이민들의 지지를 받고 있는 민주당을 '비 미국적'이고 '비애국적인' 불순분자들의 집단이라고 비난하였다.

토착 백인들의 배외주의적인 감정은 금주운동(Prohibition)으로도 나타났다. 왜냐하면, 도시의 타락한 외래문화속에는 술과 매음이 자리 잡고 있었기 때문이다. 그에 따라 1920년에 술의 제조와 판매를 금지하는 금주법이 제정되었다. 그러므로 금주 운동은 세속화되어 가고 있는 미국 사회에서 전통적인 프로테스탄티즘의 윤리를 지키려는 안간힘이었던 것이다.
　농촌 백인의 토착주의 운동은 "쿠클락스클랜"(Ku Klux Klan) 운동으로도 나타났다. 이들은 흑인, 유대인, 공산주의자들을 '비 미국적인', 비애국적인 세력으로 매도하고, 자신들을 미국적인 체제를 수호하려는 애국자로 자처하였다.
　그러한 토착주의 운동은 세속적인 진화론에 대해서도 반대하였다. 왜냐하면, 찰스 다윈의 진화론은 성서의 창조론을 부정하고 있었기 때문이다. 그 대신 토착주의자들은 성서의 내용을 문자 그대로 받아들이는 근본주의(fundamentalism)의 신앙을 내세웠다.

3. 뉴딜의 사회민주주의적 성격

민주당과 정부개입주의

　공화당의 후버가 빈곤 정복에 대한 자신감을 가지고 대통령에 취임한 바로 1929년 10월에 미국은 그 역사에서 가장 혹독한 불경기 속에 빠져 들게 되었다. 주식시장의 붕괴로 미국경제는 완전히 붕괴되었다. 대공황이 온 것이다.
　대공황 첫 3년 동안에 국민총생산(GNP)은 25퍼센트가 줄고, 실업자는 공식적으로 발표된 것만도 전체 노동력의 25퍼센트에 이르렀다. 어떤 도시들은 실업자가 80퍼센트에 이르러 전체가 마비되기까지 하였다. 대공황의 여파는 농촌에도 밀어닥쳐 농민의 3분의 1이 농토를 잃고 고향을 떠나게 되었다.
　이렇게 되자 미국 사회에서는 개인의 노력만으로는 자기 운명의 지배자가 될 수 없다는 생각이 퍼지게 되었다. 개인주의와 자유방임주의의 신념이 흔들리게 된 것이다.

기성체제와 지도자들에 대한 실망이 너무나 컸기 때문에, 국민들은 1932년의 대통령 선거에서 자유방임의 정당인 공화당을 버리고 프랭클린 루즈벨트(Franklin D.Roosevelt)의 민주당을 선택하였다.

새로 들어선 민주당 행정부는 대공황으로부터 벗어나기 위해 뉴딜 정책(the New Deal)으로 알려진 개혁에 착수하였다. 뉴딜 정책의 기본 노선은 자유방임 정책이 경제와 사회를 건강하게 유지하는데 부적합하므로 정부 개입주의(governmental interventionism)의 개념을 도입해야 한다는 주장에 토대를 두었다.

그러한 개념은 소련의 공산주의 체제나 서유럽 국가들의 사회민주주의 체제에서 빌려온 것이었다. 따라서 그것은 대부분의 미국인들에게는 아주 낯설었을 뿐만 아니라 두려움의 대상이었다.

그것은 자유기업 체제에 대한 중요한 도전으로 보였다. 그 때문에, 일부의 극단적인 보수 세력들은 미국이 사회주의의 방향으로 잘못 가고 있다고 비난하였다.

민주당 행정부의 간섭주의적 정책은 경제와 사회에 대한 국가통제(state control)를 의미하였다.

국가 통제는 우선 통화와 금융에 대한 통제로 나타났다. 그래서 정부는 1933년에 금본위제를 폐지하여 화폐의 가치를 인위적으로 조작하는 방식으로 개입하였다.

또한 정부는 금융감독법을 제정하여 은행들의 투기를 규제하는 한편, 연방저축보험공사(FDIC)를 설치하여 은행이 파산했을 때 고객이 일정 한도의 예금은 건질 수 있도록 안전장치를 마련해 주는 방식으로 개입하였다.

또한 정부는 주식시장에도 개입하여 투자자들을 보호하기 위한 증권법을 제정하였다. 그 법은 일반 투자자들이 정보를 알 수 있도록 기업들이 정보를 공개하도록 하였다. 그리고 정부는 주식시장을 감독하기 위한 증권거래위원회를 설치하였다.

정부가 새로운 역할을 맡게 되었기 때문에, 규모와 권한이 커진 거대 정부(big government)가 나타나게 되었다. 그리고 연방정부가 지방정부에 대해 우세한 지위를 가지게 되는 중앙집권화(centralization)의 현상이 나타났다.

이러한 변화는 '작은 정부'와 지방정부에 익숙한 미국인들에게는 아주 낯 선 것이었다. 따라서 그것은 보수주의자들로부터 공산주의의 소련이나 나치즘의 독일과 같은 전체주의 국가에서나 볼 수 있는 '비 미국적인' 현상이라고 비난을 받기도 하였다.

민주당과 노동조합의 제휴

뉴딜 정책의 정부 개입, 또는 국가통제의 개념은 농민과 노동자들을 보호하는 방향으로도 적용되었다.

그것은 1933년의 농업조정법(AAA)의 제정으로 나타났는데, 이 법의 주된 목표는 정부 개입을 통해 농산물의 과잉생산 문제와 그에 따른 농민의 고통을 해결하려는 것이었다. 그에 따라 정부는 농민들이 생산을 자발적으로 줄이도록 유도하는 동시에 유휴 경작지에서 생겨나는 손실을 보전해 주기 위한 보조금을 주었다.

또한 정부는 노동조합 활동을 법적으로 보장할 전국 산업부흥법(NRA)의 7조 a항을 제정하였다. 그것은 노동조합의 결성권과 단체교섭권을 인정한 것이었다.

한 걸음 더 나아가, 정부는 고용주들이 노동조합의 결성을 방해하지 못하도록 전국 노동관계법(와그너 법)을 제정하였다. 그리고 정부는 노동조합의 편에 서서 노사협약의 체결을 감독하기 위해 전국 노동관계청(NLRB)도 설치하였다.

이와 같은 민주당 정부의 지원정책 때문에 노동조합 운동은 더욱 더 활기를 띠었다. 그 결과 1936년에는 새로운 산업별 노동조직인 산업노동 자회의(CIO)가 탄생하여, 직능 노조인 전미 노동자연합(AFL)에 도전하게 되었다.

산업노동자회의는 아주 과격한 방법으로 기업가들에 대항하였는데, 그 대표적인 경우가 1936년에 자동차노조가 제너럴 모터즈에 대항해 일으킨 피업이었다. 이 싸움에서 루즈벨트 대통령은 노동자들의 편에 섰고, 또한 노동조합의 단체교섭권(collective bargaining)을 인정하도록 회사 측에 압력을 넣었다.

빈곤에 대한 정부의 책임의식

뉴딜 정책의 정부개입주의는 빈민을 위한 정부의 구호사업으로도 실현되었다. 연방정부는 빈민을 구호하기 위해 지방정부들의 구호기구들에게 자금을 지원하는 간접구호의 방법을 쓰면서, 다른 한편으로는 직접구호에 나서기도 하였다.

그러나 이와 같은 민주당 행정부의 빈민구호 정책은 큰 반발에 부딪혔다. 왜냐하면, 개인주의 철학과 자조(self-help)의 정신이 널러 퍼져 있는 미국 사회에서 정부의 빈민구호 정책은 게으름을 조장한다는 비난을 받았기 때문이다.

그러므로 민주당 정부는 빈민에게 일을 시키고 임금을 주는 근로 구호(work relief)의 방법을 사용하였다. 그래서 연방정부는 실업자에게 일자리를 만들어 주기 위해 정부 자금으로 도로, 학교, 공원의 건설과 같은 공공사업(public works)을 벌였다.

이러한 정부 투자는 구매력을 창출함으로써 미국 경제를 활성화시키는 데 도움이 되었다. 민주당 행정부의 이러한 정책은 결과적으로 케인즈 경제학의 이론을 따른 것이 되었다.

정부의 공공사업의 추진 가운데서 가장 유명했던 것이 1933년에 공기업(public corporation)으로 설립된 테네시 계곡 공사(TVA)의 활동이었다. 그것은 테네시 강에 댐을 건설하고 수로망을 정비함으로써 많은 일자리를 창출하였다. 그리고 그것은 홍수를 막고 전력을 싸게 공급하는 결과도 가져왔다.

1935년에 설립된 사업추진청(WPA)의 활동도 실업자들에게 일자리를 만들어 주는 데 크게 기여하였다. 그것은 정부 자금으로 학교, 우체국, 관청과 같은 공공건물을 세우고, 비행장, 도로, 다리와 같은 사회 기반시설(infrastructure)을 확충함으로써 일자리를 창출하였다. 또한 그것은 화가, 조각가, 음악가, 연극인 등을 돕는 예술진흥 사업도 벌임으로써 일자리를 창출하였다.

그러나 이러한 구호 방법은 일시적인 것에 지나지 않았다. 그 때문에, 정부는 영구적인 복지제도를 수립하기 위해 1945년에 사회보장법(Social Security Act)을 제정하였다.

그것은 일자리를 가지고 있는 사람들에게는 매월 일정액을 적립시켰다가, 은퇴한 다음에 연금을 주는 제도였다. 그리고 그것은 해고당한 노동자에게 연방정부가 일정 기간 생활비를 보조하도록 만든 실업보험 제도이기도 하였다. 그 비용의 일부는 피고용인의 재직 당시 고용주와 정부가 매월 부담한 기금으로 충당하도록 하였다.

이러한 복지제도들의 도입으로 미국은 서유럽 국가들과 마찬가지로 복지국가(welfare state) 건설의 길로 나아가기 시작하였다.

그러나 그것을 실현하기 위해서는 많은 돈이 필요했기 때문에, 연방정부는 1935년에 부자로부터 많은 세금을 거두어들이기 위한 세법 개정에 착수하였다. 그 결과로 기업소득에 대해서는 누진세율이 적용되고, 고소득과 상속에 대해서는 아주 높은 부가세(surtax)가 부과되었다.

뉴딜 진보연합의 형성

이것은 뉴딜 정책이 어느 정도의 재부(財富)의 분배를 의도하고 있음을 보여준 것이었다. 그러나 그것은 미국의 자유기업 전통에서 크게 벗어난 조치였기 때문에 자유방임주의자들로부터는 사회주의적 또는 소비에트적인 것, 따라서 '비 미국적인'(un-American) 것이라는 비난을 받았다.

또한 뉴딜 정책을 시행하는 과정에서 정부의 업무가 크게 늘어났기 때문에 관료의 수와 권한이 커졌다. 그렇게 해서 나타나게 된 '거대 정부'는 독일에서와 같은 국가지상주의(statism)가 나타나는 것이 아닌가 하는 두려움도 일으켰다.

게다가 정부의 빈민구호 정책은 루즈벨트 대통령을 인기 있게 만들었기 때문에, 대중영합주의(populism)의 대두와 대중 독재자의 출현을 우려하는 목소리도 커졌다. 그것은 고대 로마 공화국 말기에 나타났던 황제 지상주의(caeserism)의 출현을 연상시키는 것이었다.

실제로 그러한 두려움은 1944년에 프랭클린 루즈벨트가 조오지 워싱턴의 전례를 깨뜨리고 대통령에 네 번째로 당선되었을 때 분명해진 듯이 보였다.

이와 같은 우려에도 불구하고, 뉴딜 정책에 따라 정부로부터 혜택을 입은 집단들은 선거에서 민주당을 지지하였다. 민주당 지지세력은 노동조합, 농민 조직, 소비자 조직, 및 흑인을 비롯한 소수 민족, 여성들로 이루어져 있었다. 그들은 "뉴딜 연합세력"(New Deal Coalition)으로 불리고, 그들의 이념은 진보주의(Liberalism)로 알려지게 되었다.

뉴딜정책과 그의 진보주의 이념은 자유자본주의 체제를 근본적으로 부정한 것이 아니었다. 그것은 자본주의 경제체제에 사회주의의 국가통제(state control) 개념을 부분적으로 도입한 혼합경제(mixed economy)를 목표로 하고 있었다. 따라서 그것은 1930년대에 서유럽에서 유행하던 사회민주주의(Social Democracy)의 이념을 미국 실정에 맞게 구현한 것이었다.

뉴딜 정책의 덕분으로 미국은 제2차 세계대전에 참전하게 된 1941년 쯤이면 대공황의 늪에서 어느 정도 벗어나게 되었다. 그러나 그 과정에서 미국 사회는 뉴딜 이전과 크게 달라지게 되었다.

왜냐하면 뉴딜 이후의 미국은 자유방임주의와 정부간섭주의의 대립, 공화당 대 민주당의 대립, 보수주의(Conservatism) 대 진보주의(Liberalism)의 대립을 보다 더 심각하게 경험하게 되었기 때문이다.

이와 같은 대립 과정에서 시간은 공화당과 보수주의(자유방임주의)의 세력보다는 민주당과 진보주의(정부개입주의)의 세력에게 더 유리해 보이는 것 같았다.

왜냐하면, 제2차 세계대전을 수행하는 과정에서, 정부의 역할과 규모는 더욱 더 커져 가고 있었기 때문이다. 그리고 노동자, 흑인, 여성과 같은 소수 세력의 참여와 발언권은 더욱 더 강화되어 가고 있었기 때문이다.

제 2 장 제2차대전과 세계체제의 태동
(1941 - 1945)

1. 공화당과 고립주의의 전통

중립정책

　미국이 대공황으로부터 벗어나려고 안간힘을 쓰고 있는 동안에 세계는 제2차 세계대전의 길로 빠져 들고 있었다. 그러나 전쟁의 결과로 미국은 세계 강대국(world power)으로 나타나게 되었다. 진주만 기습이 일어난 1941년에 '미국의 세기'(the American Century)가 시작되고 있었던 것이다.
　제2차 세계대전은 1939년에 나치 독일이 폴란드를 침공함으로써 시작되었지만, 전쟁의 조짐은 벌써 그 이전에 나타났다. 1935년에 무솔리니의 파시스트 이탈리아는 에티오피아를 침공하였다.
　1936년에는 스페인 내전에서 독일과 이탈리아의 지원을 받는 프랑코의 파시스트 세력이 승리하였다. 그리고 1937년 여름에는 파시스트 일본이 중국의 북부 지방을 공격함으로써 중-일 전쟁이 일어났던 것이다.
　세계가 전쟁의 길로 들어서게 되자 미국의 고립주의자들은 미국이 분쟁에 끌려 들어가지 않도록 중립을 지키려고 하였다. 고립주의자들 가운데는 공화당과 중서부 지역 출신이 많았다.

상원에서는 반전주의 분위기가 강하여 제랄드 나이를 중심으로 조사위원회가 구성되어 제1차 세계대전 당시 미국이 참전하게 된 원인을 밝혀내고 있었다. 그 조사에 따르면, 미국이 전쟁에 빠지게 된 것은 막대한 이윤을 얻으려는 기업들, 그리고 영국에게 돈을 빌려준 은행들의 음모였다는 것이다. 그것은 미국이 다시는 유럽의 전쟁에 뛰어드는 어리석음을 보여서는 안 된다는 의미였다.

이와 같은 고립주의 분위기 속에서 1935년의 중립법이 제정되었다. 그것은 미국이 군사적 분쟁에 휘말린 국가에 대해 무기 제공을 금지하고, 미국 시민이 교전국 선박에 타지 못하도록 하였다.

그러나 시간이 흐르면서 미국은 고립주의와 중립의 원칙을 지키기가 어렵게 되었다. 그에 따라 미국의 전쟁 참여 가능성에 대해서는 공화당이 우세한 의회도 어느 정도 인정하지 않을 수 없었다.

그래서 1937년에 현실에 맞는 새로운 중립법이 제정되었다. 그것은 "현금 주고 사가기(cash-and-carry)"의 원칙을 도입하였다. 그것은 유럽의 교전국들이 미국으로부터 비(非) 군수 물자를 구입하기 위해서는 반드시 현금으로 결제해야 할 뿐만 아니라, 자기 나라의 배를 가지고 와서 직접 실어 가져가야 한다고 규정하였다.

독일과 소련의 폴란드 침략

그 동안 히틀러의 나치 독일은 침략전쟁의 길을 향해 바짝 다가가고 있었다. 독일은 체코슬로바키아에 대해 독일인이 많이 사는 주데텐란트 지역을 할양하도록 요구하였다. 영국과 프랑스는 독일을 달래기 위해 뮌헨 회담에서 그 요구를 들어주었다.

그러나 히틀러는 이러한 영국과 프랑스의 유화정책에도 만족하지 않았다. 이번에는 체코슬로바키아의 나머지 영토와 폴란드의 일부 영토까지 요구하였다. 영국과 프랑스가 이 요구를 들어주지 않자, 나치 독일은 전쟁을 시작하였다. 그것은 동쪽의 광대한 슬라브 족의 영토에서 "생활 공간"을 무력으로 확보하려는 거창한 목적을 가진 전쟁이었다.

히틀러는 우선 폴란드를 정복하려고 하였고, 그 준비 단계로 소련의 방해를 막으려고 하였다. 그러나 스탈린과 히틀러는 모두 타협할 마음이 있있다.

그리하여 1939년에 두 전체주의 국가 사이에 독-소 불가침 조약이 체결되었다. 그 조약의 핵심은 독일이 폴란드를 공격할 때 소련이 중립을 지키면 폴란드 영토의 절반을 대가로 받는다는 내용이었다.

소련의 중립 약속을 확보한 히틀러는 1939년 9월 1일에 폴란드를 침공함으로써 제2차 세계대전을 시작하였다. 침략은 폭격기와 기계화 부대를 이용해 눈부실 정도로 빠른 속도로 이루어졌다. 그 때문에 "전격전(Blitzkrieg)"이라는 명칭을 얻게 되었다.

그러나 스탈린은 히틀러의 공격을 가만히 보고 있지만은 않았다. 히틀러가 약속을 지키지 않을 것을 예상했기 때문이었다. 따라서 스탈린은 약속된 몫의 폴란드 영토를 차지하기 위해 동쪽으로부터 폴란드를 공격하였다.

그 때문에 폴란드는 두 강대국의 공격을 동시에 받게 되었다. 그에 따라 건국된 지 20년밖에 되지 않은 이 허약한 신생국은 순식간에 무너졌다.

폴란드를 점령한 독일군은 서쪽으로 방향을 바꾸어, 1940년 봄에 프랑스를 공격하였다. 독일군은 네덜란드와 벨기에를 휩쓴 다음, 프랑스의 심장부로 진격하였다. 무솔리니의 이탈리아 군도 남쪽에서 프랑스를 공격해 왔다.

1940년 6월 22일에 파리가 함락되었다. 그에 따라 프랑스 영토의 절반은 독일군의 점령지가 되었다. 나머지 영토는 비시 정부의 수립으로 나치 독일에 협력함으로써 점령만은 당하지 않았다.

이제 독일에게 정복되지 않은 주요 국가로는 영국만이 남게 되었다. 그러므로 영국 총리 윈스턴 처칠은 미국에게 지원을 요청하였다. 미국은 우선 영국에게 낡은 구축함 50척을 빌려주었다.

그리고 루즈벨트 대통령은 세계가 중요한 4개의 자유, 즉 언론의 자유, 신앙의 자유, 결핍으로부터의 자유, 두려움으로부터의 자유를 실현하도록 미국이 도와야 한다고 선언함으로써 전쟁개입 의사를 공개적으로 피력하였다.

영국에 대한 군수물자 지원은 참전의 구실을 준다는 비난을 받을 수가 있었다. 그러므로, 루즈벨트 대통령은 고립주의자들을 무마하기 위해 "무기 대여(lend-lease)"라는 편법을 사용하였다. 즉, 미국은 영국에게 무기를 제공하는 것이 아니라 빌려준다는 것이었다.

무기 대여법에 따라 미국은 연합국들에게 500억 달러를 지원하였다. 1941년 6월에 나치 독일과 공산주의 소련 사이에 전쟁이 벌어지게 된 다음부터는, 소련에게도 무기 대여법을 적용하였다.

1941년 8월에 루즈벨트와 처칠은 독일에 대한 전쟁수행 문제를 협의하기 위해 뉴펀들랜드 앞바다의 오거스타 함선에서 만났고, '대서양 헌장'으로 알려진 공동성명서를 발표하였다. 그것은 전쟁 목표가 "나치 독일의 최종적 타도"임을 공개적으로 선언하였다. 미국의 공식 참전은 시간 문제로 남게 되었다.

2. 참전과 얄타체제의 출현

진주만 기습과 미드웨이 해전

유럽 국가들이 전쟁에 몰두하고 있는 동안, 일본은 태평양에서 그의 제국(empire)을 확장하고 있었다. 1941년 7월에 일본은 독일에 패배한 프랑스의 식민지인 인도차이나 반도를 점령하였다.

루즈벨트는 일본의 팽창에 대해 강경하게 항의하고, 그것에 대한 보복으로 미국 안에 있는 일본인 재산을 동결하였다. 그 결과로 일본은 고철(古鐵)과 같이 전쟁에 절실히 필요한 물자를 미국으로부터 살 수 없게 되었다.

일본은 미국을 공격함으로써 문제를 해결하려고 하였다. 1941년 12월 7일 아침 7시 55분에 일본의 함재기들은 진주만 기지를 기습 공격하였다. 한 시간 뒤에 2차 공격이 있었다.

미국 해군은 완전히 무방비 상태에 있었기 때문에 그 피해는 막대하였다. 두 시간 안에 미국은 8척의 전함, 3척의 순양함, 4척의 기타 함정, 188대의 항공기, 및 중요한 해안 시설을 잃었다. 그리고 2,400명 이상이 죽고 1,200명이 부상을 입었다.

거의 같은 시간에 일본 함재기들은 필리핀의 마닐라 미군 공군기지를 공격하여 큰 피해를 주었다. 뒤이은 일본군의 상륙으로 맥아더 장군은 필리핀으로부터 물러나고, 1만 2천 명의 미군이 일본군에 항복하였다.

루즈벨트 대통령은 일본에 대해 선전포고를 하였고, 의회는 그것을 승인해 주었다. 그리고 1942년 1월 1일에는 독일 · 이탈리아 · 일본의 추축국들에 대항해 싸우는 26개국이 동맹을 맺기 위해 워싱턴에서 국제연합(UN)을 창설하도록 결정하였다.

미국은 장기적으로 태평양에서 일본군을 격퇴할 두 가지 전략을 마련하였다.

첫 번째 전략은 더글라스 맥아더 장군의 지휘로 남태평양의 오스트레일리아로부터 북쪽으로 뉴기니, 필리핀을 점령한 다음, 마지막으로 일본 본토를 공격한다는 것이었다. 이 전략은 1942년 5월에 산호해 해전에서 미국의 항공모함들이 승리함으로써 성공을 거두기 시작하였다.

두 번째 전략은 체스터 니미츠 제독의 지휘로 하와이로부터 태평양

중부의 섬들을 거쳐 일본 본토를 공격하는 것이었다. 그것은 1942년 6월에 미드웨이 해전으로 성공을 거두기 시작하였다.

미드웨이 해전에서 미군이 승리한 것은 일본군의 암호를 해독하여 작전 수역에 미리 항공기와 함정을 집결시킬 수 있었기 때문이었다. 나흘 동안의 치열한 전투에서 미군은 1척의 항공모함을 희생으로 하여 4척의 일본 항공모함을 격침시키는 승리를 거두었다.

북아프리카 전선과 노르망디 상륙작전

1942년 봄에 롬멜 장군의 독일군은 수에즈 운하의 점령을 목표로 진격하고 있었다. 영국의 수송로를 차단하기 위한 것이 목적이었다.

그것을 저지하기 위해 아이젠하워의 미군과 몽고메리의 영국군이 1942년 11월에 북아프리카의 알지에와 카사블랑카에 상륙하였다. 그리고 그들은 독일군을 아프리카로부터 완전히 몰아내는 데 성공하였다.

그들은 여세를 몰아 이탈리아의 시실리 섬에 상륙하였다. 그리고 난 다음, 1944년 6월에 로마를 함락시키고 무솔리니의 파시스트 정권을 무너뜨렸다.

그 동안 동부전선에서는 독일과 소련군이 혈투를 벌이고 있었다. 1941년 6월에 소련은 독일군의 대대적인 공격을 받아, 수도인 모스크바가 거의 함락될 위기까지 갔다. 그러나 1942년에 소련은 스탈린그라드 전투에서 승리한 다음부터는 서쪽으로 독일군을 천천히 몰아내고 있었다.

그리고 소련은 미국과 영국에 대해 독일과 맞설 거대한 '제2전선'의 구축을 요구하였다. 그러나 서방 연합군은 대규모의 지상군을 갖지 못하고 있었기 때문에, 소련의 요구는 한 참 뒤에나 이루어질 수밖에 없었다.

마침내 서방 연합군은 1944년 6월 6일 아침에 대규모 병력을 프랑스의 노르망디 해안에 상륙시켰다. 그것은 4천 척의 선박에 300만 명의 병력을 동원한 대대적인 상륙작전이었다.

노르망디 상륙작전에 성공한 연합군은 동쪽으로 프랑스 심장부를 향해 진격을 시작하였다. 그리하여 1944년 8월 25일에는 파리를 해방시켰다. 동부 전선에서 소련군도 1945년 1월 말부터 다시 독일군을 공격하기 시작하였다. 그에 따라 독일군은 양쪽 전선에서 붕괴되고 있었다.

서부 전선에서 아이젠하워 장군이 이끄는 미군의 진격은 빨랐다. 그 때문에 미군은 소련군보다 먼저 베를린과 프라하를 점령할 수가 있었다.

그러나 미국군과 영국군은 중부 독일의 엘베 강에서 진격을 멈추었다. 그것은 연합군이 베를린과 체코슬로바키아의 프라하 점령 기회를 소련에게 주려는 의도처럼 보였다. 그 때문에 소련군은 베를린을 점령하고 1945년 5월 8일에 독일의 무조건 항복을 받아냈다.

레이테 해전과 맨해튼 계획

다른 한편, 태평양 전선에서는 1944년 2월에 니미츠 제독의 미국 해군이 마샬 군도에서 벌어진 여러 차례의 해전에서 승리하였다. 그 뒤로 섬을 하나씩 점령하는 '섬 건너 뛰기(island hopping)' 작전을 통해 북쪽으로 계속 진격하여, 마침내 마리아나 군도의 괌과 사이판을 점령하였다.

뒤이어 미국 해군은 필리핀 앞바다의 레이테 만 해전에서도 승리하였다. 이것은 역사상 최대의 해전으로서, 일본은 4척의 항공모함을 잃는 결정적인 패배를 당하였다.

1945년 2월에 미 해병대는 치열한 전투 끝에 이오지마 섬에 상륙함으로써 일본 본토에 가까이 도달하였다. 그리고 6월에는 오키나와를 점령함으로써 일본 본토를 넘볼 수 있게 되었다. 절망적인 일본군은 자살특공 비행대(Kamikaze)를 운용하여, 미국과 영국의 전함에 막대한 피해를 주었다.

사이판 점령 이후로 미군의 B-29 폭격기들은 일본 본토를 쉽게 폭격하고 있었다. 그 결과로 일본의 산업시설과 군사시설은 마비되었다.

1945년 7월부터는 미국의 전함들이 일본 해안에 접근하여 포격하기 시작하였다.

한편, 미국에서는 일본과의 전쟁기간을 단축시키는 데 결정적인 역할을 하게 될 원자탄이 비밀리에 개발되고 있었다. 미국의 과학자들은 독일의 과학자들이 우라늄 핵분열의 방법을 알고 있다는 사실에 주목하였다. 그것은 파시스트 이탈리아와 나치 독일에서 망명해온 엔리코 페르미와 앨버트 아인슈타인의 경고 때문이었다. 그들은 독일이 원자탄을 먼저 만들지도 모른다고 두려워하였던 것이다.

1942년 12월에 미국의 물리학자들은 시카고 대학의 원자로에서 '제어된 연쇄 반응'을 일으키는 데 성공하였다. 그러나 이러한 힘을 폭탄을 통해 풀어 놓는 기술적인 문제는 3년 동안에 걸친 맨하튼 계획(Manhattan Project)을 통해 해결되었다.

테네시의 오크리지 연구소에서는 폭발의 원료인 플루토늄을 생산하는 사업을 맡았다. 그리고 뉴멕시코의 로스알라모스 연구소에서는 그 연료를 사용하여 폭탄을 제조하는 사업을 맡았다.

그 결과로 1945년 7월 16일에 뉴멕시코의 알라모고로도 근처에서 최초의 핵실험이 성공하였다. 이 소식은 포츠담 회담에 참석하고 있던 트루먼 대통령에게 전달되었다.

그는 일본에게 8월 3일까지 항복하지 않으면 엄청난 파괴를 당할 것이라는 최후통첩을 보냈다. 일본 측으로부터 아무런 반응이 없자, 트루먼 대통령은 공군에 원자탄 사용을 명령하였다.

1945년 8월 6일에 에놀라게이란 별명을 가진 B-29 폭격기가 히로시마의 산업 중심부에 원자탄을 떨어뜨렸다. 한 발의 폭탄으로 8만 명 이상이 사망하였다. 이틀 뒤인 8월 8일에 소련이 일본에 선전포고를 하였다. 그리고 다음 날인 8월 9일에 또 하나의 원자탄이 나가사키에 떨어졌다.

8월 14일에 일본 정부는 항복하기로 결정하였다. 그리고 9월 2일에 동경 앞 바다에 정박 중인 미국 전함 미주리호에서 항복문서에 조인하였다.

이렇게 하여 인류 최대의 전쟁인 제2차 세계대전은 끝을 맺었다. 이 전쟁에서 3천 500만 명이 사망하였다. 여기에는 2천만의 소련인, 500만의 독일인, 600만의 유대인이 포함되어 있었다. 미국은 40만의 전사자와 67만의 부상자를 냈다.

대서양 헌장과 테헤란 회담

전쟁 기간에 민주당 행정부는 전후에 평화를 수립하는 일에 계속 관심을 기울여 왔다.

1941년 8월에 앵글로색슨 족의 두 국가인 미국과 영국을 대표하는 루즈벨트 대통령과 처칠 총리는 뉴펀들랜드 앞 바다의 영국 함선 위에서 '대서양 헌장'을 발표하였다.

그것은 나치 폭정의 타도를 전쟁 목표로 선포하는 동시에 전후에 나타날 새로운 세계에 대한 미국의 희망을 표현하였다. 그것은 국제정치에서 전통적으로 내려오던 군사동맹과 세력범위의 개념, 그리고 그것에 토대를 둔 제국(empire)의 개념을 배격하였다.

그 대신에 그것은 민주적인 방법으로 분쟁을 중재할 국제기구, 즉 국제연합(UN)을 설치하려는 희망을 내비쳤다. 또한 그것은 모든 민족이 자신의 정부 형태를 선택할 권리를 가지게 될 새로운 세계를 꿈꾸었다. 바꾸어 말하면, 그것은 제1차 세계대전 당시 우드로 윌슨 대통령의 민족자결주의와 집단안전보장의 개념에 토대를 둔 "하나의 세계(One World vision)"를 제시했던 것이다.

그러나 소련은 이와 같은 미국과 영국의 전후 구상에 동의하지 않았다. 그러므로 서방측과 소련의 의견 차이를 해소시키기 위해 루즈벨트는 1943년 1월에 모로코에서 미국, 영국, 소련의 세 거두가 참여하는 카사블

랑카 회담을 열었다.

그러나 스탈린은 참석을 거부하였다. 그러므로 루즈벨트와 처칠은 전쟁의 목표가 추축국들의 무조건 항복이라는 것을 선포하였다. 그것은 미국과 영국이 결코 전선에서 이탈하여 나치 독일과 단독 강화를 체결하지 않을 것임을 스탈린에게 보여준 것이었다.

그러한 선언에 만족한 스탈린은 1943년 11월에 이란에서 열린 테헤란 회담에는 참석하였다. 이 회담에서 소련은 독일이 항복하는 즉시 일본에 대한 전쟁에 가담할 것이라고 약속하였다. 그에 대해 미국과 영국은 나치 독일에 대한 제2전선을 구축하겠다고 약속하였다.

그리고 세 거두는 전후에 침략을 집단으로 막기 위한 국제기구, 즉 '국제연합'을 설치한다는 데 합의하였다.

얄타 회담과 세계 질서의 개편

테헤란 회담이 있은 지 1년 뒤에 전세는 연합국의 승리가 확실한 방향으로 굳혀졌다. 이제 독일의 항복은 시간문제인 듯이 보였다. 그렇게 되자 전쟁 뒤에 다가올 새로운 세계질서에 대한 문제가 심각하게 대두되게 되었다.

그러나 앞으로의 사태에 대해 스탈린만 자신감에 차 있었다. 왜냐하면, 소련군은 베를린 가까이까지 진격하여 동유럽의 대부분을 점령하고 있었을 뿐만 아니라, 일본에 대한 승리도 소련의 협조가 없으면 불가능하게 보였기 때문이다.

초조한 것은 서방측이었다. 특히 영국의 처칠이 민감한 반응을 보였다. 그는 전후에 소련과 공산주의가 독일과 파시즘을 대신하여 새로운 위협 세력으로 등장하게 될 것에 대해 깊이 우려하고 있었다. 그 때문에 그는 전후 문제에 관해 소련과 미리 합의를 보려고 하였다.

그에 따라 서방측의 요구로 1945년 2월에 소련 영토에서 얄타 회담이 열리게 되었다. 여기서 스탈린은 일본에 대한 전쟁에 참여할 것을 약속하였다. 그 대가로 소련은 일본 북쪽의 쿠릴 열도를 얻었다. 또한 1904년의 러시아-일본 전쟁에서 잃었던 남부 사할린과 뤼순 항(Port Arthur)을 찾도록 했다. 그리고 만주와 중국 정부에 대해 영향력을 행사할 수 있도록 동의를 얻었다.

또한 세 거두는 새로운 국제기구인 국제연합(UN)이 수립에 합의하였다. 국제연합에 대한 잠정적인 계획은 이미 1944년 여름에 워싱턴의 덤버튼오크스 별장에서 작성되었기 때문에, 얄타에서는 총회나 안전보장이사회와 같은 기구들의 설치에 합의하였다. 이러한 합의를 토대로 하여 나중에 1945년 4월에 샌프란시스코에서 50개국 대표에 의해 국제연합 헌장이 채택되었다.

그러나 앞으로 세워질 폴란드 정부의 성격에 대해서는 더 이상 논의할 수가 없었다. 왜냐하면, 소련군은 이미 폴란드를 점령하고 공산 정권을 세웠기 때문이다.

독일의 장래에 대해서도 합의가 이루어지지 못하였다. 스탈린은 독일에게 200억 달러의 배상금을 부과하고, 그 가운데서 절반을 소련이 받아야 한다고 주장하였다. 그러나 그와 같은 가혹한 부과에 대해 처칠은 반대하였다.

루즈벨트는 배상의 원칙을 받아들이고 최종 해결은 뒤로 미루었다. 그 때문에 나중에 스탈린은 점령지인 동독 지역에서 연간 15억 달러에서 30억 달러를 강제로 받아가는 것으로 만족해야 했다.

배상의 원칙을 인정했기 때문에 루즈벨트는 모겐소 계획(Morgenthau Plan)을 포기하였다. 그것은 독일의 산업능력을 제거하여 농업국으로 만듦으로써 침략을 다시 할 수 없도록 하려는 가혹한 계획이었다. 그러나 독일이 미국, 영국, 프랑스, 소련에 의해 분할, 점령되어 통치된다는 데 대해서는 모두가 합의했다.

얄타 협정은 전후 문제들의 해결이라기보다는 대강의 원칙들에 대한 전반적인 합의였다. 그 때문에 얼마 안 있어 동방과 서방 사이에 합의에 대한 해석의 차이가 발생하였다.

스탈린은 소련의 동유럽 지배에 대해 서방측에게 양보한 것이 없다고 믿고 있었다. 이와는 반대로 루즈벨트는 얄타 협정에서는 유럽의 문호 개방을 서로 인정했기 때문에 소련 단독으로 동유럽을 지배할 수는 없다고 주장하였다.

미국과 영국의 반대에도 불구하고, 소련은 동유럽에서 공산정권을 하나하나씩 세워갔다. 루즈벨트는 스탈린이 약속을 어겼다고 생각했으나 어떻게 하지 못하였다. 그러다가, 1945년 4월 12일에 죽었다.

그 뒤를 이은 트루먼(Harry S. Truman)은 세계정세에 대해 그렇게 익숙하지 못했다. 왜냐하면, 그는 3개월 전에 부통령이 되었다가 또 다시 금방 대통령이 되었기 때문이다.

트루먼은 소련이 얄타에서의 합의를 이행하도록 만들 수단도 없었다. 왜냐하면, 소련군은 이미 폴란드와 동유럽의 대부분을 군사적으로 점령하고 있었을 뿐만 아니라, 독일도 이미 정복되어 분할된 상태에 있었기 때문이다. 게다가 미국은 아직도 홀로 태평양 전선에서 일본과 전쟁을 계속하고 있었다.

그러므로 트루먼은 스탈린에게 양보하지 않을 수 없었다. 트루먼은 친서방적인 폴란드 정치인들을 받아들이는 좌우 합작의 조건으로 폴란드 공산정권을 승인하였다. 그렇게 되면, 공산 정권 안에서도 비공산주의자들(noncommunists)의 세력이 점차 확대될 것이라고 생각하였다.

그러나 그러한 판단은 잘못이었다. 조직이 없는 우익은 조직이 강한 좌익의 압력을 견뎌내지 못하였다. 결국 폴란드의 좌우합작 정부는 공산주의자들의 손에 넘어가고 말았다.

해결되지 않은 문제들이 많았기 때문에, 3대 강국의 수뇌들은 1945년 7월에 베를린 근처의 포츠담 궁전에 모였다. 그러나 포츠담 회담도 소련에게 유리하게 끝나고 말았다.

회담장은 소련 점령지 안에 있었다. 게다가 회담 도중에 영국 총선거에서 노동당이 승리하여 사회주의 정권이 들어섬으로써, 영국 대표는 처칠에서 애틀리로 바뀌었다. 이것도 소련에게 유리하였다.

그러므로 트루먼은 스탈린이 끈질기게 요구해 오던 폴란드-소련 국경선의 재조정을 받아들일 수밖에 없었다. 그것은 오데르-나이쎄 강을 연결하는 선으로서, 폴란드와 독일을 희생으로 하여 소련에게 유리하도록 만든 국경선이었다.

제 3 장 냉전에 대한 진보주의 정권의 대응
(1945 - 1949)

1. 트루먼 행정부의 진보주의 외교

전후 세계의 두 이념

제2차 세계대전이 끝나면서, 미국과 소련의 관계는 급속도로 악화되었다. 나치 독일이란 공동의 적(敵)이 없어지자 어제의 동맹국인 미국과 소련은 오늘의 적으로 바뀌어 가고 있었다. 두 나라는 직접적인 전쟁을 벌이지는 않았지만, 대결 양상은 전쟁과 비슷하였기 때문에, 그 관계는 냉전(Cold War)으로 불리게 되었다.

1945년 당시 세계는 심각한 경제적 어려움을 겪고 있었다. 많은 지역에서 공장, 다리, 수송체계, 통신체계는 대부분 전쟁으로 파괴되어 있었다. 농업생산은 형편없이 떨어져 굶주림이 휩쓸고 있었다. 도처에서 삶의 터전을 잃은 사람들이 먹을 것과 가족을 찾아 헤맸다.

이처럼 황폐해진 세계를 다시 부흥시키는 방법에 있어서 미국과 소련은 너무나 달랐다. 미국은 개인주의(individualism) 철학에 토대를 둔 자유민주주의, 또는 자본주의 노선에 따라 세계가 개편되어야 한다고 생각했다. 즉, 미국은 대서양 헌장의 원리에 따른 개방된 세계의 건설을 꿈꾸었다.

 미국의 입장에서 볼 때, 냉전은 공산주의 대 자본주의, 전체주의 대 민주주의, 무신론 대 유신론의 대결이었던 것이다. 그러나 소련은 이와는 반대로 집단주의(collectivism) 노선에 따라 세계가 개편되어야 한다고 생각했다.

 대립의 또 다른 원인은 두 강대국이 제각기 정의감을 가지고 국제문제에 접근했다는 사실이었다. 미국과 소련은 제각기 자기가 정의의 편에 서 있다고 생각했기 때문에 상대방을 악마로 보게 되었다.

 그에 따라 대립은 종교적인 성격을 띠게 되었다. 미국인들이 "공산주의자들의 침략"을 두려워하였다면, 소련인들은 "자본주의자들의 포위"를 두려워하였다.

 미국이 세계주의(globalism)에 입각하여 소련과 공산주의 문제를 보게 된 데는 나름대로의 이유가 있었다. 미국인들은 히틀러의 침략을 뮌헨회담에서 묵인했다가 제2차 세계대전으로 휘말려 들어갔던 실수의 경험을 뼈저리게 기억하고 있었다. 그러므로 다시는 유화정책이 있어서는 안 되었다.

 이와 같은 관점에서 볼 때, 1945년 이후의 미국인들에게 새로운 침략자는 소련과 공산주의였던 것이다. 실제로 미국 국민은 공산주의를 "붉은 파시즘"으로 생각하였다.

 미국이 세계주의의 방향으로 나가게 된 데는 적극적인 대외정책만이 국내 경제를 유지할 것이라는 생각도 작용하였다.

 대전 직후 미국은 세계 최대의 수출국의 자리를 차지하게 되었지만, 얼마 안 있어 미국의 수출은 위협을 받았다. 미국의 주요 고객인 유럽이 전쟁으로 경제적 마비상태에 빠져 있었을 뿐만 아니라 미국의 문호개방(open door) 정책을 무시하는 차별적인 무역관행이 일어나고 있었기 때문이다.

 수출은 미국의 국민총생산의 10퍼센트를 차지할 정도로 미국경제에 중요하였다. 미국경제는 특히 자동차, 철강, 공구, 밀이 수출에 크게 의존하고 있었다. 면화와 담배도 수출을 통해서만 잉여농산물을 처분할 수 있었다. 또한 미국은 아연, 주석, 망간을 수입하기 위해서도 수출이 필요하였다. 그러므로 미국의 경제적 팽창주의는 대외정책의 중심이 되지 않을 수 없었다.

소련의 팽창주의에 대한 두려움

경쟁의 초기 단계에서는 소련 공산주의 방식이 미국의 자본주의 방식보다 훨씬 더 우세한 듯이 보였다. 왜냐하면, 그것은 세계에 걸쳐 무산대중에 의한 혁명과 식민지 해방을 표방함으로써 후진국은 물론 선진국의 대중에게도 호소력을 가지고 있었기 때문이다.

소련이 당장 미국을 가장 괴롭혔던 문제는 영토적 야욕이었다. 제2차 세계대전 기간에 소련은 폴란드 동부 지방, 발틱 3국(리투아니아, 라트비아, 에스토니아), 그리고 핀란드와 루마니아의 일부 지방을 합병하였다.

이것은 미국이 내세운 민족자결주의(self-determination)의 원칙에 어긋나는 것이었다. 스탈린은 마지못해 그러한 원칙에 동의하여 전쟁이 끝나면 점령국가에서 자유선거를 실시하겠다고 약속하였지만, 결국 약속을 지키지 않았다.

동유럽의 여러 나라에서 소련 점령군은 비공산주의자들을 탄압하였다. 그것에 대한 항의의 표시로 미국은 무기 대여법에 따른 소련에 대한 차관 제공을 끊었다. 미국인들은 소련이 공산주의적 '유토피아'를 건설하기 위해 세계 혁명을 획책하고 있다고 믿었다. 실제로 소련은 세계 도처에서 빈곤과 사회불안을 이용하여 공산주의 혁명을 고취하고 있었다. 혁명은 체제전복을 의미하였다.

소련에게도 자신의 입장이 있었다. 스탈린은 제2차 세계대전이 일어나기 직전에 영국과 프랑스가 소련을 국제적으로 고립시키려 했던 사실에 대해 여전히 분개하고 있었다. 1938년의 뮌헨 회담은 히틀러의 공격 방향을 소련 쪽으로 돌리려는 서방측의 책략이었다고 믿었다.

1941년에 소련은 나치 독일의 공격을 받음으로써 서방측과 동맹을 맺기는 하였다. 그렇지만, 그것은 어디까지나 독일이라는 공동의 적(敵)을 타도하기 위한 잠정적인 동맹이었던 것이다.

그러므로 제2차 세계대전이 끝난 다음에 서방 자유주의국가들은 다시 소련의 공산주의체제를 타도하기 위해 음모를 꾸미고 있다고 소련인들은 믿었다. 스탈린은 공산주의와 자유주의의 공존(coexistence)이 불가능하다고 생각하였다. 그리고 그와 같은 대결에서 공산주의의 최종 승리를 확신하고 있었다.

2. 소련에 대한 소극적인 봉쇄 정책

동유럽 좌우합작 정부들의 붕괴

미국과 소련의 충돌은 제일 먼저 폴란드 문제를 둘러싸고 일어났다. 소련은 점령지인 폴란드에서 공산정권을 수립함으로써 그 지역을 지배하려 하였다. 그 준비작업으로 소련은 공산화에 장애물이 될 엘리트 세력을 제거하려고 하였다.

그 때문에 소련은 벌써 제2차 세계대전의 초기 단계인 1939년에 포로로 잡은 1만 5천 명의 폴란드 장교를 살해하였다. 그 사실은 카틴(Katyn) 숲에서 수 천 구의 시체가 발견되면서 확인되었다.

폴란드 지도층을 제거하기 위한 소련의 의도는 1944년에 나치 독일군이 바르샤바 시민을 대량으로 학살하도록 방치한 사실에서도 확인되었다. 그것은 바르샤바 시민들이 진격해 오는 소련군을 돕기 위해 독일군에 대한 대대적인 봉기를 일으켰으나, 소련군이 폴란드인들을 돕지 않음으로써 일어난 학살 사건이었다.

전쟁 중에 망명한 폴란드 지도자들은 이념적으로 갈라져 두 개의 임시정부를 세우게 되었다. 서방파는 런던 임시정부를 세웠고, 소련파는 루블린 임시정부를 세웠다. 그러나 소련군이 폴란드 영토에서 독일군을 몰아냈기 때문에 루블린 공산정권이 실권을 잡게 되었다.

그러나 공산정권은 국민의 지지를 얻지는 못했다. 왜냐하면, 전통적으로 폴란드인들은 소련을 미워했을 뿐만 아니라 스탈린식 공산체제도 낯설었기 때문이다.

소련은 루마니아에게는 더욱 더 가혹하였다. 왜냐하면, 루마니아는 독일의 위성국으로서 독일의 소련 공격에 가담했기 때문이다. 소련은 영토의 일부를 빼앗고 민족 지도자들을 숙청하였다.

그러나 소련은 헝가리와 체코슬로바키아에서는 당장 공산체제를 강요하시는 않았다. 왜냐하면, 두 나라에서는 지주와 부르주아지의 힘이 강했기 때문이다. 그 때문에 소련은 형식적인 것이나마 자유선거를 허용하였다. 그러다가 1947년과 1948년에 공산주의자들의 쿠데타를 부추겨 좌우합작 정부를 무너뜨렸다.

소련은 중동에 대해서도 야심을 가지고 있었다. 제2차대전 중에 영국과 미국은 소련과 함께 전략적인 목적에서 석유 생산국인 이란을 점령하였다.

대전이 끝나면서 영국과 미국은 1946년 3월에 이란으로부터 군대를 철수시켰다. 그러나 소련은 계속 군대를 주둔시켰다. 결국 소련은 석유에 대한 이권을 얻어낸 다음에야 군대를 철수시켰다.

미국과 소련은 세계의 경제부흥 방법을 둘러싸고도 충돌하였다. 제2차 세계대전의 중요한 원인의 하나가 무역 전쟁과 금융혼란이었으므로, 미국은 전후에 그 문제를 해결하려고 하였다.

그래서 미국은 전쟁 기간인 1944년에 브레튼우즈 회의(Bretton Woods

Conference)를 소집하여 그 문제를 세계적인 차원에서 다룰 장치를 마련하려고 하였다. 그 결과 세계은행(World Bank)과 국제통화기금(IMF)이 창설되었다. 그러나 두 기구에서 미국이 우월한 지위를 차지했기 때문에, 소련은 참여를 거부하였다.

1946년 2월 초에 스탈린은 자본주의자들의 탐욕이 세계를 위협하고 있다고 미국을 맹렬히 비난하는 동시에 공산주의의 최후 승리에 대한 확신을 표명하였다. 그러므로 모스크바 주재 미국 대사관의 조지 케난은 워싱턴에 보낸 긴 전문에서 소련과의 관계는 강경책밖에 없음을 건의하였다.

영국의 윈스턴 처칠도 케난의 결론을 뒷받침해 주었다. 그는 사회주의 정당인 노동당에게 정권을 빼앗긴 다음 미국을 방문하고 있던 1946년 3월 초에 미주리 주에서 감동적인 '철의 장막(Iron Curtain)' 연설을 하였다. 거기서 그는 동유럽 국가들이 소련의 방해로 서방과 접촉하지 못하고 있음을 환기시키고, 소련의 위협에 대항해 미국과 영국이 협력할 것을 촉구하였다.

트루먼 선언과 마샬 계획

냉전의 극적인 표출은 그리스 내전에서 나타났다. 제2차대전이 끝나면서 그리스에서는 영국의 지원을 받는 왕정(王政)에 대해 공산주의자들이 반란을 일으킴으로써 우파와 좌파 사이에 내전이 벌어졌다. 그러나 영국은 전쟁으로 지쳐 그리스 우파 정부를 도울 힘이 없었기 때문에 미국에 대해 도움을 요청하였다.

1947년 3월에 트루먼 대통령은 공산주의자들의 위협으로부터 그리스를 돕기 위해 4억 달러를 의회에 요청하였다. 여기에는 소련의 위협을 받고 있던 터키에 대한 원조도 포함되어 있었다. 그것은 "미국의 정책이 무장한 소수나 외세의 압력으로 이루어지는 예속화(subjugation) 행위에 대해 저항하는 자유민들을 돕는 것"임을 선언하였다.

이것이 '트루먼 선언(Trumann Doctrine)'으로서, 그에 따라 그리스 우파 정부는 미국의 지원을 받게 되었다. 결국 1949년에 좌파 반란군을 진압하는 데 성공하였다.

1947년 7월에 트루먼의 민주당 행정부는 소련 문제 전문가인 조지 케난의 제안을 받아들여 봉쇄 정책(Containment Policy)을 발표하였다. 그것은 "평화롭고 안정된 세계의 이익을 소련이 침해하려는 징후가 나타나는 곳이라면 어디서든지, 소련에 대해 단호히 맞설 수 있는 확고한 포위의 정책"이 필요하다고 생각된 데서 나왔다. 소련의 팽창을 억제하기 위해서는 단호한 태도만이 요구될 뿐이라는 것이 케난의 주장이었다.

1946년 말에서 1947년 초에 이르는 유럽의 겨울은 전에 볼 수 없이 혹독하게 추웠다. 나라마다 석탄 공급과 식품 공급이 절대로 부족하고, 빈곤과 절망감이 지배하고 있었다.

그에 따라 각국에는 좌파가 정치적으로 득세하였는데, 프랑스와 이탈리아가 가장 대표적이었다. 프랑스의 경우에 공산당은 제 1당, 사회당이 제 2당으로 등장함으로써 좌파 정권의 출범은 불을 보듯 분명하였다. 영국에서조차도 처칠의 보수당 내각이 물러나고 애틀리의 노동당 내각이 들어설 정도로 사회주의 세력이 강하였다.

그러므로 당시 유럽의 상황은 유럽을 전쟁으로 몰고 가게 만들었던 1930년대와 같은 위험스러운 것이었다. 따라서 미국은 유럽의 재건을 위한 획기적인 조치를 강구하지 않을 수 없었다.

그러므로 1947년 6월에 국무장관 조지 마샬은 마샬 계획(Marshall Plan)으로 알려진 대대적인 원조계획을 발표하게 되었다. 그것은 유럽의 경제 부흥을 위한 계획이었다.

그것은 1948년에 시작되어 1951년 말에 끝났다. 그 기간에 미국은 서유럽에 124억 달러, 즉 미국의 국민총생산의 1.2퍼센트에 해당하는 큰 액수를 유럽에 지원하였다. 그것은 서유럽의 산업생산과 투자를 촉진하는 성과를 가져왔고, 나아가 서유럽의 경제적 통합을 위한 토대가 마련되었다.

그러나 소련은 마샬 계획이 유럽의 노예화를 위한 술책이라고 비난하고, 동유럽의 위성국들이 참여하지 못하도록 막았다. 그리고 그것에 맞서기 위한 선전기구로서 코민포름(Cominform)을 창설하였다.

베를린 봉쇄와 "나토"

냉전의 초기 단계에서 가장 극적인 사건은 베를린 봉쇄였다. 1948년 6월에 소련은 대담하게도 소련 점령지역인 베를린의 서방측 점령지구로 이르는 통로를 막았다. 그것은 미국, 영국, 프랑스의 서방측 국가들이 그들의 점령지를 통합하여 단독 정부(單獨政府)를 세우려 한 데 대한 소련의 항의였다.

만일 그렇게 해서 서독 정부가 세워진다면, 그것은 서유럽의 경제권에 통합될 것이고, 그에 따라 소련 점령지역 안에 섬처럼 떨어져 있는 서 베를린도 포함될 것이었기 때문이다.

미국, 영국, 프랑스의 서방측은 그들의 독일 점령지역에서 독립정부를 수립할 준비를 하였다. 그래서 미국은 1946년 5월부터 미군 점령지역에서 소련이 배상금으로 산업시설을 해체하여 가져가지 못하도록 막았다.

그리고 1946년 9월에 미국 국무장관 번즈는 스투트가르트 연설에서 서독 지역에 자치정부와 자급자족 경제를 허용할 것이라고 밝혔다. 또한 서방측은 그 준비단계로 통화개혁을 단행하였다.

소련은 서방측이 소련을 견제하기 위해 독일을 재건하려는 것이라고 판단하였다. 그러므로 소련은 서독 정부의 수립을 막고 미국을 협상 테이블로 끌어들이기 위해 베를린을 봉쇄하였던 것이다.

그것은 성공할 가능성이 높았다. 왜냐하면, 서방측이 소련 점령지역 깊숙이 놓여 있는 서 베를린을 지키기 위해 무력을 사용할 가능성은 별로 없어 보였기 때문이다.

그러나 소련의 예측은 빗나갔다. 오히려 트루먼의 민주당 행정부는 강경노선을 선택하여 고립된 베를린에 식량, 연료, 생활필수품을 항공기로 수송하기 시작하였다. 미국은 거의 1분 만에 한 대 씩 수송기를 띄울 정도로 거대한 공수(空輸) 작전에 착수하였다. 그리고 그것은 거의 1년간 계속되었다.

따라서 스탈린은 1949년 5월에 봉쇄를 철회하지 않을 수 없었다. 이 사건은 미국이 소련과 공산주의의 팽창을 저지하려는 의지가 강하다는 것을 전 세계에 알리는 계기가 되었다.

봉쇄가 풀리자마자, 서방측은 서독 지역에서 독일 연방공화국(Federal Republic)을 세웠다. 그리고 그것에 대한 보복으로 소련도 동독 지역에서 독일 인민공화국(People's Republic)을 세웠다. 독일의 분단이 시작된 것이다.

베를린 봉쇄가 풀리기 직전인 1949년 4월에 미국, 캐나다, 그리고 서유럽의 여러 나라들은 북대서양 조약기구(NATO)를 창설하였다. 그것은 북대서양의 양쪽에 자리 잡은 서유럽과 북아메리카의 주요 국가들이 만든 군사동맹으로서, 소련이 서유럽을 침공해 올지 모른다는 두려움에서 나온 것이었다. '나토'는 마샬 계획과 함께 소련의 팽창에 대항하기 위한 주요 수단이 되었다.

그러나 국제정세는 소련과 공산주의에 더욱 더 유리해져 가고 있는 듯이 보였다. 1949년 9월에 소련이 핵실험에 성공함으로써 4년 만에 미국의 핵무기 독점 시대가 끝났다. 거의 같은 시기에 중국의 내전(civil war)에서도 마오쩌뚱(毛澤東)의 공산당이 장제스(蔣介石)의 국민당에 대해 승리하였다. 여유가 생긴 소련은 서방측에 대해 '평화 공존'을 주장하였다.

이에 대항해 트루먼 대통령은 세계에서 미국의 "강력한 지위"를 확보하려는 의지를 굳혔고, 그것의 실현 방법의 하나로 수소폭탄 제조를 지시하였다. 그것은 1949년 4월에 국가안보 자문회의(NSC)가 대통령에게 제출한 안보회의 문서 제68호(NSC-68)의 보고에 토대를 두고 있었다.
그 보고서는 앞으로 미국이 전 세계에서 공산주의자들과 대립을 계속하게 될 것이고, 소련의 세계 지배에 대항하기 위해서는 군사비 증액이 필요함을 강조하였던 것이다. 그러나 이러한 막대한 국방비를 조달하기 위해 국민을 설득시켜야 한다는 어려운 문제가 가로막고 있었다.
그러나 그러한 고민은 한꺼번에 해결되었다. 왜냐하면, 1950년 6월에 한국전쟁이 일어났기 때문이다. 한반도에서 북쪽의 친소(親蘇) 정권이 남쪽의 친미(親美) 정권을 공격함으로써 일어난 전쟁은 미국의 국방비를 늘릴 수 있는 좋은 이유를 제공해 주었던 것이다.

일본의 우방국화와 중국의 적대국화

일본이 항복한 뒤에 미국은 단독으로 일본 본토를 점령하였다. 그것에 대해 영국과 소련은 자기들도 일본 점령에 대한 발언권이 있음을 내세우면서 맹렬히 항의하였다. 그러나 미국의 태도는 단호하였다. 왜냐하면, 일본을 실제로 항복의 지경까지 군사적으로 몰고 간 것은 미국이었기 때문이다.
일본은 더글라스 맥아더(D.MacArthur) 장군의 군정(軍政) 밑에서 민주적인 헌법이 제정되고, 군부가 해체되었다. 그리고 미국과 일본 사이에 1951년에 샌프란시스코 평화조약이 체결됨으로써 일본의 주권이 회복되었다.
그러나 미국은 일본에 계속 군대를 주둔시키는 동시에 오키나와 군사기지를 계속 사용하였다. 그리고 미국은 소련의 침공에 대비하여 일본을 보호하기 위해 방위조약을 체결하였다. 그에 따라 전쟁에서 적국이었던 일본은 냉전 때문에 미국의 우방(友邦)으로 바뀌게 되었다.
그러나 이와는 반대로 전쟁 중에 미국의 우방이었던 중국은 냉전에서는 미국의 적국이 되어 가고 있었다. 그것은 대전의 종결과 동시에 중국에서 국민당 정부에 대한 공산당의 반란이 일어남으로써 좌우의 내전 상태에 빠졌기 때문이다.

트루먼의 민주당 정부는 장제스(蔣介石)의 국민당 정부를 돕기 위해 중국 북부 지방에 병력을 파견하는 한편 자금을 지원하였다. 그러나 국민당 정부의 기반은 취약하였다. 그것은 압도적 다수인 가난한 농민에 대항해 소수의 지주를 대변해야 하는 불리한 위치에 있었다. 이와는 달리 마오체퉁(毛澤東)의 공산당은 농지분배를 외침으로써 인기를 얻었다.

트루먼의 민주당 행정부는 마샬 장군을 중국에 보내 공산당과의 연립정부 구성을 권고하였다. 그러나 좌우 합작은 조직력이 강한 공산당의 승리로 이끌 것이었기 때문에, 장제스는 이를 거부하였다.

그러다가 1949년 가을에 장개석의 국민당 정부군은 내전에서 패배하여 대만으로 도주하고, 대륙에서는 모택동이 중화인민공화국을 선포하였다. 중국의 공산정권은 사회주의자인 애틀리가 이끄는 영국의 노동당 정부로부터 즉각 승인을 받았다.

그러나 미국 정부는 30년 동안 중국의 공산정권을 승인하지 않았다. 미국이 중공정권을 승인하지 못했던 것은 공화당에 뿌리를 둔 반공(反共)주의자들이 '국민당 지지 세력'(China lobby)을 형성하여 압력을 넣었기 때문이다. 이들 가운데는 언론인 헨리 류스, 상원의원 윌리암 노울랜드, 하원의원 월터 져드가 있었다.

그들은 장개석의 패배에 대한 책임이 알저 히스를 비롯한 트루먼 행정부 안의 공산주의 성향의 관리들에게 있다고 비난하였다. 이들은, 미국의 좌파 엘리트가 장개석을 비난하고 마오체퉁을 지지함으로써 거대한 중국 대륙을 공산주의자들의 손에 넘겨주는 결과를 가져 왔다고 비난하였다.

중국 대륙의 공산화로 아시아에서 커다란 힘의 공백이 생겼기 때문에, 미국의 민주당 정부는 반공적인 우방국들의 힘을 강화하려고 하였다. 그래서 미국은 베트남에서 친 서방적인 바오다이(Bao Dai) 정권을 승인하고, 베트남 공산주의자들과 싸우고 있는 프랑스군을 원조하였다. 그리고 뒤늦게나마 대만으로 물러난 장개석 정부에 대한 원조액도 늘렸다.

그러나 공산주의 위협에 취약한 또 다른 지역인 한반도의 남쪽에서는 거꾸로 1949년에 미군을 철수시켰다. 왜냐하면, 남한은 전략적으로나, 군사적으로 가치가 없어 보였기 때문이다. 그 때문에 북한의 공산주의자들이 남한을 공산화하기 위해 침공한 한국전쟁이 1950년에 일어나게 된 것이다.

제 4 장 진보주의 정권에 대한 반발
(1941 - 1952)

1. 전쟁과 정부개입 정책의 강화

전쟁의 경기부양 효과

1941년에 미국이 제2차 세계대전에 돌입하면서 1930년대의 미국을 괴롭혔던 대공황의 문제들, 그 가운데서도 특히 실업자 문제는 깨끗이 해결되었다. 전쟁으로 1,500만 명 이상의 남녀가 군대에 입대하였기 때문에 오히려 노동력이 부족해졌을 정도였다.

이처럼 번영이 찾아왔던 것은 전쟁을 수행하는 과정에서 연방정부의 지출이 크게 늘어났기 때문이었다. 연방정부 예산은 1939년과 1945년 사이에 90억 달러에서 1,000억 달러로 크게 늘어났다. 이것은 뉴딜 정책으로 시작된 정부개입의 폭이 더욱 더 커졌음을 의미하였다.

정부의 지출이 늘어남에 따라 새로운 일자리가 생겨나고, 그 결과로 개인소득도 크게 늘었다. 1938년에서 1942년 사이에 뉴욕의 평균 가정 소득은 2,760달러에서 4,404달러로 크게 증가하였다. 군대와 연합국에 대해 막대한 양의 식량을 제공하게 되었기 때문에, 언제나 불리한 위치에 있던 농민들까지도 막대한 이득을 얻었다.

막대한 전비의 지출은 인플레이션을 가져왔기 때문에 정부는 소득을 세금으로 거두어 들였다. 고소득 개인에 대해 무거운 세금을 부과하여 1942년의 세입법에서는 소득세가 최고 94퍼센트로 높여졌다. 그 결과 전비의 40퍼센트가 세금으로 조달될 수 있었다.

특히 정부는 물가관리청(OPA)을 통해 물가와 임대료를 동결하였는데, 이것이 인플레이션을 억제하였다. 그리고 공급이 부족한 생활필수품에 대해서는 배급제가 실시되었다.

정부의 차용(borrowing) 정책도 인플레이션을 억제하는 데 도움이 되었다. 정부가 증권을 팔아 국민으로부터 빌려온 돈은 정부 세입의 절반을 차지할 정도로 컸다.

이러한 조치들은 모두 뉴딜 정책으로 시작된 정부개입주의가 전쟁을 수행하는 과정에서 더욱 더 확대되어 갔음을 보여준 증거였다.

전쟁과 국가통제의 강화

전쟁수행 과정에서는 경제력과 인력을 동원하기 위한 조직(organization)의 문제가 중요했다. 그 때문에 정부는 전시 생산청(WPB)을 통해 군수물자의 구입과 물자-인력의 할당에 적극 개입하였다. 또한 정부는 공장에 지원금을 주고, 인조(人造) 고무와 같은 새로운 산업을 육성하는 등의 적극적인 개입의지를 보이기도 하였다.

국가통제는 노동조합에 대해서도 이루어졌다. 정부는 전쟁중에 생산중단을 막기 위해 노동조합에 압력을 넣어 파업 금지 서약(no-strike pledge)과 임금 인상 상한선의 15퍼센트 제한과 같은 정부 지침을 받아들이게 하였다. 이와 같은 노동조합의 협조에 대한 대가로 정부는 방위산업에서 급격하게 늘어난 새로운 노동자들을 노동조합에 자동적으로 가입시킬 수 있도록 허락하였다.

그럼에도 불구하고 파업이 계속 일어나자, 공화당이 우세한 의회는 노동조합을 통제하기 위해 노동쟁의 규제법(Smith-Connally Act)을 제정하였다. 그것은 노동조합이 파업하기 위해서는 30일을 기다려야 하고, 파업 중인 군수공장에 대해서는 대통령이 무력으로 접수할 수 있게 하였다. 또한 의회는 정부가 파업 노동자들을 강제로 징집하여 정부 사업에 투입할 수 있도록 하였다.

이 법은 노동조합에 너무 가혹하다는 이유로 루즈벨트 대통령이 거부권을 행사하였다. 그렇지만 공화당이 우세한 의회는 그 법을 다시 통과시켰다.

이 문제에 대해 루즈벨트가 노동조합에 호의적인 태도를 보였기 때문에 그는 노동조합의 지지를 받아 1944년의 선거에서도 승리할 수 있었다. 그래서 그는 미국 역사상 유일하게 4번 대통령직을 맡게 되었다.

전쟁의 종결과 공황의 위험

1945년 8월에 원자탄의 사용으로 일본은 미국 정부가 예상했던 것 보다 1년 6개월 더 빨리 항복하였다. 갑자기 전쟁이 끝났기 때문에 미국인들은 전후 문제에 대해 준비가 덜 되어 있었다. 가장 큰 두려움은 대공황이 다시 올지도 모른다는 것이었다.

그러한 두려움을 확인이라도 하듯이, 전쟁이 끝나기도 전에 벌써 생산이 줄고 해고 사태가 일어나기 시작하였다. 독일이 항복하기 직전에 디트로이트 근처 윌로우 런(Willow Run)의 거대한 포드 자동차 공장은 노동자들을 대대적으로 해고하였다. 이 공장에서는 '리버레이터' 폭격기가 생산되고 있었다.

가족들을 빨리 만나려는 국민의 열망에 따라 동원 해제(demobilization)가 빠른 속도로 진행되었다. 그에 따라 1,200만이 넘던 미군의 대부분이 1947년까지 민간인 신분으로 되돌아옴으로써 실업자도 크게 늘었다.

트루먼 대통령은 뉴딜 진보주의의 정부개입주의에 입각하여 경제 위기에 대처하려고 하였다. 그는 전쟁 이전의 뉴딜 사업을 계속 확장해서 추진하려고 하였다.

그는 농업주인 미주리 출신이었기 때문에 대도시의 대기업가들과 금융가들에 대해 반감을 가지고 있었다. 그는 항상 자기가 특권 세력에 대항해 평민을 위해 싸우는 투사라고 생각하는 민중주의자(populist)의 기질을 가지고 있었다. 그러므로 그는 농민을 돕기 위해 농산물에 대한 가격지원을 계속하려고 하였다.

그리고 그는 근로자들의 실업수당과 최저임금을 올리려고 하였다. 그리고 실업자들에게 일자리를 주기 위한 새로운 공공사업을 벌이려고 하였다.

또한 그는 경제권리장전(Economic Bill of Rights)의 이상을 내세워 일할 의사가 있는 사람은 누구나 일자리를 가질 권리가 있다는 것을 선언하였다. 그것은 기성 경제체제가 일자리를 주지 못하면 정부(政府)가 일자리를 만들어 주어야 한다는 원칙의 선언이었다.

이와 같은 트루먼 대통령의 의지로 1946년의 고용법이 제정되었다. 이 법은 고용, 생산, 구매력을 최대로 늘리기 위해 정부는 적자지출(deficit spending)의 방법까지도 사용할 수 있게 하였다. 이것은 정부가 개인의 생존에 대해 책임을 져야 한다는 사회주의적인 개념을 표현함으로써 미국 사회가 다시는 뉴딜 이전의 개인주의적이고 자유방임주의적인 상태로 되돌아 갈 수 없게 하려는 조치였다.

2. 좌경화에 대한 제동

노동조합의 좌경화에 대한 우려

전쟁 직후에 전시체제로부터 평시체제로 옮겨가는 과정에서 트루먼의 민주당 행정부는 이익집단들(special-interest groups)의 요구로 시달렸다. 이것은 전쟁 기간에 억제되었던 농민, 노동자, 소비자들의 불만이 1946년에 와서 갑자기 터졌기 때문이었다. 그 가운데서도 노동자들의 불만이 가장 컸다.

불만의 원인은 전후에 소득이 줄어들었기 때문이었다. 전쟁 중에 노동자들은 초과근무를 통해 높은 임금을 받았다. 그러나 전쟁이 끝나면서 주당 40시간의 평시 노동으로 되돌아갔고, 그에 따라 임금도 적어졌다. 노동시간이 줄어들었으므로 임금이 적어지는 것은 당연하다고 고용주들은 생각했지만, 노동자들의 생각은 그렇지 않았다.

그에 따라 탄광, 자동차, 철강, 전기 산업에서 전국적인 파업이 일어났는데, 가장 격렬했던 것이 존 류이스가 주도한 1946년 4월의 광산노조 파업이었다. 당시 석탄은 미국의 가장 중요한 에너지의 원천이었기 때문에, 그 타격은 컸다. 파업으로 석탄생산이 중단되자, 철강산업과 자동차업이 마비되고, 열차 운행이 취소되었다. 석탄 사용을 줄이기 위해 전시에 사용되던 "등화관제"(dim-outs)를 다시 실시한 주가 22개에 이르렀다.

1946년의 파업으로 노동조합에 대한 국민의 비난이 커졌다. 파업은 소비재 생산의 감소, 물가 앙등, 국가안보의 위기를 가져온다고 생각되었기 때문이다. 트루먼 대통령은 여론의 지지에 힘입어 노동조합을 공격하기 시작하였다. 분쟁 조정기구가 설치되어 파업 가능성이 있는 노동조합을 설득하기 위한 작업이 벌어졌고, 그 결과 18개의 노동조합을 설득하는 데 성공하였다.

그러나 2개 노조가 강경한 태도를 계속 보이자 분노한 트루먼 대통령은 노동조합을 탄압하기로 결심하고, 의회의 상하 양원 합동회의에 직접 나가 의원들의 협조를 호소하였다. 정부는 파업으로 마비된 산업을 접수하였다.

그러니 철도 노동자들은 일자리로 돌아가라는 대통령의 명령을 거부하였다. 그렇게 되자 트루먼 대통령은 파업 참여 노동조합원을 징집하여 군대에 보낼 수 있는 권한을 의회에 요청하였다. 그는 노동자의 연공 혜택(seniority benefits)을 폐지하고, 파업을 주도한 노조간부들을 사법처리하려고 하였다. 또한 그는 노조 간부들에 대해 벌금을 부과하고 투옥시킬 수 있는 권한도 의회에 요구하였다.

이와 같은 대통령의 강경한 태도에 대해 노동조합은 분개하였다. 노동조합은 진보주의를 내세우는 민주당 행정부가 자기들을 배신했다고 생각하였다. 그래서 노동조합은 다가오는 1948년의 대통령 선거에서 트루먼을 지지하지 않을 생각이었다. 루즈벨트 행정부에서 이루어졌던 노동조합과 민주당의 우호관계가 깨지는 듯이 보였다.

다른 한편에서는 소비자들의 불만이 터졌다. 소비자들은 물가통제로 물품의 품귀현상과 암거래가 일어나고 있는 데 대해 분개하고 있었다. 그 때문에 전쟁기간부터 물가관리청(OPA)에 의해 부과되어 오던 물가통제의 폐지를 요구하였다.

그에 따라 1946년 중엽에 대부분의 물가통제는 없어지게 되었지만, 이번에는 인플레이션이 심해졌다. 예를 들어 1946년 6월에 물가관리청(OPA)이 쇠고기의 가격 상한선을 폐지하자 쇠고기 값이 크게 올라 축산업자들이 즐거워하였다. 그러나 소비자들은 울상이었다. 그래서 다시 8월에 물가관리청이 쇠고기 값을 동결하자 이번에는 분개한 축산업자들이 시장에 쇠고기를 내놓지 않아 품귀현상이 일어났다.

이러한 과정에서 트루먼 대통령의 인기는 크게 떨어졌다. 민주당 행정부안의 뉴딜 진보주의자들(New Deal liberals)조차도 트루먼 대통령을 비난할 정도였다.

그 때문에 트루먼은 내각에 남아 있던 두 명의 뉴딜주의자인 해롤드 익키즈와 헨리 월리스를 해임하지 않을 수 없었다. 그에 따라 민주당은 그의 지지 세력인 노동자, 소비자, 농민, 진보적인 지식인들로부터 멀어지게 되었다.

그러므로 1946년의 중간선거가 벌어졌을 때 민주당이 패배할 것은 당연하였다. 공화당은 상원과 하원 모두에서 다수 의석을 차지하였다. 그리고 공화당이 장악하고 있는 의회 앞에서 트루먼의 민주당 행정부는 무력해질 수밖에 없었다.

공화당 지배 의회와 태프트 - 하틀리 법

의회를 새로 지배하게 된 공화당은 기존의 자유기업과 자유방임의 체제를 유지하려 한다는 의미에서 보수주의자(conservatives)로 불리었다. 여기에는 민주당의 남부 출신 의원들도 합세하였다.

이들 보수주의자들은 정부개입주의와 사회민주주의 이론에 토대를 둔 민주당 행정부의 뉴딜 정책을 파괴하려고 하였다. 그리고 민주당 행정부 밑에서 비대해진 정부조직과 노동조합의 규모와 힘을 약화시키려고 하였다. 그에 따라 트루먼 행정부와 공화당 우세의 의회가 충돌하게 되었다.

공화당의 의회와 민주당의 행정부가 충돌하기 시작한 것은 의회가 노동조합을 약화시키기 위해 1947년에 태프트 - 하틀리 법(Taft-Hartley Act)을 제정하면서부터였다. 이 법은 종전에 고용주들에게 부과되었던 규제를 완화하고, 노동조합에게는 새로운 규제를 부과하였다. 즉, 노동자가 노동조합에 가입해야만 일자리를 얻을 수 있게 한 폐쇄적 작업장(closed shop) 제도를 폐지한 것이다.

한 걸음 더 나아가, 이 법은 각 주가 노동자들이 노동조합에 의무적으로 가입하지 않아도 될 "일할 권리(right to work)"의 법을 제정하게 하였다. 여기서 "일할 권리"란 노동자들이 노동조합에 가입하지 않을 권리를 의미한 것으로서, 흔히 14조 b항으로 알려지게 되었다. 이것은 노동조합 간부들에게 큰 타격이었다.

또한 태프트-하틀리 법은 국가의 안보와 안녕을 위태롭게 할 노동조합의 조업중단 행위를 규제하려고 하였다. 이러한 경우에 대통령은 파업금지 명령(injuction)을 발부하고 파업 직전 80일 동안 냉각기를 갖도록 하였다.

또한 그것은 노동조합이 연방 차원의 선거에서 정치자금을 제공하지 못하도록 하였다. 그리고 노조 간부들은 자신이 공산주의자가 아님을 확인하는 문서에 서명하도록 의무화하였다. 간단히 말해서, 이 법은 노동조합을 사회악으로 보고, 그것을 공익의 차원에서 규제하려 했던 것이다.

그 때문에 노동조합들은 그것을 노예노동법이라고 맹렬히 규탄하였다. 트루먼 대통령도 이번에는 법 조항의 내용이 너무 가혹하다는 이유로 그 법안에 대해 거부권을 행사하였다. 그러나 공화당이 우세한 의회는 1947년에 다시 그 법안을 통과시켰다.

태프트-하틀리 법은 루즈벨트의 민주당 정부가 제정했던 1935년의 와그너 법을 뒤집어 놓으려는 의도를 가지고 있었다. 그럼에도 불구하고 그 법은 와그너 법의 기본 골격을 완전히 무너뜨리지는 못하였다. 왜냐하면, 노동조합은 여전히 노동조합 조직권, 사용주에 대한 단체교섭권 및 파업권을 확보하고 있었기 때문이다. 그리고 노동자들의 노동조합 가입 의무를 규정한 노조작업장(union shops) 제도도 그대로 인정되고 있었다.

1948년 선거의 극적인 결과

태프트-하틀리 법은 공화당의 의도대로 제정되었지만, 그 과정에서 트루먼 대통령이 거부권을 행사했기 때문에 노동조합들은 다시 민주당 행정부를 지지하게 되었다. 트루먼 대통령은 이제 다시 노동조합의 편에 서게 된 것이다.

그러자 공화당이 지배하는 의회는 보복 차원에서 민주당 행정부와 그것을 지지하는 이기적인 이익집단들을 공격하기 시작하였다. 트루먼 대통령이 농민들을 돕기 위해 가격지원 정책을 계속 시행하려고 하자, 의회는 지원액수를 삭감함으로써 맞섰다. 또한 트루먼 대통령이 건강보험을 전국적으로 확대하려 하자, 의회는 거부하였다.

또한 트루먼이 공공주택 건설과 공공교육 확대를 위해 연방정부 자금을 지원하려고 하자, 의회는 반대하였다. 또한 트루먼이 실업수당의 확대, 노령연금의 지급, 유가족 연금의 지급, 최저임금의 인상과 같은 복지정책을 추진하려 하자, 의회는 거부로 맞섰다.

또한 민주당 행정부가 토지개간, 관개사업, 공사에 의한 전력생산과 같은 공공사업에 대해 연방정부의 자금을 지원하려 하자, 의회는 반대하였다. 그리고 민주당 행정부가 사적 처벌(lynching) 금지, 인두세(poll tax) 폐지, 공정고용법 제정과 같은 인권정책을 추진하려고 하자, 의회는 또다시 반대하였다.

이처럼 민주당 행정부의 복지정책이 연속적으로 거부되자, 이익집단들은 의회를 맹렬히 비난하였다. 그럼에도 불구하고 공화당은 다가오는 1948년의 대통령 선거에 대해 자신감을 가지고 있었다. 공화당은 인구가 가장 많은 뉴욕 주와 캘리포니아 주에서 대통령 후보(토마스 듀이)와 부통령 후보(얼 워렌)을 지명함으로써 승리의 가능성은 더욱 더 커졌다.

이와는 반대로, 트루먼의 민주당은 패배의 분위기에 젖어 있었다. 뉴딜 진보주의자들과 대도시의 보스들은 전쟁 영웅인 드와이트 아이젠하워 장군을 후보로 영입하려고 하였다. 그러나 아이젠하워가 거부했기 때문에, 결국 트루먼 대통령이 지명될 수밖에 없었다.

민주당의 내분은 여기서 끝나지 않았다. 왜냐하면, 친공적(親共的)이라는 이유로 상무장관직에서 해임된 헨리 월리스가 새로운 제 3당인 혁신당(Progressive party) 후보로 출마했기 때문이다. 그는 미국의 냉전 정책을 비판하고 소련과의 우호관계를 요구하는가 하면, 석유회사와 철도회사를 비롯한 기간산업의 국유화(nationalization)도 요구하였다. 그 때문에 그는 '빨갱이'라는 비난을 받았다.

민주당에게는 또 나른 시련이 찾아왔다. 민주당이 민권정책을 정강으로 채택하자, 그것에 반발한 남부 세력(Dixiecrats)이 탈당하여 새로운 주권민주당(State Rights Democratic party)을 창당했기 때문이다. 주권민주당은 사우스캐롤라이나 주지사인 스트롬 서몬드를 대통령 후보로 지명하였다. 그리고 남북전쟁 당시에 사용했던 남부 연합기를 상징으로 내세웠다.

이와 같은 분열상태에서 트루먼이 당선될 가능성은 전혀 없는 듯이 보였다. 그러므로 투표함이 개봉되기도 전에 언론은 트루먼의 패배를 확신하고 있었다. 그러나 전문가들의 예상과는 달리 최종 집계에서 트루먼은 승리하였다. 뿐만 아니라 민주당은 의회까지 장악하게 되는 큰 승리를 거두었다.

이와 같은 예상 밖의 이변(異變)이 일어나게 된 것은 루즈벨트 대통령이 남겨 놓은 업적 때문이었다. 즉, 민주당의 지지 세력인 뉴딜 연합전선(New Deal coalition)이 그대로 존속하고 있었고, 그에 따라 대도시의 시민, 흑인, 노동조합, 유태인, 가톨릭교도 등이 민주당을 계속 지지해 주었기 때문이다.

가장 큰 도움은 농민으로부터 왔다. 선거운동 기간에 민주당은 농산물 가격을 높게 유지하기 위해 정부지원을 지속하겠다고 약속하였는데, 이것이 풍년으로 농산물 가격이 크게 떨어져 불안해진 농민들로부터 지지를 얻었던 것이다.

'페어딜'과 민권문제에 대한 관심

1949년 초에 새로운 임기를 시작하는 트루먼 대통령은 뉴딜의 정치사상을 제대로 실현할 기회가 온 것으로 생각하였다. 그는 정부가 빈민에 대해 경제적 안전(economic security)을 제공할 책임을 져야 한다고 생각하였다. 그는 "국민의 모든 계층에게 공정한 대우(fair deal)"를 약속하였다.

"공정한 대우"에는 흑인들의 민권(civil rights)이 포함되었다. 제 2차 세계대전 이후 정치가들은 공업지대와 도시에서 흑인 표가 늘어가고 있다는 사실에 주목하였다. 그러므로 트루먼의 민권정책에는 흑인 표에 대한 계산이 작용하였다.

그러면서도 그는 흑인에 대한 도덕적인 의무감도 느꼈다. 그는 "쿠클락스클랜"(Ku Klux Klan)이 길거리에서 십자가에 불을 지르고 투표하려는 흑인들을 살해하는 일이 일어나는 데 대해 분노를 느꼈다. 그 때문에 그는 이미 1946년 말에 대통령 직속의 민권자문위원회를 설치하여 연방정부가 사적 처벌(lynching), 인종차별, 가혹행위, 인두세(poll-tax)를 금지시킬 방법을 찾아보도록 하였다.

흑인들도 스스로 법적인 측면에서 민권을 신장시키려는 운동을 벌였다. 그 중심 세력은 흑인 변호사 셔구드 마샬을 중심으로 한 유색인종지위향상 협회(NAACP)였다.

민권운동가들의 주된 목표는 1896년의 '플레시 대 퍼거슨'(Plessy v. Ferguson) 판결에서 합법화되었던 인종격리의 원칙(seperate-but-equal doctrine)의 폐기였다. 플레시 판결은 공공(公共)시설 사용에 있어서 흑인을 격리시키더라도 그것과 동등한 시설을 마련만 해 준다면 차별이 아니라고 주장함으로써 흑백 차별을 정당화했던 것이었다.

그러나 유색인종 지위향상 협회는 플레시 판결문을 거꾸로 해석하여 흑인의 권리를 신장시키는 데 적용하였다. 퍼거슨 판결에 따르면, 흑인에게 대학교육 기회를 주기 위해서는 백인과 동등한 흑인 대학을 설립해 주어야 했다. 그러나 현실적으로 막대한 비용이 드는 대학 설립이 불가능하기 때문에 흑인들은 백인 대학에 다닐 수밖에 없다는 것이었다. 이와 같은 해석을 근거로 흑인들은 1940년대 말부터 백인들이 다니는 주립대학에 입학하였다.

흑인 중산계급의 성장도 민권 신장에 도움이 되었다. 그들은 대학 졸업자, 제대 군인, 노조에 가입할 만한 직종에 종사하는 근로자들이었다. 흑인 중산계급은 산별노조들(CIO unions), 전국교회협의회(NCC), 명예훼손시정연맹(Anti-Defamation League), 전국 도시연맹, 전국 친우봉사회와 같은 기구에서 활동할 정도로 성장하였다.

그와 같은 변화는 1947년에는 흑인 야구선수 잭키 로빈슨이 브루클린 다저스 팀에 입단함으로써 '메이져 리그'의 오랜 인종 벽을 깨뜨린 사실에서도 확인되었다.

1950년대에도 여전히 흑인들은 고용에서 차별을 받고 투표권을 박탈당하고 있었다. 그럼에도 불구하고 제2차 세계대전이 끝난 뒤 10년 동안에 흑인들의 지위는 상당히 개선되어 남북전쟁 직후의 '남부 재건' 이후로 가장 의미 있는 발전을 이룩하였다.

가장 중요한 발전은 나중에 1954년에 '브라운 판결'로 인종격리(segregation)가 법적 근거를 잃게 된 사실이었다.

제 5 장 보수주의와 '두려움의 정치'
(1947 - 1953)

1. 매카시즘과 미국적 가치

공산주의에 대한 두려움과 매카란 법

미국에서 반공주의(anticommunism)의 뿌리는 이미 제 1차 세계대전과 러시아 혁명의 시기에 형성되었다. 그것은 1919년의 '빨갱이 공포'(Red Scare)를 거치면서 미국인들의 정치의식 속에 자리를 굳혀 왔던 것이다.

개인주의와 자유방임주의의 정신이 우세한 미국에서 공산주의는 인기가 없었다. 그것은 대공황의 어려운 시기에도 국민의 큰 관심을 끌지 못했다. 게다가 1937-1938년에 소련에서 스탈린이 많은 정적을 무자비하게 숙청한 사실, 그리고 1939년에 스탈린이 히틀러와 폴란드를 분할한 사실은 소련과 공산주의에 대한 인상을 더욱 더 나쁘게 만드는 계기가 되었다.

1941년 여름에 소련이 나치 독일과 전쟁에 뛰어들면서 미국의 동맹국이 되기는 하였다. 그렇지만, 미국인들의 소련과 공산주의에 대한 불신감은 사라지지 않았다.

그 때문에 의회는 1940년에 공산주의자들을 규제하기 위한 반공법

(Smith Act)을 제정하였다. 그 법은 미국 정부를 폭력으로 전복하려는 행동에 동조하거나 체제전복(subversion)을 위한 조직에 가입하는 행위를 금지하였다.

보수주의자들의 눈에는 민주당의 뉴딜 정책이 공산주의를 포용하는 것으로 보였다. 그 때문에 1944년의 대통령 선거전에서 공화당 후보 토마스 듀이는 민주당이 공산주의자들의 품에 빠져 있다고 비난했던 것이다.

제 2차대전이 끝나고 소련과 냉전에 들어가면서 공산주의에 대한 두려움은 더욱 더 증폭되었다. 그리고 그러한 두려움은 몇 가지 사건들로 사실임이 확인되었다.

1945년 3월에 정부의 수사기관은 아시아 관계 전문잡지인 아메라시아(Amerasia)를 발행하는 사무실을 수색하는 과정에서 정부의 기밀문서들이 유출되었음을 발견하게 되었다. 그리고 그 편집인들은 중국 공산당에 동조적인 사람들이라는 사실도 밝혀졌다.

그리고 1946년에는 영국에서 소련 스파이들이 캐나다에서 활동하고 있다는 보고서가 발표되었는데, 그들 가운데는 영국의 국회의원과 원자탄 비밀을 소련에게 넘겨준 과학자가 포함되어 있었다.

이와 같은 폭로사건들은 미국 국민에게 큰 충격을 주었고, 또한 공산주의가 미국 사회 깊숙이 침투해 들어왔음을 보여주었다.

그러므로 소련과 공산주의에 대해 비교적 호의적인 트루먼 행정부도 1947년 3월에 300만이 넘는 연방정부 공무원의 충성도 심사 사업(Loyalty Program)을 벌이지 않을 수 없었다. 그 결과로 1951년에 이르기까지 국가안보 위협 혐의를 받은 공무원은 2천명이 넘었고, 해고된 공무원만도 212명이나 되었다.

또한 법무부는 반체제 단체들을 조사하여 그 목록을 작성하였다. 그리고 1948년에는 "폭력에 의한 정부 타도를 가르치기 위한 음모를 꾸몄다"는 이유로 11명의 공산주의자들을 기소하였다. 급진파를 색출해내는 데 있어서는 후버(J.Edgar Hoover)가 이끄는 연방수사국(FBI)의 역할이 컸다.

반공주의의 열기가 너무나 강했기 때문에, 1948년의 선거에서 민주당이 우세해진 의회도 1950년에 매카란 보안법(McCarran Internal Security Act)을 제정하게 되었다. 이 법은 공산주의자들을 감시하기 위해 공산주의 단체들에게 정부 등록과 문서 공개를 요구하였다.

이 법의 제정으로 공산주의자의 혐의를 받은 사람은 "혁명을 선동한다"는 모호한 이유만을 가지고도 기소될 수 있게 되었다. 또한 공산주의자들에게는 방위산업체 취업과 여권발급이 금지되었다. 그리고 불순단체(subver-sive organizations)에 가입한 외국인들에게는 미국 입국 비자를 발급하지 않았다.

트루먼 대통령은 이 법안이 헌법 수정조항 제 5조를 위반한다는 이유로 거부권을 행사하였다. 그러나 의회는 다시 그 법을 통과시켰다.

공화당은 공산주의에 대한 두려움을 정치적으로 잘 활용하였다. 그들은 1948년과 1952년의 선거에서 민주당 대통령 후보들을 용공(容共) 분자라고 공격하였다. 공산주의에 대한 두려움은 민주당 안에서도 컸기 때문에 민주당 안에서도 뉴딜 진보주의자들(liberals)은 헨리 월리스 일파를 용공세력으로 매도하였던 것이다.

정부 안의 공산주의자 색출

반공의 열기는 정치의 영역을 넘어 노동조합, 종교계, 연예계 및 사회단체에서도 나타났다. 거의 모든 사회 조직 속에서 공산주의 세력을 추방하려는 움직임이 일어나고, 그 과정에서 '빨갱이'나 '회색분자'라는 말이 유행하였다.

영화계에도 공산주의자들이 많다고 생각되었기 때문에, 의회는 친공적, 친소적인 작가들과 감독들을 청문회에 불러 세웠다. 그들이 답변을 거부하자, 의회는 "할리우드의 10인"으로 불리는 좌파 영화인들을 의회 모독죄로 기소하였다.

고등학교 교사들과 대학 교수들도 '비 미국적인' 공산주의 사상을 가졌다는 이유로 해고되었다. 특히 교사들의 좌경화는 학부모 회의와 종교계로부터 맹렬히 비난을 받았다. 그 때문에 학교 도서관에서 공산주의 서적을 모두 치우는 경우도 일어났다.

노동계에서까지도 반공 열기가 일어나, 자동차노조(UAW)의 월터 로이터는 반대파를 빨갱이로 몰아붙임으로써 노조위원장에 당선되었다. 노동조합 게시판에는 파업소식보다는 애국심을 강조하는 구호가 더 많이 붙었다.

이러한 반공의 분위기 속에서 1949년에 산별노조연맹(CIO)의 대의원회의는 공산주의자들이 주도권을 잡고 있는 11개의 노동조합들을 제명하였다. 이와 같은 노조의 보수화에 따라 공산당 세력은 1947년과 1954년 사이에 8만 3천 명에서 2만 5천명으로 크게 줄었다.

지식인과 관료의 좌경화에 대해서도 반공주의의 물결이 들이닥쳤고, 그 첫 경우가 알저 히스(Alger Hiss) 사건이었다. 알저 히스는 전직 국무부 고위관리로서 공산주의자 혐의를 받아 1949년에 의회로부터 위증죄로 고발되었다. 그는 하버드 법과 대학원 출신의 유망한 공무원으로 1930년대 말 재직기간에 미국의 많은 비밀문서를 소련에게 넘겨주었다는 혐의를 받았다.

의회에서 청문회가 열리자, 공산당 소속이며 '타임' 잡지의 편집인이었던 위태커 챔버스가 증인으로 출석하여 히스가 공산주의자임을 증언하였다. 그 증거로서 챔버스는 집 정원의 호박 속에 숨겨 두었던 비밀문서를 제출하였다. 그러나 간첩행위는 7년 전에 일어나 공소시효가 지났기 때문에 히스는 기소되지 않았다.

그러나 의회는 히스를 반드시 처벌하려고 하였다. 그 때문에 이번에는 그가 청문회에서 거짓으로 증언했다는 위증죄로 기소하였다. 재판과정에서 딘 애치슨 국무장관 같은 민주당의 진보주의자들이 증언대에서 알저 히스를 옹호하였다. 트루먼 대통령도 옹호하였다. 그들은 모두 히스 사건을 공화당의 날조라고 비난하였다.

히스는 유죄 판결을 받아 몇 년 동안 감옥에서 복역하였다. 히스와 그 지지자들은 계속 무죄를 주장하였다. 그러나 나중에 소련이 해체된 다음 1990년대 러시아 정부에서 발표된 정부문서는 히스가 소련의 간첩이었음을 입증해 주었다. 그러나 미국 안에서는 그러한 증거를 찾지 못하였다.

히스 재판이 진행되는 과정에서 국민의 상당수는 민주당 행정부가 공산주의적인 색채를 강하게 지니고 있다고 생각하게 되었다. 이러한 여론의 기류를 타고 공화당 하원의원인 리차드 닉슨(Richard M. Nixon)은 히스 사건을 끈질기게 물고 늘어졌다. 그는 캘리포니아 출신의 젊은 변호사로서 하원 반역행위조사위원회(House Un-American Activities Committee)의 위원으로서 명성을 떨치게 되었다.

히스 재판은 1949년 9월에 일어난 두 개의 큰 사건으로 영향을 받았다. 하나는 소련의 원자탄 실험이었고, 다른 하나는 중국 내전에서 마오 체통의 공산당이 장제스의 국민당 정부에 대해 승리한 사건이었다.

이제 미국인들은 그들의 나라가 국제 공산주의의 위협을 받고 있다는 것을 알게 되었다. 따라서 국민들은 공산주의의 영향을 받은 민주당 정부에 대해 분개하였고, 그 결과 트루먼 행정부는 수세에 몰리게 되었다. 뉴딜 정책까지도 공산주의의 영향을 받은 것으로 생각되었다.

1950년에는 영국에서 핵 과학자인 클로스 푹스(Klaus Fuchs) 박사가 소련 간첩죄로 체포된 사건이 일어났다. '맨하튼 계획'에 참여했던 푹스는 미국 뉴멕시코 주의 로스알라모스에서 원자탄 제조에 관한 비밀을 빼내 소련 간첩에게 넘겨주었다는 혐의를 받았다.

이처럼 미국인들에게 공산주의의의 위협이 다가온 이상, 민주당 행정부도 공산주의의 내부 침투를 경계하지 않으면 안 되었다. 트루먼은 소련의 원자폭탄 보유에 따른 미국 국민의 충격을 줄이기 위해 수소폭탄

개발을 선언하였다.
 국가적 위기감이 커져감에 따라, 반역자들이 미국적 체제를 무너뜨리기 위해 은밀히 활동하고 있다는 음모이론(conspiracy theory)이 국민 사이로 퍼져나가게 되었다. 그에 따라 그러한 음모로부터 국가를 지켜야 한다는 애국심이 일어났다. 이와 같은 위기감과 애국심의 분위기 속에서 매카시즘이 등장하였다.

조셉 매카시의 분노

 1950년 2월에 위스콘신 출신의 공화당 소속 상원의원인 조셉 매카시는 버지니아의 휠링에서 민주당 행정부에 공산주의자들이 침투해 있다고 맹렬히 비난하였다. 그러한 현상은 딘 애치슨이 장관으로 있는 국무부에서 가장 심하다고 비난하였다. 그는 국무부 안에만도 205명의 공산주의자들이 있다고 주장하였다.
 그는 마샬 장군이나 아들라이 스티븐슨 지사와 같은 아무도 건드릴 수 없을 정도로 유명한 인사들까지 '반역자'로 규탄하는 용기를 보였다.
 매카시즘(McCathyism)은 민중주의(populism)의 감정을 표현한 것이기도 하였다. 다시 말해, 그것은 명문대학 출신의 좌경한 '엘리트'들에 대한 전통적인 평민들의 반감을 드러낸 것이었다. 동시에 그것은 지역적으로 동부 도시의 지배층에 대한 중서부 농촌의 반감을 드러낸 것이기도 하였다.
 공화당은 매카시의 폭탄선언으로 활력을 얻었다. 그것은 공화당이 루즈벨트의 뉴딜 정책과 트루먼의 페어딜을 공격할 수 있는 좋은 기회였다. 이제 뉴딜 진보주의는 공산주의와 같다고 생각되었기 때문이다. 1950년 6월에 한국전쟁이 일어나면서 매카시즘은 더욱 더 큰 위력을 발휘하였다.
 매카시의 주장은 1950년에 간첩 로젠버그 부부 사건이 터지면서 더욱 더 힘을 얻었다. 남편 로젠버그는 공산당원으로서, 그의 아내가 로스알라모스의 원자력 연구소에서 일하고 있는 아내의 남동생으로부터 맨해튼 계획에 관한 정보를 빼내 간첩들을 통해 소련에 전달했다는 혐의를 받았다. 두 사람은 간첩혐의로 기소되고, 결국 1953년 6월에 사형을 당하였다.

반공주의가 폭넓은 지지를 받는 분위기 속에서 1950년에 보안법(Internal Security Act), 즉 매카란 법이 제정되었다. 이 법은 미국 시민이 전체주의 체제를 수립하기 위한 활동에 가담하지 못하도록 하였다. 그리고 공산주의 조직에 가담한 시민은 정부에 등록해야 하며, 국방과 관련된 취업이나 외국 여행이 금지되었다.

트루먼 대통령은 매카란 법이 인권을 침해한다는 이유로 거부권을 행사하였다. 그러나 의회는 그것을 다시 통과시켰다.

그리고 1951년에는 스미스 법에 따라 대법원이 드니스 판결(Dennis et al. v. U.S.)에서 11명의 공산당 간부를 유죄로 판결하였다. 그에 따라 매카시즘으로 알려진 반공주의는 그 절정에 이른 것 같았다.

2. 한국 전쟁과 반공주의 열기

민주당 행정부의 한반도 정책

바로 그 시기에 한반도에서는 냉전이 열전(hot war)으로 바뀌는 심각한 사태가 벌어지고 있었다.

한국전쟁의 불씨는 1945년에 강대국 미국과 소련이 38도선을 경계로 한반도를 분할 점령한 데서부터 시작되었다. 국제연합은 한반도에서 자유선거를 통해 "통일되고, 독립적이고, 민주적인 한국" 정부를 수립한다는 결의문을 채택하였다.

그러나 국제연합 감시하의 선거는 미군 점령지인 남한에서만 실시될 수 있었다. 그 결과 한반도는 이승만의 친미적인 대한민국과 김일성의 친소적인 인민공화국이 따로 세워지게 되고, 그에 따라 한민족은 두 개의 국민으로 나뉘게 되었다.

소련은 한반도를 공산화하여 동유럽에서처럼 위성국을 만들 계획을 가지고 있었다. 그 때문에 북한 정권의 군사력을 증강시켰다. 이외는 달리 미국은 북한의 남침 가능성을 믿지 않았기 때문에 전혀 대책을 세우지 않았다. 그러므로 미국은 대한민국 정부의 장비지원 요구를 무시한 채 1949년에 점령군을 철수시켰다.

미국이 남한을 전략적으로도 가치가 없다고 생각했다는 것은 1950년 1월의 국무장관 애치슨의 기자회견에서도 나타났다. 그는 미국의 아시아 방어선이 북태평양의 알류샨 열도로부터 시작하여 일본과 오키나와를 거쳐 남쪽의 필리핀을 연결하는 것이 될 것이라고 발표하였다. 남한과 타이완은 방어선 안에서 빠져 있었다.

만일 국제연합(UN)의 결의에 의해 탄생된 대한민국이 침략을 받을 경우에는 국제연합의 지원을 기대할 수 있을 것이라고 애치슨은 말하였다. 그러나 이제 막 출범한 국제연합이 군사행동을 할 수 있을 것으로 생각되지 않고 있었기 때문에, 애치슨의 발언은 사실상 미국의 남한 포기를 의미하였다.

한국전쟁과 민주당 행정부의 우경화

1950년 6월 25일 일요일 새벽, 북한의 조선민주주의 인민공화국의 군대는 38도선을 넘어 남한의 대한민국을 침공하였다. 그로부터 전쟁은 3년에 걸쳐 계속되었다.

인민공화국군은 소련의 지원으로 남한이 갖지 못한 탱크, 항공기, 중포와 같은 공격용 무기를 가지고 있었다. 그 때문에 대한민국은 즉각 붕괴의 위험에 놓이게 되었다. 이제 한반도의 공산화는 시간문제인 듯이 보였다.

한반도의 공산화가 무엇을 의미하는지 뒤늦게 이해한 트루먼 행정부는 침공에 대해 강경한 입장을 보였다. 친공적이라고 비난을 받던 트루먼 행정부는 지금까지의 태도를 바꾸어 인민공화국군의 침략을 저지하려고 했다.

이것은 침략을 소련이 조종했다고 판단했기 때문이었다. 트루먼 대통령은 소련과 국제 공산주의 세력이 한국전쟁을 통해 미국의 봉쇄정책(Containment Policy)을 시험하고 있다고 믿었던 것이다.

트루먼은 국제적으로 미국의 지위가 위태롭게 됨을 느꼈다. 왜냐하면, 미국이 한국에서 물러날 경우 소련은 다시 이란이나 베를린에서 공세로 나올 것이 분명해 보였기 때문이다.

그러므로 트루먼 대통령에게 있어서 한국전쟁은 1930년대의 위기처럼 보였다. 그러한 입장은 "히틀러, 무솔리니, 일본이 그랬던 것과 똑같이 공산주의는 한국에서 행동하고 있었다."는 트루먼의 회고담에서 잘 나타났던 것이다.

그렇다고 한다면, 히틀러에 대해서 저질러졌던 유화정책의 실수가 다시 일어나서는 안 되었다. 그러한 이유에서 트루먼은 유럽 공산주의에 대해서 보였던 강경한 태도를 아시아 공산주의에 대해서도 보여주게 된 것이다.

트루먼 대통령은 한국전쟁에 개입하기로 결정하고, 6월27일에 일본에 주둔하고 있는 맥아더 장군에게 공군과 해군을 파견하여 대한민국 국군을 돕도록 지시하였다.

그리고 같은 날에 그는 국제연합의 개입을 안전보장이사회에 호소하였다. 당시 소련 대표는 국제연합이 중국 대표권을 새로 탄생한 중공 정권에게 주지 않는 데 항의하여 안전보장이사회의에 참석하지 않고 있었다. 그 때문에 미국은 대한민국에 대한 지원계획을 쉽게 결의할 수 있었다.
 그리고 나서 6월 30일에 지상군을 한반도에 투입하였다. 국제연합군의 지휘는 더글라스 맥아더 장군이 맡게 되었다. 한국전쟁은 궁극적으로 한반도 밖으로도 확대될 가능성이 있었기 때문에, 트루먼은 중국 본토와 타이완 사이에 제 7함대를 파견하였다.

인천 상륙과 작전지역의 확대

 처음에 트루먼 대통령은 한국전쟁을 대수롭지 않게 생각하였다. 그 때문에 그는 국제연합군의 개입을 가리켜 치안을 문란케 한 자를 처벌하기 위한 단순한 "경찰 행위"라고 불렀다. 따라서 일본에 주둔하고 있던 맥아더 장군은 소규모의 전투부대만을 한반도에 파견하였다.
 그러나 북한의 군사력은 그렇게 간단하지 않았다. 탱크, 항공기, 중포 등으로 우세한 화력을 갖춘 북한 공산군은 경장비로만 무장을 갖춘 남한군을 순식간에 패주시켰다.
 그러므로 성급히 전선에 투입된 소규모의 미군 병력(스미스 부대)은 막대한 피해를 입은 채 물러나고 말았다. 몇 주 지나지 않아 남한군과 미군은 대한민국의 남쪽 끝인 부산 근처로 쫓겨 왔다. 공산군의 한반도 정복은 시간문제인 듯이 보였다.
 불리한 상황에서 맥아더 장군은 대담한 배후공격을 구상하였다. 그것은 전선의 북한군 배후 수 백 마일 지점에 대규모의 병력을 투입하는 인천 상륙작전이었다. 그것은 제 2차 세계대전 당시 노르망디 상륙작전을 연상시키는 것이었다.
 인천은 상륙지점으로 적합하지 않았다. 왜냐하면, 인천 앞 바다는 조수 간만(干滿)의 차이가 심했을 뿐만 아니라 해안 진입로도 좁았고, 갯벌이 넓었을 뿐만 아니라 적의 방어망도 강했기 때문이다. 그러므로 합동참모부는 반대하였다. 그러나 맥아더는 그의 고집을 관철시켰다.

인천 상륙작전은 1950년 9월 15일에 실천으로 옮겨졌다. 함포사격과 폭격이 있은 다음 상륙을 시작하여, 해질녘까지 1만 8천 명을 상륙시켰다.

9월 28일에 국제연합군은 서울을 해방시키고, 다시 계속 북으로 진격하여 북한군을 원래의 국경선이었던 38선을 향해 몰아붙였다.

그에 따라 진격의 범위가 문제되었다. 그것은 북한 공산군을 원래의 경계선인 38선 이북으로 쫓아낸다는 제한된 군사작전만을 벌이느냐, 아니면 북한 지역 깊숙이 진격하여 공산정권을 무너뜨리기 위한 확대된 군사작전을 벌이느냐 하는 문제였다.

마침내 트루먼 대통령은 국제연합군의 작전지역을 38선 이북으로 확대하기로 결정하였다. 그래서 트루먼 대통령은 1950년 9월 27일에 국제연합군에게 38선을 넘는 것을 허락하였다.

그는 무력충돌이 일어난 이상 단순히 북한을 봉쇄하는 것이 아니라 한 걸음 더 나아가 무력으로 한반도를 통일하려고 하였다. 왜냐하면, 공산주의는 단순히 저지될 것이 아니라 파멸되어야 할 것이었기 때문이다. 그에 따라 전쟁의 목표는 단순한 공산주의의 봉쇄(containment)가 아닌 해방(liberation)으로 확대되었던 것이다.

한 달도 못 되어 국제연합군과 대한민국 국군은 북한의 수도 평양을 함락하였다. 그리고 국제연합군 공군은 1950년 11월 초에 북한과 중국의 경계선인 압록강의 다리를 폭격하기 시작하였다.

중국의 마오쩌둥은 중국 내전에서 장개석을 도왔던 미국이 이 기회를 이용하여 중국 대륙을 공격하지 않을까 우려하였다. 그러므로 국제연합군 공군이 중국과 북한을 연결하는 수송로에 대해 폭격을 시작하자, 마오쩌둥은 격렬히 항의하였다. 그는 북한이 국가로서 사라지는 것을 방관하지 않겠다고 경고하였다.

중국 공산정권의 한국전쟁 개입

그러나 이미 중공 정부는 한국전쟁에 개입하고 있었다. 1950년 10월 말에 미군은 소수의 중국 공산군과 여러 차례 교전을 벌였다. 그때마다 중국 공산군은 적극적인 전투를 회피하고 재빨리 퇴각하곤 하였다. 이것은 국제연합군의 중국 국경 접근이 이루어질 경우 중국 공산군이 전쟁에 개입할 것이라는 예고의 성격을 띤 행동이었다.

그러나 강경한 반공주의자인 맥아더 장군은 한 달 뒤에 새로운 공격에 착수하였다. 그러자 1950년 11월 26일에 수 만 명의 중공군이 대대적인 반격을 해왔다. 국제연합군은 황급히 남쪽으로 퇴각하였다. 당황한 맥아더 장군은 중국 본토에 대한 대대적인 공습을 워싱턴에 요구하였다.

트루먼 대통령은 전쟁 확대의 결과에 대해 고민한 나머지 중국 폭격을 주저하였다. 그러면서도 그는 전쟁이 여러 해 동안 끌게 될지 모른다는 두려움을 가지고 있었다. 그래서 그는 중국에게 경고하기 위해 원자탄을 사용할지도 모른다는 뜻을 내비쳤다.

1951년 3월에 이르면서 전선은 38선을 전후로 굳어졌다. 그에 따라 어느 쪽도 승리를 장담할 수 없는 듯이 보였다. 그 때문에 트루먼 대통령은 협상을 생각하였다. 소련도 정치적 타결을 원하고 있음을 공식적으로 밝혔다.

그러나 전선의 맥아더 장군의 생각은 후방의 정치가들과는 달랐다. 그는 중공을 폭격하거나 타이완의 장개석으로 하여금 중국 본토 수복을 격려해야 한다는 대담한 발언을 서슴지 않았다. 지금이야말로 공산주의 자체를 파괴할 때라고 그는 주장하였다.

맥아더 장군은 우유부단한 트루먼 대통령이 1930년대에 서방측이 나치 독일에 대해 사용했던 것처럼 유화정책을 쓰고 있다고 비난을 퍼부었다. 그는 한국전쟁을 특정 지역에만 한정된 소규모의 전쟁으로만 보려는 트루먼의 제한전쟁(limited war) 개념이 잘못된 것이라고 비판하였다. 전쟁에서 "승리를 대신할 만한 것은 아무 것도 없다"고 말함으로써 그는 승리하기 위한 전쟁의 확대를 주장하였다.

재한전쟁

그러므로 1951년 4월에 트루먼 대통령은 맥아더 장군을 명령 불복종 죄로 국제연합군 사령관직으로부터 해임하였다. 맥아더는 10년 만에 미국 땅을 밟게 되었고, 국민들은 이 전쟁영웅을 열렬히 맞이하였다. 그의 의회 연설은 텔레비전으로 중계되어 많은 청중을 감격시켰다.

그것과 반비례하여 트루먼 대통령의 인기는 크게 떨어졌다. 그렇지만, 트루먼의 입장은 합동참모부 의장인 오마르 브래들리 장군으로부터 옹호를 받았다.

브래들리에 따르면, 전쟁의 확대는 소련의 참전을 가져올 것이었다. 그리고 미국은 우선적으로 유럽의 동맹국들을 소련의 침공으로부터 보호해야 할 책임이 있기 때문에 아시아의 전쟁에서 국력을 낭비해서는 안 된다는 것이었다.

따라서 미국이 아시아의 공산주의자들과 대결하는 것은 "잘못된 장소에서, 잘못된 시기에, 잘못된 적과 싸우는 잘못된 전쟁"이 될 것이라고 그는 상원의 한 위원회에서 증언하였다. 게다가 맥아더 장군의 인기는 예상보다 빨리 떨어지고 있었다. 그 때문에 트루먼은 그의 구상대로 한국전쟁을 끌고 갈 수 있었다.

그에 따라 전쟁이 일어난 지 1년이 되는 1951년 7월부터 북한 측과 국제연합 측 사이에 휴전회담이 시작되었다. 그러나 전투는 계속되어 2년을 더 끌었다.

그동안 1952년의 11월의 선거에서 드와이트 아이젠하워 장군이 대통령에 당선됨으로써 정권은 민주당에서 공화당으로 넘어가게 되었다. 그는 대통령 당선자 자격으로 12월에 한국 전선을 시찰하였다.

1951년 1월에 대통령에 취임하면서 아이젠하워는 한국에서 원자탄 사용을 고려하고 있음을 사적으로 표명하였다. 그것은 중공을 협상 장소로 끌어내기 위한 위협이었다.

휴전협상에서의 중심적인 쟁점이 되었던 것은 전쟁포로 교환 문제였다. 이 문제는 수만 명의 북한군과 중공군 포로가 자기 나라로 돌아가지 않으려는 데서 발생하였다.

미국 관리들은 반공(反共) 포로들의 의사를 존중하여 그들을 귀국선에 태우지 않았고, 이에 대해 중공과 북한은 제네바 협약의 위반이라고 항의하였다. 그 결과로 전쟁 기간은 더욱 더 길어지고, 그에 따라 인명의 희생도 더 커지게 되었다.

그러나 양측 사이에 1953년 7월 27일에 휴전이 성립되어, 반공포로 문제는 중립국 위원회에 넘어가게 되었다. 그리고 중립국위원회는 반공포로들의 거주국 선택은 각자의 자유의사에 맡겨졌다.

세계주의 정책으로의 선회

휴전협정의 체결로 한반도 문제는 한국전쟁 이전의 상태로 되돌아갔다. 그것은 미국만도 5만 4천 명의 전사자와 10만 3천 명의 부상자를 낸 큰 전쟁이었다. 교전국들의 사망자와 부상자를 전부 합치면 그 숫자는 190만 명에 이르렀다. 대한민국 국민의 희생만도 100만 명이 넘었다.

전쟁에서 패배한 적이 없는 미국인들에게 있어서 한국전쟁은 패배하지도 않았지만 그렇다고 승리하지도 못한 애매한 전쟁으로 남게 되었다. 따라서 전쟁의 종식을 알리는 축하행사도 가질 수가 없게 되었다. 그것은 "잊혀진 전쟁"으로 남게 되었다.

한국전쟁 참전으로 미국에서는 외교노선을 둘러싸고 큰 논쟁이 벌어졌다. 고립주의의 노선을 이어받은 공화당의 보수주의자들은 민주당 행정부의 세계주의(globalism) 노선을 비판하였다. 그들 가운데는 고립주의자인 태프트 상원의원과 허버트 후버 전대통령이 있었다. 그들은 미국이 해외 공약을 줄이는 한편 방위선을 서반구(西半球)로 한정시켜야 한다고 주장하였다. 그러나 이들은 소수였다.

오히려 민주당의 세계주의적(globalist) 국방 개념이 우세하게 되었다. 그래서 트루먼은 인도차이나 반도에서 베트남 공산주의자들과 싸우고 있는 프랑스에 대한 원조를 늘렸다. 미국은 그 전비의 4분의 3을 부담했다. 그럼에도 불구하고 프랑스는 1954년에 베트남에서 밀려 철수하고 말았다.

또한 미국은 대한민국(남한)과 중화민국(타이완)에 대해서도 많은 원조를 제공하는 동시에 상호방위조약을 체결하였다. 그리고 오스트레일리아, 뉴질랜드와는 1951년에 상호방위협정을 체결하였다. 그것은 어느 한 나라에 대한 공격도 모두에 대한 공격으로 간주하였다.

또한 한국전쟁으로 미국은 국가안보자문회의 68호 문서(NSC-68)에서 제시된 국방력 강화계획을 실천할 수 있게 되었다. 그 결과 국방비는 1949년과 1953년 사이에 140억 달러에서 440억 달러로 크게 늘었다.

또한 미국은 새로이 수소폭탄을 개발하고, 장거리 폭격기인 B-52를 개발하였다. 그리고 유럽에 6개 사단을 주둔시키는 동시에 서독의 재무장 계획에 착수하였다.

이와 같은 세계주의적인 군사적 관심은 봉쇄 정책(Containment Policy)의 시행에 절대로 필요한 것이라고 옹호되었다. 왜냐하면, 소련과 공산주의의 위협이 전 세계에 걸친 것이라면, 그에 대한 대응도 전 세계적인 것이 되어야 했기 때문이다.

제 6 장 국민적 합의의 시기 (1953 - 1960)

1. 아이젠하워의 온건한 공화당 행정부

1952년의 선거와 공화당 집권

 1950년 6월에 한국전쟁이 시작되자, 군수물자에 대한 주문이 쏟아져 들어왔다. 자동차 회사는 폭격기 엔진을 제작하고, 다른 공장들은 군화, 배낭, 붕대, 전투복을 만들기 시작하였다. 그에 따라 국민총생산고(GNP)와 개인소득이 늘고, 실업률도 떨어졌다.
 한국전쟁의 수행은 경제에 부정적인 결과도 가져왔다. 연방정부의 지출이 늘어남에 따라, 또다시 인플레이션이 경제를 위협하였다. 1948년부터 안정되었던 물가가 다시 뛰기 시작하여, 한국전쟁이 일어난 지 8개월 만에 8퍼센트가 올랐다. 1951년 6월에 정부는 임금과 물가를 동결했지만, 통제는 쉽지 않았다.
 게다가 트루먼 행정부는 측근들의 부패로 크게 비난을 받게 되었다. 그것은 1933년부터 계속된 장기집권에서 오는 불가피한 현상이었다. 공직자들 가운데는 정부와의 계약권을 얻어주는 대가로 5퍼센트의 뇌물을 받는 "5퍼센트 협잡꾼들"이 많았다. 그에 따라 트루먼에 대한 지지도가 크게 떨어졌다.

1952년의 선거 운동이 시작되면서 공화당의 승리가 분명해져 갔다. 공화당은 전쟁영웅인 드와이트 아이젠하워(Dwight D. Eisenhower) 장군을 대통령 후보로서 영입하였다. 그는 미국인들이 좋아하는 자수성가 정신을 구현하고 있는 듯이 보였다.

공화당의 보수 세력들은 그가 지나치게 신중하고 온건하다는 이유로 좀 더 강경한 로버트 태프 상원의원이나 더글러스 맥아더 장군을 내세우려 하였지만 성공하지 못했다. 그 대신 강경파 리처드 닉슨의 부통령 후보로 만족하려고 하였다.

민주당은 일리노이 주지사이며 진보주의자인 아들라이 스티븐슨을 대통령 후보로 내세웠다. 그는 벗어진 머리로 진보적인 지식인을 상징한다고 생각되기 때문에 "달걀 머리"(Egghead)로 불리게 되었다.

선거전은 이념적인 성격을 띨 수밖에 없었다. 보수주의 입장에 선 공화당은 성장과 자유방임주의의 노선을 내세우고, 진보주의의 입장에 선 민주당은 분배와 정부 개입주의의 노선을 내세웠기 때문이다. 그러나 두 정당은 민감한 이념문제에 대해서는 조심스럽게 피해가려고 했다.

그래서 공화당의 아이젠하워는 매카시즘에 대해서는 입을 다무는 애매한 태도를 보였다. 부통령 후보인 닉슨만이 매카시즘을 분명히 지지하는 동시에, 민주당 행정부를 공산주의적인 것이라고 맹렬히 비난하였다.

선거 결과는 예상대로 공화당의 압도적인 승리였다. 아이젠하워의 인기에 편승하여, 공화당은 상원과 하원도 모두 장악하게 되었다.

민주당 복지제도의 존속

아이젠하워 대통령은 근본적으로 친기업적인 인물이었다. 아이젠하워 행정부가 기업을 대변하는 행정부였다는 사실은 아이젠하워 내각이 "8명의 백만장자와 1명의 배관공"으로 이루어졌다는 비난에서 잘 나타나고 있었다. 즉, 각료의 대부분이 부자들이었던 것이다.

공화당 행정부는 정부예산의 막대한 부분이 사회복지, 국가채무에 대한 이자, 연금과 같은 복지항목에 지출되는 관행을 폐지하려고 하였다. 그러한 복지비의 상당 부분은 민주당 행정부가 '뉴딜'과 '페어딜'을 통해 벌인 빈민구호 정책으로부터 온 것이었다.

그럼에도 불구하고 공화당 행정부는 그러한 복지제도를 폐지할 수는 없었다. 왜냐하면, 그것은 수혜자인 빈민대중의 반발을 일으킬 것이기 때문이다. 그래서 아이젠하워는 과감하게 정부지출을 줄이지 못했다. 그 때문에 그는 공화당 안의 보수파로부터 나약하다는 비난을 받았다.

아이젠하워는 집무실을 떠나 매우 자주 골프장으로 도망가는 모습을 보여주었다. 그는 업무를 제대로 파악하지 못하고 지도력도 없다는 인상을 주었다.

그럼에도 불구하고 그가 인기를 잃지 않았던 것은 대통령의 임무를 수행하는 과정에서 보좌관들의 자문에 전적으로 의존하고, 그의 권한을 장관들에게 위임하고, 입법과정에 깊숙이 개입하지 않으려는 자유방임적인 태도 때문이었다.

이러한 그의 유연한 기질은 현상유지(status quo)에 만족하는 당시 미국 국민들의 정서와도 맞았다. 그 당시 미국인들은 자기 나라가 세계에서 가장 위대하며 그 잠재력은 무한하다고 믿었다. 경제적 성공의 상징인 자동차, 텔레비전, 전원주택에 흥분한 중산층 미국인들은 미국의 꿈(American Dream)이 현실로 이루어진 듯이 느끼고 있었다.

순응의 사회 분위기

그러면서도 국민들은 공산주의에 대해서는 공통으로 두려움을 가지고 있었다. 그 때문에 그들은 합의 분위기(consensus mood)를 유지할 수 있었다. 소련에 대항해 싸우고 있는 어려운 시기에 개혁과 진보를 요구하는 것은 비애국적인 태도로 보였다. 미국은 공산주의에 대항한 '십자군 전쟁'을 치르고 있었기 때문에, 국민은 정부를 비판하기보다는 지지해야 한다는 생각이 강했다.

그 결과 있는 그대로의 미국을 그대로 받아들이는 '순응(conformity)'의 태도가 우세하게 되었다. 기성의 권위에 대한 존경심과 신뢰감이 강했기 때문에 국민들은 정부, 기업, 노동, 군부, 종교, 교육 등 모든 분야에서 지도자들이 결정하는 대로 순순히 따라 주었다.

그리고 그들은 추상적인 도덕적 목표보다는 구체적인 경제적 목표를 더 추구하였다. 왜냐하면, 도덕적인 목표들은 현실적으로 도달할 수 없는 것으로 생각되었기 때문이다.

그 대신 국민들은 돈을 벌고 가족간의 유대감을 강화하는 데 관심을 가졌다. 그들은 자신이 낸 세금이 비현실적인 개혁에 쓰이기보다는 강력한 국가를 만드는 데 쓰이기를 희망하였다.

또한 대다수의 국민들은 대중 운동(mass movements)을 두려워하였다. 그 때문에 그들은 공산주의 운동은 물론 민권운동조차도 사회 안정을 위협한다는 이유로 꺼려하였다.

그 때문에 그들은 진보주의 역사가들이 미국의 과거를 어둡게 묘사하는 데 대해 반발하였다. 진보주의 역사가들은 미국의 과거가 갈등(conflict)의 역사, 즉 부자와 가난한 자, 북부와 남부, 농민과 기업가 사이의 대립의 역사였다고 주장해 왔기 때문이다.

그 대신 그들은 보수주의 역사가들이 미국의 과거를 밝게 묘사하는 데 박수를 보냈다. 1950년대의 보수주의 역사가들은 미국의 역사는 국민 사이의 합의(consensus)가 있었음을 보여주고, 안정, 연속성, 통일성이 지배해 왔음을 보여준다고 주장했던 것이다.

그들은 미국의 역사는 계급적 대립으로 얼룩진 유럽의 역사와는 다른 독특한 '미국적 경험'과 '미국적 성격'(American Character)을 보여주고 있다고 주장하였다. 설사 약간의 갈등적 요소와 이념적 대립이 있었다 하더라도, 1950년대에 와서는 무의미하게 되었다. 그 때문에 "이념의 종

말"(the end of ideology) 현상이 나타나게 되었다는 것이다.
　대니일 부어스틴, 데이비 포터 같은 보수주의적인 '합의'의 역사가들은 미국 역사에서 약간의 갈등이 일어난 것은 사회적 결함 때문이 아니라 개인적 결함 때문이라고 주장하였다. 그렇게 함으로써 그들은 역사연구의 대상을 사회문제로부터 개인 문제로 바꾸어 놓았던 것이다.

자유방임 체제로의 복귀 노력

　표면적으로 아이젠하워 행정부는 자유시장과 균형예산의 원칙을 내세우고 있었다. 그 때문에 민주당 행정부가 만들어 놓은 정부개입과 적자예산의 관행을 없애려고 하였다.
　그에 따라 공화당 정부는 1930년대부터 뉴딜 정책에 따라 연방정부가 농민들에게 지원금을 지급해온 지원정책을 폐지하려고 하였다. 왜냐하면, 농민들에게 주는 정부 지원금은 더욱 더 커져 갔고, 그 대가로 농민들로부터 받는 잉여농산물은 정부 창고에 더욱 더 많이 쌓여가고 있었기 때문이다.
　이러한 상황은 화학비료와 농기계의 사용으로 농산물 생산이 더욱 더 증가하고, 그에 따라 농산물 가격이 계속 떨어지면서 더욱 더 심각하게 되어 갔다.
　그러므로 공화당 행정부는 농업생산을 줄이기 위해 농민에 대한 지원액을 줄이려고 하였다. 그러나 선거에서 농민 표를 생각해야 했기 때문에 크게 줄일 수는 없었다. 그러므로 1954년의 농업법 제정으로 농산물 가격과 공산품 가격 사이에 균형을 맞추기 위해 정부가 농민에게 지원하는 평형가격(parity)을 90퍼센트에서 75퍼센트로 내리는 정도로 만족해야 했다.
　공화당 행정부는 정치적인 이유 때문에 민주당의 정부개입주의적인 정책을 그대로 유지하지 않을 수 없었다. 그래서 1954년에 1936년의 사회보장법(Social Security)을 보완하여 750만의 노동자들에게 사회보장의 혜택을 확대하였다. 그리고 1954년에 주택법을 제정하여 도시 재개발로 집을 잃은 저소득 가정에게 주택건설 자금을 연방정부가 제공하도록 했다.

그러한 경향은 국방비의 경우에 있어서도 마찬가지였다. 아이젠하워의 공화당 행정부는 첫 임기에는 국방비를 줄임으로써 예산을 삭감하는 데 어느 정도 성공하였다.

그러나 두 번째 임기에 들어가면서 연방예산을 늘이지 않으면 안 되었다. 왜냐하면, 해외문제에 대한 미국의 개입이 더욱 더 요구되고 있었기 때문이다. 그 결과로 1959년도 예산은, 거의 절반을 국방비가 차지하게 됨으로써, 평화시의 예산으로서는 미국 역사상 최고의 적자를 기록하게 되었다.

1957년에 소련이 인류 최초의 인공위성인 스푸트니크를 쏘아올린 사건도 연방정부의 지출을 늘이는 결과를 가져왔다. 정부는 과학기술에 있어서 소련에 뒤지지 않기 위해 1958년에 국방교육법을 제정하여, 학생들에 대한 학자금 융자와 과학교육과 외국어 교육 진흥에 재정지원을 했던 것이다.

그러나 민주당이 우세한 의회가 빈민을 돕고 국가안보를 강화한다는 명분에서 막대한 복지비와 국방비를 지출하게 될 법안들을 통과시켰을 때, 아이젠하워 대통령은 여러 차례 거부권을 행사하였다. 그러한 복지법안들이 국가를 빚더미 위에 올려놓게 될 것이라는 이유에서였다.

그럼에도 불구하고 그러한 공화당 행정부의 노력은 미국을 '뉴딜' 이전의 자유방임과 균형예산의 상태로 되돌리지 못하였다. 그것은 아이젠하워 임기의 마지막 해인 1960년 말에 국가 채무가 2,860억 달러에 이르렀다는 사실에서 입증되었다.

반공주의의 약화

아이젠하워 대통령의 첫 임기에 공화당 행정부를 가장 곤혹스럽게 만들었던 문제는 공화당 강경파 보수주의자인 조셉 매카시(Joseph MaCarthy) 상원의원의 과격한 반공운동이었다. 매카시 상원의원은 정부 안의 공산주의자들을 찾아 내려고 하였던 것이다.

온건한 아이젠하워는 과격한 매카시를 좋아하지 않았기 때문에 정면으로 대결하려고 하지 않았다. 그러한 대결로 공화당이 우파와 중도파로 분열될 것을 우려했기 때문이다.

그럼에도 불구하고 아이젠하워 행정부는 근본적으로 반공주의(anticommunism)의 노선을 지켰다. 그래서 아이젠하워 행정부는 트루먼 행정부가 시작한 공무원에 대한 충성도 심사 사업(Loyalty Program)을 확대하였다.

정부는 국무부를 비롯한 정부 안의 "용공 분자들"을 해고시키는 한편, 그 명단을 공개하였다. 그리고 원자탄 기술유출 문제로 반역죄로 기소된 로젠버그 부부를, 사면 압력에도 불구하고, 1953년에 처형하였다.

1953년 말에 공화당 행정부는 오펜하이머 박사의 신변보호도 중지하였다. 오펜하이머는 제 2차 세계대전 기간에 로스알라모스에서 핵폭탄 제조를 지휘하였던 유명한 물리학자였지만, 수소폭탄 개발 계획에 반대함으로써 소련과 공산주의에 동조한다는 혐의를 받고 있었기 때문이다.

아이젠하워 행정부는 공산당 가입을 금지시킨 1954년의 공산주의 규제법을 제정하였다. 이 법의 제정은 반공문제에 관한 한 공화당이든 민주당이든 모두 합의하고 있음을 보여주었다. 왜냐하면, 그 법은 상원에서 만장일치로, 하원에서는 265대 2의 압도적 다수로 통과되었기 때문이다.

공공기관에서도 공산주의자와 진보주의자들에 대한 제재가 이루어졌다. 예를 들어 뉴욕 시립대학은 18명의 진보적인 교수들을 해고하였다.

이처럼 반공주의의 분위기가 조성되었음에도 불구하고, 매카시 상원의원의 격렬한 반공운동은 많은 비난을 받았다. 그는 미국 수백 만의 텔레비전 시청자들이 지켜보는 앞에서 군부를 공격하는 결정적인 실수를 저질렀다. 그는 육군이 공산주의자들을 보호하고 승진시키고 있다고 공격하면서 한 치과 군의관의 경우를 제시하였지만, 국민들을 설득시키기에는 증거로서 빈약하였기 때문이다.

1954년에 상원 소위원회에서 열린 육군-매카시 청문회를 계기로 매카시는 몰락하였다. 왜냐하면, 그는 용공 혐의에 대한 명확한 증거를 제대로 제시하지 못했을 뿐만 아니라 증인들을 거칠게 다루었기 때문이다.

의회는 1954년에 그를 탄핵하는 결의안을 채택하였다. 탄핵 이유는 무례한 행동으로 상원의 위신을 떨어뜨렸다는 것이었다. 탄핵 후에도 그는 계속 상원의원으로 남아 있었다. 그러나 그는 과로로 1957년에 48세로 세상을 떠났다.

브라운 판결과 민권운동의 활성화

아이젠하워의 재임기간에 흑인들은 백인이 지배하는 사회에서 자신들이 2류 시민으로 차별을 받고 있는 데 대해 거세게 저항하기 시작하였다. 전국유색인지위향상협회(NAACP)는 법정에서의 흑백분리(segregation)를 공격하였다. 그리고 젊은 흑인들은 파업, 연좌농성(sit-in), 시위와 같은 직접적인 행동을 개시하였다.

1954년에 전국유색인지위향상협회(NAACP)는 대법원의 브라운 대 토피카 교육위원회(Brown v. Board of Education of Topeka) 판결로 흑백분리에 대하여 역사적인 승리를 거두었다. 그것은 학교에서의 흑백차별을 금지하였던 것이다.

그것은 "공공교육 분야에 있어서 (흑백차별을 인정한 1898년의 퍼거슨 판결의) '분리하되 평등한'(seperate but equal)이란 원칙은 맞지 않다"고 선언하였다. 왜냐하면, 분리된 교육시설은 본질적으로 불평등한 것이기 때문이다.

그러한 시설은, 설사 그것이 갖추어졌다 할지라도, 흑인 아이들에게 "열등감을 느끼게 하고, 그 결과로 그들의 마음과 정신에 파멸적인 영향을 미칠 것"이기 때문이다.

1955년에 대법원은 모든 학교에서 흑백분리를 철폐하도록 명령하였고, 이에 대해 남부의 대부분 주들은 심하게 반발하였다. 남부의 전문직과 기업인들은 백인시민위원회(White Citizens' Councils)를 조직하여 대법원의 판결에 대항하였다. 이들은 흑인들을 압박하기 위해 은행대출을 금지하고, 직장에서 쫓아내고, 신용판매를 거부하였다.

이와 더불어 "쿠클럭스클랜"(KKK)이 되살아나고, 전국백인지위향상협회(NAAWP)와 같은 새로운 백인단체들이 나타났다.

또한 남부의 주들은 대법원의 명령에 맞서기 위해 사립학교에 다니는 백인 아이들에게 주 정부가 등록금을 보조해 주는 법을 제정하였다. 그리고 공립학교를 폐쇄하기도 하였다.

1957년 9월에 아칸소 주지사 포버스는 리틀록의 센트럴 고등학교에 흑인 학생의 입학을 막기 위해 주 방위군을 동원하였다. 이것은 주 정부가 흑백통합(desegregation)계획에 정면으로 반대한 사건이었다.

흑인문제로 남부와 충돌하기를 바라지 않았던 아이젠하워 대통령은 이러한 행동을 방임하였다.

그렇지만 대법원은 아칸소 주지사에게 방위군을 학교에서 철수시키도록 강하게 압력을 넣었다. 그 결과로 8명의 흑인 학생들이 센트럴 고등학교에 입학할 수 있게 되었다.

그러나 흑인 학생들은 등교를 하는 과정에서 수백 명의 백인들로부터 심한 야유를 받았다. 그 때문에 아이젠하워 대통령은 흑인 학생들의 신변을 보호하기 위하여 아칸소 주 방위군을 연방군으로 바꾸어 학교에 주둔시켰다. 그리고 뒤이어 1천 100명의 공수부대를 파견히였다. 연방군은 그해 말까지 학교에 주둔하였다.

이에 대항해 아칸소 주 정부는 대법원의 흑백통합 판결을 회피하는 방법으로 1959년까지 모든 공립 고등학교를 폐쇄하였다.

흑인들의 민권운동은 알라바마에서도 일어났다. 1955년 12월에 알라바마 주의 몽고메리에서는 젊은 흑인 여성 로자 파크스의 저항과 더불어 흑백 충돌이 일어났다. 그것은 그녀가 버스 안에서 백인 승객에게 자리를 내주지 않은 데 대해 경찰이 연행함으로써 생긴 사건이었다. 그녀는 흑인들은 버스 앞좌석에 앉을 수 없다는 알라바마 주 법을 위반했던 것이다.

이에 대한 항의로 흑인들은 1년 동안 시내버스 타기 거부운동(boycott)을 벌였다. 흑인들은 걸어 다니거나 승용차를 같이 탔다. 1년간에 걸친 승차거부로 버스회사는 거의 파산지경에 이르고, 상점의 매상은 크게 줄었다. 이 사건에서 젊은 흑인 목사 마틴 루터 킹(Martin Luther King, Jr)이 지도자로 떠올랐다.

당시 마틴 루터 킹은 27세의 침례교 목사였다. 그는 인도 간디의 비폭력(nonviolence) 항의 방법을 사용하였다. 비록 감옥에 잡혀가고 집 앞에서 폭탄이 터지는 일을 당하면서도 그는 대항하지 않았다. 1956년에 대법원이 알라바마 주의 흑백분리가 위헌이라고 판결했기 때문에 몽고메리의 흑인들은 승리를 거두었다.

게다가 의회가 1957년의 민권법을 제정하고 그에 따라 연방민권위원회(U.S. Commission on Civil Rights)가 창설됨으로써 흑인들은 다시 한번 승리하였다. 3년 후에 의회는 흑인들의 투표권 행사를 강화하기 위한 법도 제정하였다.

그럼에도 불구하고 정부의 흑백통합 노력은 별로 진전을 보이지 않게 되자, 흑인들은 연좌농성(sit-in)이라는 새로운 방법을 사용하였다. 그것은 1960년 초에 그린스보로에서 4명의 흑인학생들에 의해 시작되었다. 그들은 음식점의 백인 좌석에 앉아 커피를 주문하고 난 뒤, 매를 맞으면서도 계속 앉아 있었다.

이와 같은 연좌농성의 방법은 널리 퍼져 나갔고, 그 결과로 많은 공공장소에서 흑백분리가 폐지되는 결과를 가져왔다.

연좌농성의 성공으로 고무를 받은 흑인학생들은 1960년 가을에 학생 비폭력협력위원회(SNCC)를 조직하였다. 이 조직은 "우리 언젠가는 이기리라(We Shall Overcome)"는 오래된 찬송가를 부르며 성난 백인들에게 도전하였다. 그 이후로 그 찬송가는 민권운동가로 자리를 굳혔다.

2. 미국에 대한 소련의 위협

덜레스의 반공외교

드와이트 아이젠하워는 대통령이 되기 전에 군인으로서 유럽, 아시아, 남미에서 오래 근무하였다. 그리고 제 2차 세계대전 기간에는 연합군 총사령관으로서, 그리고 전후에는 '나토'군 사령관으로서 유럽을 잘 알게 되었다. 그 과정에 그는 미국이 공산주의의 위협으로부터 세계를 지켜야 할 의무가 있다는 냉전의 논리를 믿게 되었다.

그는 외교문제에 있어서 국무장관 존 포스터 덜레스(John Foster Dulles)에게 많이 의존하였다. 덜레스는 프린스턴 대학교를 졸업하고 조지 워싱턴 법과대학원에서 변호사로 훈련받았다. 1919년에 베르사이유 조약이 체결될 당시에는 우드로우 윌슨 대통령의 보좌관으로 일하였다. 그리고 나서는 월스트리트의 법률가로서 이름을 날리면서 국제문제에도 간여하였다. 그는 기독교 단체를 통해 세계평화운동에 참여하였을 뿐만 아니라 트루먼 행정부가 1951년에 일본과 샌프란시스코 평화조약을 체결하는 것도 도왔다.

덜레스 국무장관은 매카시 파와 가까웠다. 그 때문에 그는 매카시의 심복인 스코트 맥레오드를 국무부의 고위층 안보담당 관리로 임명하였다. 맥레오드는 국무부로부터 공산주의자로 의심되는 관리들을 쫓아냈다.

덜레스는 트루먼의 봉쇄정책을 대부분 답습하였다. 그러나 '봉쇄'라는 용어가 지나치게 방어적이라고 생각되었기 때문에, 그는 '해방'이라는 보다 적극적인 용어를 사용하였다. 또한 그는 '대량보복'이란 말을 사용하였다. 그 말은 소련이나 중공의 공격적인 행동에 대해 핵무기로 대응함을 의미하였다. 그것은 미국이 소련의 적대 행위에 대한 억제 능력을 가져야 함을 의미하였다.

이와 같은 '대량보복'과 '억제'의 개념을 토대로 하여 아이젠하워 행정부의 '새로운 시각'(New Look)의 군사정책이 형성되었다. 덜레스는 재래식 무기보다 공군력과 핵무기와 같은 중무기의 중요성을 강조하였다. 여기에는 국방예산을 줄이려는 계산도 깔려 있었다.

이와 같이 막강한 군사력을 가지고 미국은 1950년대에 '벼랑끝 외교'(brinkmanship)를 실천할 수 있었다. 그것은 위기가 왔을 때 미국은 전쟁 직전까지 가지만 결코 물러나지 않는 정책이었다.

또한 덜레스는 '도미노 이론'(domino theory)을 대중화시켰다. 이것은 작은 나라들이 연쇄적으로 공산주의에 의해 정복되는 것을 막기 위해서는 미국의 원조가 필수적임을 의미하였다. 이것은 아이젠하워 행정부의 외교노선이 제 3세계의 중립주의, 공산주의, 사회주의, 민족주의, 혁명의 노선에 대항하는 세계주의적인 시각(globalist perspective)에서 결정되었음을 의미하였다.

1953년에 소련의 스탈린이 죽음으로써 미-소 긴장 관계가 완화되는 느낌을 주기도 하였으나, 실제로 두 강대국은 핵무기 경쟁을 더욱 더 치열하게 벌였다. 경쟁은 1952년 11월에 미국은 최초의 수소폭탄을 실험함으로써 더욱 더 치열해졌다.

스푸트니크 충격과 동유럽에서의 대결

소련도 1953년에 수소폭탄 실험으로 미국에 응수하였다. 게다가 소련은 1957년 10월에 스푸트니크라 불리는 인공위성을 쏘아 올려 미국을 놀라게 하였다. 두 달 전에는 최초의 대륙간 탄도 미사일(ICBM)을 발사하는 데도 성공했던 것이다.

미국인들은 공중전과 로케트 기술에 있어서 소련에 뒤지고 있다고 느끼게 되었다. 그러므로 미국은 대륙간 탄도 미사일 개발에 착수하는 한편, 장거리 B-52 폭격기 부대를 확장하였다. 그리고 소련을 겨냥한 중거리 미사일을 유럽에 배치하였다. 또한 미국은 중거리 폴라리스 유도탄을 실은 잠수함의 생산을 계획하였다.

그리고 1958년에는 우주 개발을 위해 국립항공우주국(NASA)을 설립하였다.

그러면서도 아이젠하워 대통령은 소련과의 핵무기 경쟁을 진정으로 우려하였다. 그는 핵전쟁을 두려워하였을 뿐만 아니라 무기개발 비용 때문에 정부예산의 균형이 깨지는 것을 우려하였다.

그러므로 아이젠하워 대통령은 1953년에 "원자력의 평화적 이용 계획안"을 제시함으로써 군비축소를 시도하였다. 그것은 핵보유국들이 유엔의 감독 밑에서 핵물질을 산업화에 활용하도록 하려는 것이었다. 그리고 1955년에는 기습공격의 기회를 줄이기 위하여 미국과 소련 양국이 서로 상대국의 군사기지를 공중에서 정찰하는 '공중사찰 계획'을 제시하였다.

그에 따라 제네바에서 군비축소 회담이 열렸다. 그렇지만 어느 쪽도 충분한 감시체제의 확립에는 동의하지 않았기 때문에, 군비축소나 핵실험 금지를 위한 조약이 체결되지 못하였다.

1956년에 소련의 흐루시초프는 자본주의와 공산주의의 "평화공존"을 부르짖음으로써, 미-소 관계가 좋아질 듯이 보였다. 그는 스탈린을 격하시키면서 소련과는 다른 노선의 공산주의도 인정하는 융통성을 보이려고 하였다.
 그러나 동유럽에서 일어난 반소운동 때문에 미국과 소련의 관계는 다시 험악한 상태로 빠져들었다.
 1956년에 폴란드(포즈난 지역)와 헝가리에서 소련과 공산주의체제의 가혹행위를 반대하는 폭동이 일어나자, 모스크바는 재빨리 군대를 보내 진압하였다. 소련은 이들 나라의 혁명을 진압하는 과정에서 바르샤바 조약기구를 활용하였다.
 아이젠하워 행정부는 헝가리를 비롯한 동유럽의 해방을 지지하는 선언을 발표하였지만, 적극적으로 지원할 수가 없었다. 왜냐하면, 소련과의 직접 대결로 제3차 세계대전을 일으킬 위험이 있었기 때문이다. 그 때문에 헝가리는 다시 소련에 점령당하게 되었다.
 여기에 덧붙여 베를린 위기도 미-소 관계를 악화시켰다. 소련은 동독인들이 서 베를린을 통해 서독으로 탈출하고 있는 사실에 대해 분개하였다. 그리고 미국이 서독에 핵탄두를 적재할 수 있는 폭격기를 배치한 사실에 대해 분개하였다.
 그러므로 1958년에 흐루시초프는 독일의 통일 문제와 독일의 재무장 문제를 논의하기 위한 협상을 서방측에 요구하였다. 만일 그것이 받아들여지지 않을 경우에는 동독이 서 베를린을 점령하도록 허락할 것이라고 선언하였다.
 미국은 서 베를린을 포기할 마음이 없었을 뿐만 아니라 서독을 북대서양조약기구(NATO)의 테두리 안에 묶어 놓으려는 의지가 강하였다. 그에 따라 미국과 소련 사이에는 전쟁의 위험성이 커졌다.
 그러나 흐루시초프가 최후통첩을 철회함으로써 두 진영의 극한적인 대립을 회피할 수 있었다.

U-2기 사건과 타이완에서의 대결

베를린 문제와 독일 문제를 논의하기 위한 1960년 5월의 파리 정상회담이 예정되어 있었다. 그러나 바로 얼마 전에 고성능 카메라를 장착한 미국의 U-2 정찰기가 소련 영토 안에서 대공포를 맞아 격추되는 사건이 일어남으로써 회담은 깨지고 말았다.

처음에 미국은 그 비행기가 소련 영토 위를 비행한 사실을 부인하였다. 그러나 소련은 포로로 붙잡힌 조종사 프랜시스 게리 파워즈와 비행기, 그리고 그가 찍은 소련 군사기지 사진을 제시하였다. 소련 대표는 회담장에서 철수하였다.

미국은 중공과도 대립하였다. 미국은 마오쩌둥의 공산정부를 승인하지 않았을 뿐만 아니라, 계속 타이완의 장제스 정부를 도왔다. 중공 정부는 타이완을 계속 자기 영토의 일부라고 주장하였다. 미국은 중공 정권이 인도차이나 반도에서도 식민지인들의 반란을 부추기고 돕고 있는 것에 대해 분개하였다.

그 때문에 미국과 중공의 관계는 1954년에 전쟁 직전까지 가는 위기에 부딪쳤다. 그것은 중공이 본토 해안에서 몇 마일 밖에 떨어지지 않은 곳에 있는 금문도와 마조도를 대포로 공격함으로써 일어났다.

아이젠하워 정부는 타이완이 중국대륙의 공격을 막을 최전선의 군사기지인 두 섬을 방어하려고 하였다. 그 목적을 위해서는 핵무기 사용도 고려하고 있음을 밝혔다. 이제 두 섬은 '대량보복' 정책의 시험대가 될 것 같았다.

의회는 아이젠하워 대통령의 결정을 지지해 주기 위해 1955년에 타이완 결의안을 통과시켰다. 이것은 대통령에게 타이완과 그에 부속된 섬들에 군대를 파견할 권한을 부여하는 결의안이었다. 그에 따라 1957년에 미국은 타이완에 핵탄두를 장착한 미사일을 배치하였다. 그러나 다행스럽게도 위기는 더 이상 진전되지 않았다.

3. 미국에 대한 제 3세계의 도전

식민지 독립과 비동맹 운동

 탈 식민지화(decolonization), 즉 서방 제국주의 국가들의 식민지였던 나라들의 독립은 제 2차 세계대전 이후 더욱 가속화되었다. 제 2차대전의 소용돌이 속에서 경제적으로 파산한 제국주의 국가들은 더 이상 식민지인들의 독립을 막을 힘이 없었기 때문이다. 그에 따라 신생국가들의 독립이 줄을 이었다.
 그래서 미국은 1946년 필리핀의 독립을 승인하였다. 영국은 1948년에 인도와 파키스탄에 이어, 버마(미얀마)와 실론(스리랑카)을 독립시켜 주어야 했다. 네덜란드는 1949년에 인도네시아를 마지못해 놓아주었다. 프랑스는 인도차이나 반도를 잃지 않기 위해 토착 민족주의자들과 전쟁을 계속하다가 결국 1954년에 포기하고 말았다.
 아프리카에서도 독립의 바람이 불어, 1960년에만도 18개의 신생국이 탄생하였다.
 이와 같은 탈 식민지화의 결과로 1943년부터 1989년까지 모두 96개의 국가가 식민지 상태에서 출현하였다. 그에 따라 미국과 소련 사이의 경쟁관계는 제 3세계로 확대되었다.
 제 3세계는 망간, 원유, 주석 등의 전략적 천연자원을 보유하고 있었고, 그 때문에 1959년에 미국의 민간 해외투자액의 3분의 1 이상이 그들에게 투자되었다. 또한 제 3세계는 미국의 공업제품과 기술을 수출할 새로운 시장이기도 하였다.
 제 3세계 국가들은 대부분이 신생국가로서 국가건설(nation building)의 어려운 문제와 씨름하고 있었다. 그들은 서방 선진국들처럼 근대적인 국가 형태인 민족국가(nation-state)를 뒤늦게 건설하려고 하였다.

그러나 그 과정에서 내전과 독재로 시달리고 부족, 인종, 계급들 사이의 갈등을 겪어야 했다. 그리고 그들의 경제구조는 한두 가지의 생산물에 전적으로 의존하는 불완전하고 취약한 것이었다.

그런데도 그들은 서방 제국주의 국가들의 잔재와 영향력을 배제하기 위해 민족주의와 자주성을 내세웠기 때문에, 신진국들로부터의 지원도 받기가 어려웠다.

신생국들이 당면했던 가장 시급한 문제는 가난이었다. 그리고 많은 경우에 가난의 문제는 소련식의 사회주의 체제를 도입함으로써 해결될 수 있다고 생각하였다. 그 때문에 도처에서 사회주의 혁명의 징후가 있었다. 그리고 그것은 미국을 놀라게 하였다.

그러나 제 3세계국가들 가운데는 인도, 가나, 이집트, 인도네시아처럼 미국과 소련의 어떤 입장에도 가담하지 않으려는 나라들도 있었다. 이들은 중립, 또는 비동맹(nonalignment)을 선언하였다.

비동맹 노선은 1955년에 아시아와 아프리카의 29개 국가들에 의해 인도네시아의 반둥 회의에서 비동맹국제기구가 창설됨으로써 그 절정에 이르렀다. "우리는 자유 서방세계나 공산세계에 얽매어 있지 않을 것이다"라고 이집트의 나세르는 선언하였다.

이와 같은 중립주의(neutralism)의 확산은 미국에게 불리하였다. 따라서 국무 장관 덜레스는 중립주의의 표방이 공산주의의 도입을 위한 첫걸음이라고 보았던 것이다. 그러므로 아이젠하워 행정부에게 있어서 제 3세계의 중립주의는 소련의 공산주의와 마찬가지로 봉쇄의 대상이었다. 그리고 이러한 미국의 부정적인 시각은 제 3세계와의 관계를 악화시켰다.

제 3세계 혁명과 미국

이와 같은 제 3세계와의 관계 악화는 미국 국내의 인종차별 관행 때문에도 더욱 더 가속화하였다. 1955년에 주미 인도대사는 휴스턴 국제공항의 식당 백인 전용석에서 서비스를 거절당했다. 덜레스 국무장관은 인도대사에게 사죄의 전문을 보냈지만, 이 사건은 제 3세계 사람들에게 깊은 모욕감을 주었다.

버마의 교육부장관도 오하이오 주 콜럼버스의 한 식당에서 서비스를 거절당했다. 가나의 재무장관은 워싱턴 디시 외곽지역의 하워드 존슨 체인의 한 호텔에서 쫓겨났다.

그 결과로 미국은 평등이념을 존중하지 않는 나라라는 비판이 거세게 일어났다. 그러므로 법무장관은 공립학교에서의 인종 격리를 없애기 위해 연방대법원에 기소했다. 그는 기소장에서 미국 국내의 인종차별정책이 국제관계에 미치는 폐해를 지적하였고, 연방대법원은 법무장관의 기소장을 받아들여 인종격리의 폐지를 결정하였다.

제 3세계의 혁명과 그에 따른 사회변혁은 미국의 투자, 시장, 군사기지를 위협하는 것이었다. 그러므로 미국은 멕시코, 중국, 러시아, 쿠바, 베트남, 니카라과, 이란 등에서 일어난 혁명에 대해 노골적으로 반대하였다. 이와 같이 혁명을 싫어하는 태도는 미국이 제 3세계에 영향력을 확대하는 데 큰 장애물이 되었다.

미국은 세계에서 이미 기득권 세력이 되어 있었다. 그 때문에, 미국의 번영과 안전을 위해서는 세계의 안정과 질서를 유지해야 했다. 따라서 미국은 유럽의 우방국들이나 제 3세계에서 혁명이 일어났을 때 보수세력을 지원하였다. 예를 들어, 1960년에 탈 식민지화를 지지하는 UN 결의안을 아프리카와 아시아의 43개국이 지지하자, 미국은 투표에서 기권함으로써 백인 제국주의 국가들의 편을 들었다.

제 3세계와 미국의 우호관계를 가로막는 또 다른 장애물은 미국의 거대한 재부였다. 제 3세계인들은 미국이 많이 소비하는 데 대해 부러움과 시기심을 동시에 가졌다.

미국인들의 높은 생활수준에 대한 제 3세계인들의 불쾌한 감정은 대중소설 '못난 미국인'(The Ugly American, 1958)에서 잘 나타났다. 그것은 가난한 이웃을 등지고 세운 높은 담 안에서 생활하는 미국 외교관들의 주거구역을 생생하게 묘사하였다.

게다가 제 3세계 국민들은 미국기업이 그들로부터 엄청난 이익을 빼내가고 있다고 분개하였다. 이러한 이유 때문에 미국은 제 3세계의 발전 모델로 인기가 없었다. 오히려 그것은 민족주의 혁명에 의해 타도되어야 할 대상이 되었다.

실제로 제 3세계인들의 가난에는 그 나라 지도자들의 잘못된 결정과 그 국민의 잘못된 생활방식에 그 원인이 있는 경우가 많았다. 그럼에도 불구하고 모든 책임이 미국에게 돌려지는 경우가 많았다.

과테말라에 대한 미국의 개입

라틴아메리카는 오랫동안 미국의 영향권 안에 있었다. 그리고 가난과 계급갈등, 인구증가, 무지, 불경기, 외국인 착취 등으로 불만에 가득 차 있었다. 그에 따라 강한 반미감정이 나타나게 되었다.

1951년에 과테말라에서는 좌파인 아르벤스가 대통령에 당선되었다. 이 나라의 최대의 토지소유자는 미국의 유나이티드 프루트 회사였다. 이 회사는 철도, 항만, 선박, 전자통신 등의 경제부문을 장악하고 있었다.

아르벤스는 토지개혁을 통해 유나이티드 프루트 회사의 유휴 토지를 몰수하고, 그것에 대한 보상액을 제시했다. 그러나 유나이티드 프루트 회사는 그 제의를 거절하는 동시에 미국 정부에 대해 과테말라 공산주의 정권의 위협에 대처해줄 것을 요구하였다.

미국 정부는 과테말라에 대한 경제 원조를 중단하는 동시에 아르벤스 정부를 전복하려고 하였다. 미국에 대항하기 위해 아르벤스는 소련에 군사원조를 요청하였다.

1954년에 우파 과테말라인으로 이루어진 반군이 혼두라스로부터 과테말라를 공격하였다. 이들 반군을 지원하기 위해 미국 공군기들이 수도를 폭격하였다. 그 결과로 아르벤스의 좌파 정권은 무너지고, 유나이티드 프루트 회사는 잃었던 토지를 되돌려받았다.

이 사건 이후 라틴 아메리카 국가들은 미국의 선린외교 정책(Good Neighbor policy)의 진실성을 의심하였다. 그러한 의심은 미국에 대한 적개심으로 나타나, 1958년에 베네주엘라를 비롯한 남아메리카 국가들에서는 반미 폭동이 일어났다. 그 때문에 닉슨 부통령은 남아메리카 순방 일정을 바꾸어야 했다.

범 아랍주의와 미국

중동에서도 아이젠하워 행정부는 아랍 민족주의자들과 대결하지 않으면 안 되었다. 중동지역에서 미국이 가지고 있는 이해관계는 이스라엘의 존속과 석유자원의 확보였다. 1950년대에 미국의 석유회사들은 이 지역 산출 원유의 절반 정도를 생산하고 있었던 것이다.

미국에게는 원유가 풍부한 이란이 특히 중요하였다. 그러므로 미국은 이란 국왕의 도움을 받아 외국 석유회사들의 수익을 국유화하려는 모사데그 정권을 무너뜨렸다. 이란 국왕은 새로운 석유 콘소시움 지분의 40퍼센트를 미국 석유회사들에게 주었다.

중동 지역에서 서방세계의 영향력을 몰아내려는 범 아랍주의(Pan-Arabism) 운동에는 이집트의 나세르가 중요한 역할을 하였다. 나세르는 수에즈운하 지역에서 영국을 몰아내는 동시에, 팔레스타인 지역에서 이스라엘인을 몰아냈다.

미국은 난처한 입장에 놓이게 되었다. 왜냐하면, 한편에서 미국은 원유공급을 지속시키기 위해서는 아랍인들의 눈치를 보아야 했고, 다른 한편에서는 이스라엘과 미국 국내 정치에서 강력한 영향력을 행사하고 있는 유태계 미국인을 멀리할 수 없었기 때문이다.

덜레스 국무장관은 이스라엘을 선택하였다. 이처럼 미국이 친 이스라엘 정책으로 방향을 굳히게 된 것은 이집트의 나세르가 중립을 선언함으로써 냉전에서 소련에 기우는 행동을 했기 때문이다.

나세르에 대한 반감의 표시로 미국은 1956년에 아스완 댐 건설사업에 대한 자금 지원 계획을 갑자기 취소하였다. 그것은 이집트 농촌에 낮은 가격으로 전기와 물을 제공하기 위한 사업이었다.

분개한 나세르는 영국이 소유하고 있는 수에즈운하를 국유화하여 그것으로부터 나오는 이익을 아스완 댐 건설에 사용하려고 하였다. 제 3세계 국민들에게 나세르의 행동은 제국주의의 잔재를 청산하려는 민족주의의 모범으로 보였다.

그러나 수에즈운하는 서유럽 국가들에게 아주 중요하였다. 그들이 사용하는 원유의 75퍼센트는 대부분 수에즈운하를 거쳐 들어오는 중동산이었기 때문이다.

그러므로 영국과 프랑스는 나세르 정권을 타도하기 위해 이스라엘과 함께 침공계획을 세웠다. 1956년 10월 29일에 이스라엘 군이 먼저 수에즈운하를 점령하고, 이틀 뒤에는 영국군과 프랑스군이 합세하였다.

아이젠하워 대통령은 이들 국가의 이집트 침공을 맹렬히 비난하였다. 왜냐하면, 나세르는 소련에게 도움을 요청하게 되고 그렇게 되면 소련이 중동문제에 개입할 것이기 때문이었다. 그러므로 아이젠하워는 영국, 프랑스, 이스라엘에게 철수를 강하게 요구하였다. 그 때문에 이들 국가들은 물러나고 말았다.

이집트인들은 그들이 바라던 대로 수에즈운하를 보유하게 되었다. 그리고 소련은 아스완 댐 건설자금을 제공함으로써 아랍권에서 발판을 마련하였다.

그리고 나세르는 서유럽 제국주의에 결연히 맞섬으로써 제 3세계 국민들의 영웅이 되었다. 그에 따라 나세르는 중립주의와 범 아랍주의를 더욱더 격렬히 외치게 되었다.

미국은 나세르를 견제하기 위해 보수적인 사우디아라비아의 사우드 왕을 지지하는 정도로 만족할 수밖에 없었다.

중동지역에서 미국의 입지가 약화되자, 미국은 1957년에 국외문제 개입을 보다 더 적극적으로 천명한 '아이젠하워 독트린'을 발표하였다. 그것은 공산주의자들로부터 전복의 위협을 받은 국가가 도움을 요청하는 경우에는 미국이 개입할 것임을 선언하였다. 그에 따라 미국은 1958년에 좌, 우파 사이에 내전이 벌어진 레바논에 1만 5천 명의 병력을 파견하였다.

제 7 장 번영과 풍요의 1950년대

1. 경제성장과 노동운동의 쇠퇴

기술발전과 경제력 집중

제2차 세계대전이 끝났을 때 대부분의 미국인들은 1930년대의 대공황이 되풀이될 것으로 생각하였다. 즉, 그들은 전쟁의 종결이 경기침체를 가져올 것이라고 두려워했던 것이다.

그러나 예상과는 달리, 미국은 1945년부터 역사상 전례 없이 길고 꾸준한 경제성장과 번영을 이룩하였다. 이와 같은 지속적인 번영 때문에 수많은 미국인들은 미국의 자유경제체제에 대한 신뢰감을 더욱 더 강하게 가지게 되었다. 그리고 그들의 사회를 "풍요한 사회"(affluent society)로 받아들였던 것이다.

1945년 이후 25년 동안 미국에서는 주로 자동차, 건설, 방위산업의 확장에 힘입어 연평균 3.5퍼센트의 경제성장을 이룩하였다. 국민총생산(GNP)은 1946년에서 1970년에 이르는 사이에 2천억 달러에서 1조 달러로 5배 늘어났다.

소득이 늘어나고 재산 소유가 국민 저변층으로 확산되면서, 노동자들을 포함해서 더욱더 많은 미국인들이 교외에 집을 장만하고 신제품을 사들였다. 주택과 학교도 무수히 세워졌다.

대공황과 2차대전 때만 해도 주택과 자동차를 산다는 것은 많은 미국인들에게는 이룰 수 없는 꿈만 같았다. 그러나 그들은 전후에 이 꿈들을 이룰 수 있었다. 가정들은 2대의 자동차를 보유하고, 설거지 기계, 텔레비전, 전축과 같은 가전제품들을 들여놓았다.

1946년 초에 최초의 진공관 컴퓨터인 에니악(ENIAC)이 국방부의 주문으로 제조되면서 새로운 시대가 열리게 되었다. 그것은 1948년의 '트랜지스터' 발명과 더불어 '컴퓨터 혁명'을 예고하는 것이었다.

그에 따라 전자산업에 놀랄 만한 진전이 일어났다. 기업들과 정부 기구들이 서둘러 정보처리 전자기계들을 사들였기 때문에, 1960년대 초에 이르면 판매된 컴퓨터만도 수천 대가 되었다.

컴퓨터는 많은 산업을 자동화시킴으로써 생산성 향상에 크게 기여했지만, 기술자의 실업을 유발시켰다. 똑같은 일을 하는데도 적은 수의 노동자가 필요했기 때문이다. 그것은 기계공의 수효가 1950년에서 1970년에 이르는 사이에 53만 5천 명에서 39만 명으로 감소한 사실에서 나타나고 있다.

또한 전자기술의 확산은 산업소유의 집중화(concentration) 추세를 촉진하였다. 왜냐하면 그것의 개발이나 구매에는 막대한 비용을 감당할 수 있는 대기업만이 참여할 수 있었기 때문이다. 그 결과 중소기업들은 시장에서 밀려났다. 이와 같은 기업의 대규모적 집중 현상은 자유경쟁의 원리를 위협하는 것으로 생각되었다.

1950년대 초에 일어난 기업집중은, 1890년대의 수직적 통합이나 1920년대의 수평적 통합과는 달리, 복합기업(conglomerate mergers)의 형태를 띠었다.

그것은 주력 산업과 전혀 관계없는 분야들의 기업들이 통합된 형태였다. 예를 들면 국제 전신전화회사(AT&T)는 렌트카 회사(Avis), 제과회사, 주택건설 및 택지개발회사, 식료품회사, 호텔업과 모텔업을 하는 쉐라톤회사, 그리고 보험회사 등을 사들여 사업을 확장하였던 것이다.

기업 합병은 소수의 대기업들이 주도하였는데, 자동차 부문에서는 제너럴모터스, 포드, 크라이슬러가 중심이 되었다. 또한 정유 부문에서는 엑슨, 모빌, 텍사코가 중심이 되었고, 전자·통신 분야에서는 제너럴 일렉트릭, 아이비엠, 아이티티, 웨스턴 일렉트릭이 주도하였다.

새로운 합병의 물결로 미국의 전체 생산에서 1941년에 1천 개의 대기업이 담당했던 역할을 1968년에는 200개의 대기업이 맡게 되었다.

합병은 노동운동에서도 일어났다. 그리하여 1955년에는 미국 노동운동의 양대 산맥인 미국노동연합(AFL)과 산업노동회의(CIO)가 통합하여 미국노총(AFL-CIO)을 탄생시켰다.

그럼에도 불구하고 실제로 노조의 힘은 커지지 않았다. 왜냐하면, 새로운 일자리는 노동조합 운동에 적대적인 '화이트칼라' 서비스 산업에서 많이 늘어났기 때문이다.

노동조합 간부들도 안락한 생활에 젖어 조직에 대한 열의가 식었거나 부패한 상태에 있었다. 예를 들면, 최대의 조합원을 자랑하던 트럭노조(Teamsters)는 조직폭력과 관련되어 있었다. 1957년에 트럭노조는 미국노총(AFL-CIO)에서 축출당하는 동시에, 위원장이었던 데이브 베크와 제임스 호파는 탈세 및 배심원 매수의 혐의로 실형을 언도받았다. 이러한 비리는 모두 노동조합운동에 부정적인 영향을 미쳤다.

소득증대와 평균수명의 증가

노동운동이 쇠퇴했음에도 불구하고, 전후의 호경기로 '블루칼라' 근로자들은 황금시대를 맞이하게 되었다. 노조에 가입될 정도의 직종은 대부분 안정되고 급여가 좋았다. 따라서 그들의 대다수는 중산계급처럼 여가생활을 즐길 수 있었다. 노동자들도 장기상환 대출을 통해 교외에서 자기 집을 마련하였다.

노동자들은 연간 2주의 유급휴가를 받는 경우가 많았다. 사회보장제도와 회사 연금제도의 도입으로 정년퇴임의 날까지 안정된 근무를 할 수 있었다. 그들은 자식을 대학에 보낼 수 있을 정도로 여유를 가지게 되었다.

1948년에 연합자동차노조는 제너럴 모터즈 회사로부터 생활비 인상에 따른 자동적인 임금인상합의(COLAS, automatic cost-of-living adjustments)를 얻어냈는데, 이 원칙은 곧 다른 산업으로도 확산되었다.

경제력 집중의 경향은 농업도 변화시켰다. 면화 수확기, 담배 수확기, 포도수확기, 살충제 살포 비행기와 같은 새로운 농기구의 보급으로 1945년과 1970년 사이에 농업생산의 현금가치는 경상가격으로 120 퍼센트가 증가하였다. 노동 생산성도 3배로 늘어났다.

농업의 수익성이 커지자 투자가들이 농업으로 몰려들었다. 그에 따라 농업에서도 집중현상이 나타났다. 그 결과 농장의 평균 크기는 1945년에서 1970년에 이르는 사이에 195에이커에서 374 에이커로 거의 2배로 커졌다. 농토의 가치도 1945년에서 1970년에 이르는 사이에 690억 달러에서 2,660억 달러로 크게 올랐다. 그러므로 1960년대에 오면 농부가 되기 위해서는 상당한 자금을 가져야만 했다.

그러나 이와 같은 농업의 집중화 현상은 자영농을 위협하였다. 그에 따라 1945년부터 1970년까지 미국의 농업인구는 절반 이상 줄어들어, 인구 전체에서 농민이 차지하는 비율은 17.5퍼센트에서 4.8퍼센트로 줄었다.

공중보건도 향상되어, 평균수명이 1945년에서 1970년에 이르는 사이에 65.9세에서 70.9세로 연장되었다. 이는 특히 어린이 사망의 극적인 감소에 힘입었다. 신생아 사망률은 1945년에서 1970년에 이르는 사이에 1천 명당 38명에서 20명으로 줄었다.

스트렙토마이신이나 오레오마이신과 같은 기적 같은 약들이 출현하면서, 독감이나 수술 후 감염으로부터 오는 사망률을 크게 줄였다. 소아마비, 결핵, 백일해, 디프테리아 같은 병들도 사라지기 시작했다.

'베이비 붐'과 교외지역의 발전

이와 같은 경제적 번영을 가져온 원인의 하나는 '베이비 붐'(baby boom)이었다. 1946년에서 1961년에 이르는 기간에 6천300만 명의 아기들이 출생하였는데, 이것은 1930-1945년 기간에 4천150만 명의 출산에 비해 놀라운 증가였다.

이처럼 아이들을 많이 낳게 된 것은 미국경제의 미래에 대한 낙관적 전망 때문이었다. '베이비 붐'을 일으킨 사람들은 전문직 종사자, '화이트 칼라' 직장인, 대학졸업자들이었다.

'베이비 붐'은 건설, 제조업, 교육과 관련된 사업에서 경기폭발을 일어나게 하였고, 나아가 경제적 번영을 가져오는 데 중요하게 작용하였다.

그것은 건축'붐'을 일으켰다. 왜냐하면, 새로 태어난 어린이들이 살 주택과 학교가 있어야 했기 때문이다. 그래서 전국에 걸쳐 사무실, 쇼핑센터, 공장, 비행장, 운동경기장이 새로 세워졌다. 건축공사는 대부분 교외(郊外)에서 이루어졌다.

교외화(suburbanization) 현상은 자동차 생산이 급격히 늘게 하였다. 그래서 등록 차량은 1945년에서 1970년에 이르는 사이에 2천580만 대에서 8천930만 대로 3배 이상 늘었다. 교외에 무수히 생겨나는 새로운 주거단지에서 자동차는 생활필수품이었던 것이다.

또한 '풍요한 사회'의 향유는 따뜻한 '선벨트'(Sunbelt) 지대로의 이주를 의미하기도 하였다.

이러한 대규모의 인구이동은 2차대전 기간에 시작되었다. 군인들과 그 가족들, 그리고 방위산업체 근무자들은 서부의 샌디에고나 남부의 조선소나 비행기 공장으로 떠나기 시작하였다. 그에 따라 캘리포니아 남쪽에서부터 남서부와 남부를 지나 대서양 연안의 버지니아에 이르는 새로운 지역이 형성되었다. 그리고 바톤루지, 롱비취, 마이애미, 피닉스 같은 도시들이 성장하였다.

서남부와 서부로의 이주는 1950년대와 60년대에 와서도 계속되어, 휴스턴이 중심으로 떠올랐다. 그것은 항공우주산업뿐만 아니라 정유, 석유화학공업의 중심지가 되었다. 1950년에만 해도 사막의 작은 오아시스 같던 투산은 10년 후에는 인구 20만의 도시로 팽창했다. 캘리포니아는 1963년에 연방에서 인구가 가장 많은 주가 되었다.

서부와 서남부 지대의 발전에는 정부의 지원정책도 크게 작용하였다. 정부는 정유업, 군사기지 건설, 항공우주 개발계획에 세금을 대규모로 삭감해 주었다.

그리고 이 지대의 남쪽 국경 지역에서는 노동조합 가입을 의무화한 노조의무화 공장(closed union shop) 제도를 폐지하고, 그 대신 노동조합에 가입하지 않아도 되는 "일할 권리" 법(right-to-work laws)을 제정함으로써 기업들을 적극적으로 끌어들였다.

메갈로폴리스의 출현

중산계급 가정들의 교외 이주에는 정부의 정책과 재정지원이 크게 도움이 되었다. 예를 들면, 제대군인에 대한 낮은 금리의 연방주택청(FHA)의 융자 자금은 집을 사기 어려운 사람들에게 큰 도움이 되었다. 그에 따라 건축 '붐'이 일어나, 1945-1950년 기간에 주택 시공은 32만6천채에서 200만 채로 크게 늘었다.

건축업자들은 집들을 빨리 짓기 위해 대량생산의 기술을 개발해냈다. 아서레빗 건축회사는 뉴욕, 뉴저지, 펜실배니아에 레빗타운(Levittown)으로 알려진 계획된 동네를 건설하였다. 레빗은 규격품 자재와 설계도를 사용하여 거의 동일한 집들을 지었다. 그리고 주변에는 넓은 주차장으로 둘러싸인 슈퍼마켓, 주유소, 쇼핑센터가 건설되었다. 이 방법은 다른 회사로도 확산되었다.

농촌을 교외 주거지역으로 변모시키는 데는 고속도로 건설도 작용하였다. 1956년에 아이젠하워 대통령이 고속도로건설법에 서명함으로써 전국의 연결 도로망이 갖추어지기 시작하였다. 그 결과로 1970년쯤 전국적으로 주들을 잇는 고속도로(interstate highway)망이 대부분 완성되었다. 그리고 고속도로변에는 마을들이 생겨났다.

고속도로 건설 '붐'으로 메갈로폴리스(megalopolis)로 불리는 도시의 무리가 출현하였다. 그것은 북동부 해안을 따라 혁대처럼 거의 끊어지지 않고 뻗어져나가는 연속적인 대도시 지대를 가리키는 말로 사용되었다.

그것은 보스턴에서 시작하여 뉴욕, 필라델피아, 볼티모어를 지나 워싱턴에까지 도달하는 600 마일의 긴 지대에는 "보스워시(Boswash)"를 형성하고 있었다. 이것은 11개 주에 걸친 거대한 지대로서, 주간 고속도로들에 의해 하나의 생활권으로 묶여졌다. 메갈로폴리스 안의 교외 지역들은 경제적으로 서로 의존하고 있었다.

또 다른 메갈로폴리스로서는 시카고에서부터 중공업지역과 인구 조밀지역을 이어가면서 계속 피츠버그에 이르는 일련의 도시들로 이루어진 '시피츠'(Chipitts)가 있었다. 그리고 샌프란시스코에서 샌디에고에 이르는 "샌-샌"(San-San)이 있었다.

2. 중산계급적 사회

교외지역과 순응의 태도

1940년까지 인구는 농촌으로부터 도시로 계속 유입되었다. 그러나 이후부터는 거꾸로 도시로부터 교외지역으로의 인구이동이 일어나기 시작하였다. 그 결과로 1970년경에는 도시 중심부보다는 교외지역에서 더 많은 인구가 살게 되었다.

사람들을 교외지역으로 나가게 만든 요인에는 여러 가지가 있었다. 소음과 악취에서 벗어나 자연과 더 가까이 지내려는 이유도 있었다. 교외에는 아이들이 뛰어놀며 자랄 수 있는 넓은 뒷마당도 있었다. 교외에는 3,4개의 방이나 넓은 작업실을 가진 큰 집이 있었다. 그리고 교외에는 비슷한 생활수준과 사고방식을 갖고 있는 이웃이 있었다.

교외 동네(suburban communities)에서는 정치적 영향력을 행사하기도 쉬웠다. 왜냐하면, 교외에서 시민들은 가깝고 작은 정부가 하는 일에 직접 참여할 수 있었기 때문이다. 특히 자녀들의 교육문제에서 시민의 참여는 상당한 성과를 올렸다. 그 때문에 미국의 교외는 개인이 자신의 희망을 직접 신속하게 피력할 수 있는 풀뿌리 민주주의의 보루가 되었다.

주민들의 나이와 경험이 비슷하다는 것도 교외지역으로 사람들을 끈 원인이었다. 교외에 사는 주민은 대개 25세에서 35세 사이의 젊은 부부로서, 대부분 3,4세 짜리 아이를 데리고 있었다. 그들의 대부분은 소득수준이 비슷했고, 2차대전을 경험했다. 남자들은 출퇴근길에 교통난을 겪어야 했기 때문에 자동차를 함께 타기 위한 '카풀'(car pool)제를 운영하였다.

그러나 "화이트칼라"들의 교외생활은 가족적 유대(family together-ness)를 강조함으로써 가정을 다른 사람들로부터 고립시키는 결과도 가져왔다. 그것은 가족끼리만 여가를 즐기고, 텔레비전을 보거나 게임을 하는 생활 스타일이 나타났다. 가족여행을 할 때도 자가용차를 이용하게 되었기 때문에 가정은 더욱 더 고립되었다.

그러므로 교외생활은 개성 없는 똑같은 사람들을 길러내는 순응(conformity)의 분위기도 조성하였다. 동시에 그것은 사람들이 경쟁적으로 새로운 자동차나 가정용품을 들여놓는 소비 지상주의적인 분위기도 조성하였다.

그 때문에 그것은 숨 막히는 분위기를 자아낸다는 비판도 나오게 하였다. 슬로안 윌슨의 '회색 양복을 입은 사람들' (1955)이란 소설은 바로 그와 같은 다람쥐 쳇바퀴 도는 것 같은 단조로운 생활을 파헤쳤던 것이다.

스포크 박사 육아법의 유행

교외생활을 하게 된 젊은 세대는 모두 1930년대의 대공황기에 배고픈 청소년 시절을 보낸 사람들이었다. 또한 이들은 청년기에 제2차대전을 경험함으로써 죽음에 직면하고 가족과 떨어져 살아본 경험을 가진 사람들이었다. 따라서 그들은 가정에 대한 애착이 강하였다.

가정의 유지에는 1944년에 제정된 제대군인 교육법(GI Bill)의 혜택이 큰 도움이 되었다. 그 법에 따라 대학에 들어가는 제대군인들은 등록금과 생활비를 정부로부터 받았다. 1946년에 거의 100만 명에 이르는 제대군인 학생들이 1946년에 입학하였는데, 이것은 대학생의 거의 절반을 차지하는 숫자였다.

이들 제대군인 가장들은 기필코 성공을 해야 된다고 결심한 사람들이었다. 왜냐하면 자녀들이 잔디가 덮인 뒷마당에서 뛰어놀 수 있고 좋은 공립학교를 다닐 수 있게 하기 위해서는 교외에 집 마련을 할 수 있어야 했기 때문이다. 바로 이와 같은 남녀들이 '베이비 붐' 세대의 부모가 되었다.

그들은 '가족적 유대'를 실천하기 위해 가족들이 한데 모여 텔레비전을 보거나, 공원이나 해변으로 소풍을 나가거나, 어린이 야구시합을 보러다니는 데 안간힘을 썼다. 가족여행의 목적지는 주로 1954년에 캘리포니아 주 애너하임에 문을 연 디즈니랜드였다.

이와 같은 자녀 존중의 태도는 벤자민 스포크(Benjamin Spock) 박사가 1949년에 출판한 '아동 양육법'으로부터 큰 영향을 받았다. 이 책은 신세대 부모들의 필독서가 되었다.

이 책은 어머니가 아이를 우선 생각하고 아이에게 헌신적이어야 한다고 주장하였다. "먹는 것도 배우는 것의 한 과정이다"는 말로 어머니들이 아기에게 먹이는 과정에서까지 아기와 의사소통할 것을 충고하였다. 아이들이 스스로 깨닫고, 스스로 발견하고, 스스로 하고 싶도록 유도하라고 조언하였다.

그러므로 스포크 박사의 육아법을 신봉하는 어머니들은 항상 어린이 위주로 생각하게 되었다. 실제로 어머니가 아이에게 모든 것을 다 해 주지 못했다고 느꼈을 때, 어머니로서 실패했다고 죄의식과 괴로움을 느끼게 되었다. 그 때문에 자식을 위한 헌신적인 행위가 '모성애 찬양(momism)'이라는 비웃음을 받기도 하였다.

따라서 그들은 교육에 대한 관심이 남달리 높을 수밖에 없었다. 부모들은 학부모-교사 회의에 참석하여 교육과정에 영향력을 행사했다. 그들은 학교가 너무 비좁고, 교사가 모자라고, 교육목적이 없고, 교사들의 지도 방법이 낙후되었다고 비판하였다.

1957년에 소련이 최초의 인공위성 스푸트니크를 발사하면서, 교육은 국가안보의 문제로 중요하게 떠올랐다. 미국은 기술분야에 있어서 소련에게 추월당하고 있다는 위기의식을 가지게 되었고, 그 원인은 교육제도의 결함에 있다는 주장이 강하게 일어났다. 그러므로 미국이 다시 기술상의 우위를 찾기 위해서는 수학, 외국어, 과학교육이 필요하다고 주장되었다.

이와 같은 사회적 요구에 부응하여 의회는 1958년에 국방교육법을 통과시켜 초등학교와 고등학교의 과학기술 교육을 지원하였다. 그리고 대학생들은 장학금과 학자금 융자의 형태로 지원해 주었다.

교육에 이어 종교도 애국심과 동일시되었다. 아이젠하워가 말했듯이, "신에 대한 믿음이야말로 미국 정신의 가장 근본적인 특성"으로 생각되었다. 냉전은 신을 부정하는 소련의 무신론자들에 대항한 싸움이었다. 또한 종교(개신교)는 가족적 유대감을 강조하였다. 1950, 60년대에는 교회는 "함께 기도하는 가정은 같은 길을 가게 된다."는 표어를 내걸었다.

그에 따라 성경이 최고의 베스트셀러가 되었다. 노만 빈센트 필(Norman

Vincent Peale) 목사의 <적극적 사고방식>(1952) 같은 종교적 주제를 다룬 책들이 폭발적인 인기를 얻었다. 한편, 복음주의자인 빌리 그래험(Billy Graham)은 텔레비전 설교나 거대한 집회를 통해 전국의 청중들에게 기독교적 가치관을 역설하였다.

텔레비전 혁명과 놀이문화

1950년대에 미국인들은 성적 해방을 포함하는 향락생활의 방식을 실천할 준비도 하고 있었다.

1948년에 인디아나 대학 성행위연구소 소장인 킨제이(Alfred Kinsey)박사가 <남성의 성 행태>를 출판하자 미국의 대중들은 크게 놀랐다. 수많은 남자들과의 인터뷰를 토대로 작성된 킨제이 보고서는 95퍼센트의 남자가 자위행위나 혼전 및 혼외정사, 또는 동성연애의 경험이 있다고 추정하였다.

그러나 1953년에 킨제이는 <여성의 성 행태>라는 보고서를 발표함으로써 세상을 더욱 더 떠들썩하게 만들었다. 그 책에서 그는 62퍼센트의 여자가 자위경험이 있고, 50퍼센트가 혼전성교의 경험이 있다고 발표하였다.

보수적이고 전통적인 미국인들은 그 보고서가 여성뿐만 아니라 엄마다움, 가정 자체를 모욕하고 있다고 맹렬히 비난하였다. 그러나 그 책은 오랫동안 공개가 금기시되어 오던 사회문제를 노출시키게 만드는 계기가 되었다.

제 2차대전이 끝나면서 40시간 노동제가 정착됨에 따라 미국인들은 여가시간을 더 많이 즐기게 되었다. 의식주의 기본문제가 해결되자, 미국인들은 점점 더 사치품에 관심을 기울이게 되었다. 광고문이 주부들의 구매충동을 부추겼고, 가정마다 최신의 가정용품을 사려고 열광하였다. 그에 따라 '쇼핑'은 이제 놀이의 한 형태가 되었다.

새로운 사치품 가운데서 혁명적인 변화를 미국인 생활에 가져다 준 것은 텔레비전이었다. 1946-1965년 기간에 텔레비전 수상기 보유 가정은 8천 가구에서 390만 가구로 크게 늘어났다. 그에 따라 텔레비전은 미국의 청중을 사로잡고 있던 라디오의 위력을 추월하기 시작하였다.

모든 연령층을 위한 프로그램들이 미국인들의 생활을 사로잡았다. 그 결과 1956년에 개인당 1일 텔레비전 시청 평균시간은 5시간에 이르렀고, 그것은 더욱 더 길어지고 있었다. 그에 따라 텔레비전의 지나친 영향에 대한 우려가 생기게 되었다.

놀이문화 가운데서 새로이 중요하게 떠오른 것은 여행이었다. 여유가 많아진 중산층 가족들은 잘 뻗은 고속도로를 타고 전에는 부유한 자들만이 할 수 있었던 여행을 했다. 그들은 국립공원이나 유적들을 돌아보고, 캠핑을 하고, 외국으로까지 여행을 떠났다.

'비트'족과 청년문화의 도전

그러나 젊은 세대는 중산계급적인 가치관과 생활방식에 도전하기 시작하였다. 1950년대 후반에 이르면서 '베이비 붐' 세대는 사춘기에 들어가기 시작하였고, 그에 따라 자기 나름대로의 새로운 생활방식을 찾으려고 하였다.

그에 따라 침체해 가는 영화산업 가운데서도 청소년을 겨냥한 영화만은 살아남게 되었다. 이들 청소년들은, 집에서 텔레비전 시청을 더 좋아하는 부모들과는 달리, 영화관으로 몰려들었다.

할리우드는 젊은 관객들의 구미에 맞는 영화를 제작하였다. 영화 내용은, 젊은이들은 올바른 감성과 지각을 갖고 있는데 비해 어른들은 야비하고 적의에 찬 사람들로 묘사함으로써, 청소년들의 인기를 끌려고 하였다. '이유 없는 반항'은 젊음에 대한 예찬과 숭배를 표현한 대표적인 영화였다.

음악도 청년과 대중을 겨냥하게 되었다. 그에 따라 이전에는 저속하다고 멸시되던 기법을 받아들이게 되었다. 그리하여 백인 중산층이 흑인의 '리듬 앤드 블루스'를 받아들이고, 흑인 재즈 음악가들은 '비팝'(bepop)을 실험하게 되었다.

미술에서도 형식과 전통을 무너뜨리려는 풍조가 일어나, 잭슨 폴락(Jackson Pollock)의 주도로 추상미술의 표현주의(expressionism) 운동이 자리를 잡아갔다. 그 때문에 1950년대에 뉴욕이 세계미술의 중심지로 떠올랐다. 폴락은 전통적으로 화가들이 사용하던 '이젤'을 과감하게 버리고, 마룻바닥에 '캔버스'를 놓고 그 주위를 자유로이 걸어 다니면서 작품을 완성하는 파격적인 방법을 사용하였다.

이들 '행동파 화가들', 즉 대중미술운동(Pop Art Move-ment)의 선구자들은 상업적 기법을 사용하여 소비사회를 풍자하였다. 그들은 아이스크림과 햄버거 통, 널빤지를 사용하는가 하면, 앤디 워홀 (Andy Warhol)처럼 '캠프 벨' 수프 깡통을 사용하기도 하였다.

문인들 가운데서도 중산계급의 획일적이고 순응적인 사회를 거부하는 청년들이 있었다. 이들은 '비트'(Beat)족으로 불리는 자유분방한 문인들이었다. 그들은 마약을 복용하고, 개방된 성생활을 했다.

'비트닉' 문인들의 대표적 작품으로서는 긴스버그 (Allen Ginsberg)의 장편시 '울부짖음'과 케로악 (Jack Kerouac)의 '길 위에서'가 있었다. 그들은 청년들에게 부모세대의 물질만능주의와 자신감을 거부하면서 대안을 제시해 보려고 하였다. 그러나 이들 비트족들의 외침은 1950년대에는 널리 퍼지지 못하였다. 그것은 1960년대에 가서야 빛을 볼 것이었다.

제 8 장 진보주의의 절정 (1960 - 1968)

1. 케네디의 '뉴프론티어'

'풍요 속의 빈곤'

1950년대에는 경제성장이 누구에게나 번영을 가져다줄 것이라는 낙관주의적인 시대정신이 지배했다.

이제 많은 사람들에게 '미국의 꿈'은 실현되는 단계에 이르게 된 것 같이 보였다. 미국은 세계에서 가장 축복받은 기회의 땅으로 보였다. 미국인들은 선거를 통해 정치적 민주주의를 실현하고, 인종화합을 통해 사회적 유동성(social mobility)을 실현하고, 공공교육(public education)을 통해 평등한 기회를 실현하고 있는 것으로 보였다.

그 결과로 미국은 비슷한 수준의 사람들로 이루어진 동질적인 중산계급적 사회가 된 것으로 보였다.

그러나 1960년대에 들어가면서 일부 미국인들은 이와 같은 화려한 표면 밑에 어두운 그늘이 있다는 사실에 눈을 돌리게 되었다. 그것은 인구의 4분의 1에 이르는 빈민들이라는 사실, 그에 따라 '두 개의 미국'이 존재한다는 사실에 놀라기 시작하였다.

빈민은 삶에 대해서 비관적인 태도를 가지고 희망 없는 생활을 하는 것이 특징이었다. 또한 빈민은 의심이 많고 고집이 세거나 정서적으로 불안한 경우가 많았다. 빈곤은 가정불화, 남성의 가정 포기, 정부구호금(welfare)에 대한 의존, 범죄, 알코올 중독을 가져왔다.

빈민의 대다수는 대도시에 집중되어 있었다. 그리고 흑인이 많았는데, 그것은 1940년대에 일어난 전시 산업 '붐'이 1960년대까지 계속되는 동안에 남부 농촌의 흑인들이 대도시로 몰려들었기 때문이었다. 이들은 대부분 교육을 받지 못했고 기술이 없었다.

도시의 또 다른 빈민세력은 '치카노'(Chicanos), 즉 멕시코계 미국인들이었다. 이들은 제 2차 세계대전 기간과 그 이후에 농업노동자로서 미국 남서부 지방에 왔다가, 그대로 남게 된 사람들이었다. 그들은 로스앤젤레스 같은 대도시에서 밀집구역(barrios)을 형성하였다. 북부 대도시들에는 푸에르토리코, 도미니카공화국, 콜롬비아, 에콰도르, 쿠바로부터 온 라틴아메리카 인들이 몰려들었다.

빈민에는 인디언도 포함되어 있었다. 그들은 빈민 가운데서도 가장 가난하여, 연간소득은 빈민 평균소득의 절반 밖에 되지 않았다. 1950, 60년대에 이들도 도시로 이주하였는데, 그것은 1953년에 의회가 동화(termination) 정책을 채택하여 몇몇 부족들에게 토지매매를 허락했기 때문이었다. 그러나 인디안 보호구역의 농촌공동체에서만 생활했던 그들로서는 도시생활에 적응하기가 어려웠다.

농민 가운데도 빈민이 많았다. 빈농의 대부분은 임차농(tenant farmer)과 소작농(sharecropper)이었다. 계절 따라 철새처럼 이동하는 농업노동자들도 있었다.

빈민 가운데는 여성도 큰 비중을 차지하였다. 그것은 남녀 사이의 넓은 직업적 격차에서 나타난 결과였다. 1960년에 여성들의 연간 평균소득은 남성들이 벌어들이는 것의 60퍼센트밖에 못 미쳤다. 설사 일자리를 가지고 있다 하더라도, 대부분은 최저임금에 해당하는 하찮은 것들이었다.

게다가 혼자가 된 여자들은 대부분 자녀양육의 책임을 걸머지고 있었다. 이혼한 경우에 전 남편들이 자녀양육비를 보내주지 않는 경우가 많았다. 그 때문에 정부구호금(welfare)에 의존하는 것이 보통이었다.

또한 노인도 빈민의 상당 부분을 형성하고 있었다. 그들은 빈민의 4분의 1을 차지하고 있었다.

1960년의 선거와 뉴딜 진보주의의 부활

1960년의 선거를 맞이할 때쯤이면, 미국 사회는 경제를 비롯한 모든 분야에서 침체현상을 보여주고 있었다. 그에 따라 '합의'와 '순응'의 정치는 한계에 이른 것 같았다. 그것은 1960년에 미국의 국가채무가 2,860억 달러에 이른 사실에서 잘 나타났다.

그러므로 1960년의 대통령 선거에서는 어떻게 미국이란 거대한 기계에 활력을 불어넣을 수 있는가 하는 문제가 중요하게 떠오르게 되었다.

민주당은 8년 전에 잃었던 정권을 다시 찾기 위해 43세의 젊은 케네디(John F. Kennedy)를 대통령 후보로 내세웠다. 케네디는 아일랜드인 계통의 부유한 집안에서 태어나 하버드 법과대학원을 졸업한 변호사였다. 제 2차대전에 해군장교로 참전한 다음, 전쟁이 끝나자 하원의원을 거쳐 젊은 나이에 상원의원이 된 사람이었다.

공화당 후보는 아이젠하워 밑에서 부통령으로 있던 리차드 닉슨(Richard Nixon)이었다. 닉슨은 47세의 캘리포니아 출신의 변호사였다. 그는 가난하면서도 청교도적인 퀘이커 교도 가정에서 태어나 자수성가의 길을 걸은 중산계급적인 미국인이었다. 그러므로 그는 하원의원 시절에 알저 히스를 비롯한 미국 내 공산주의자들을 색출하고 처벌함으로써 반공주의자로 이름을 날렸다.

1950년대 말부터 미국 사회에서는 도처에서 침체현상이 일어나고 있었기 때문에 정권은 민주당으로 넘어갈 가능성이 컸다.

그러나 민주당 후보인 케네디의 최대 약점은 가톨릭교도와 아일랜드계라는 사실이었다. 미국은 주로 프로테스탄트 교도들과 앵글로색슨족에 의해 세워진 나라였기 때문에, 가톨릭교도이며 소수 민족인 사람이 대통령 자리에 앉는 것은 쉽지 않았다. 게다가 가톨릭교도들 가운데는 빈민이 많았기 때문에 가톨릭의 집권은 공산주의 득세에 대한 두려움을 불러일으켰다.

또한 케네디는 민권운동 지지자로서 흑인들에게 호소하였다. 그는 흑인 민권운동 지도자인 마틴 루터 킹 2세가 조지아 주의 감옥에서 풀려나오도록 도움으로써 흑인들의 환심을 샀다.

그 결과로 케네디는 가난한 도시흑인들의 압도적인 지지와 가톨릭 표의 80% 퍼센트를 얻어 승리하였다. 미국 역사상 최초의 가톨릭 대통령이 출현하게 된 것이다.

케네디 행정부 안에는 지적이고 젊은이들이 많았다. 국방장관이었던 로버트 맥나마라는 그 당시 44세였고, 국가안보 특별보좌관이었던 맥조지 번디는 41세였다. 법무장관이었던 그의 동생 로버트 케네디는 35세밖에 되지 않았다.

그는 복지국가의 건설을 내세운 프랭클린 루즈벨트와 뉴딜 정책의 개혁 전통을 계승하였다. 그는 입법 과정에서 노동자에 호의적인 태도를 보였다. 선거공약인 '뉴프론티어'(New Frontier) 속에는 인종차별의 철폐, 농민과 교육에 대한 연방정부의 지원, 노인에 대한 의료혜택, 그리고 정부의 적극 개입을 통한 경기활성화 대책이 들어 있었다.

따라서 그의 '진보주의' 정책은 미국의 자유방임적인 전통을 벗어날 위험이 있다는 이유로 보수주의자들의 두려움을 샀다. 예를 들면, 프로테스탄트 교도들은 가톨릭 신자인 케네디가 가톨릭 학교에 연방정부 보조금을 줄지 모른다고 두려워하였다.

그러므로 공화당과 민주당의 남부출신 보수적 의원들이 우세한 의회는 교육에 대한 연방정부의 재정지원은 물론 최저임금의 인상까지도 막앉던 것이다.

케네디의 제 3세계 지원

선거전 당시에 케네디는 제 3세계를 미국편으로 만들지 못했다고 공화당 행정부를 비판하였다. 그는 제 3세계를 둘러싼 소련과의 경쟁에서 승리하기 위해서는 소련의 "민족 해방전쟁" 지원을 압도할 적극적인 정책을 수립해야 한다고 주장하였다. 그것은 제 3세계국가들의 국가건설(nation-building)을 돕기 위한 "평화적 혁명"의 지원이어야 한다고 주장하였다.

대통령이 된 다음 그는 경제학자 월트 로스토우의 주장에 따라 미국의 발전 모델(American model of development)을 제 3세계 국가들에게 적용하려고 하였다. 그에 따라 그는 후진국에게 재정적, 기술적인 지원을 제공하려고 하였다. 그러한 취지에서 케네디는 1961년에 라틴아메리카의 경제발전을 촉진시킬 목적에서 수십억 달러를 투자한 발전협력기금(Alliance for Progress)을 창설하였다.

같은 취지에서 평화봉사단(Peace Corps)도 발족되었다. 그것은 미국의 교사, 농업전문가, 의료전문가를 개발도상국으로 파견하는 계획이었다. 이 계획에 따라 수많은 미국 청년들이 자발적으로 해외에서 봉사하였다. 그들은 미국의 개인주의적인 생활방식과 제도를 세계로 확산시키는 데 기여하였다.

또한 케네디는 제 3세계의 친미적인 정부들이 공산주의자들의 반란을 진압할 수 있도록 돕기 위해 반란대처 활동(counterinsurgency) 계획을 세웠다. 그에 따라 미국은 군사고문단과 기술고문단을 파견하여 군인과 경찰을 훈련시켰다. 그리고 미군 특수부대인 그린베레(Green Berets)를 보내어 직접 반란군을 진압하기도 하였다.

그러한 목적에서 중앙정보부(CIA)도 중요한 역할을 담당하였다. 그것은 쿠바 탈출자들을 훈련시켜 쿠바 침공계획을 추진하였다. 또한 1960-61년의 콩고 내전에서는 친소적인 루뭄바 총리를 제거하려고 하였다. 또한 브라질에서 반미적인 굴라르트가 대통령에 당선되자, 1964년에 브라질 군부를 도와 그를 축출하였다.

그러나 이와 같은 케네디 대통령의 제 3세계 정책은 성공하지 못했다. 왜냐하면, 제 3세계 국가들은 미국의 경제 원조를 갈망하면서도 외세의 개입을 용납하지 않았기 때문이다. 그리고 빠른 성장효과를 기대하는 후진국 국민들에게는 미국의 민간기업(private enterprise) 체제보다는 소련의 통제경제(managed economy) 체제가 더 매력이 있었던 것이다.

민권운동과 케네디의 암살

그동안 흑인들은 무저항과 불복종의 방법으로 민권운동을 계속하고 있었다. 마틴 루터 킹 목사가 이끄는 남부기독교 지도자회의(SCLC)는 민권 문제를 표면화시키기 위해 남부 전역에서 고의로 인종차별법을 위반하였다. 그들은 항의의 표시로 백인에게만 허용된 '런치 카운터', 도서관, 버스 좌석에 앉았다. 그리고 체포되어 감옥에 갔다.

1961년 5월에는 "자유의 승객들"(Freedom Riders)로 불리는 민권 운동가들과 흑백 통합을 외치는 인종평등회의(CORE)가 협력하여 항의운동을 벌였다. 그들은 주(州)를 연결하는 고속버스의 인종차별을 철폐하기 위해 버스를 타고 돌아다니며 시위를 벌였다. 그들은 남부의 성난 백인들로부터 공격을 받았다.

남부의 흑인학생들도 비폭력 학생조정위원회(SNCC)를 조직하여 미시시피와 조지아의 산간벽지를 다니면서 흑인들의 궐기를 촉구하였다. 그들은 흑인들에게 투표하도록 촉구하였다.

케네디 대통령도 민권운동을 지지하였다. 1962년에 그는 미시시피대학에 처음으로 입학한 흑인 학생 제임스 메리디스를 보호하도록 연방법원 판사에게 명령하였다.

1963년 봄에는 연방정부 공무원들에게 법정 명령을 내려, 알라바마 대학의 인종통합 정책을 강행시켰다. 그리고 그는 공공시설에서의 흑백 격리정책이 헌법에 위배된다는 법 조항을 통과시켜 줄 것을 의회에 요청하였다.

1963년 8월에 "워싱턴으로의 행진"으로 알려진 민권운동가들의 대집회가 열렸는데, 이것도 케네디가 흑인들의 편에 섰기 때문에 가능하였다. 그것은 25만 명의 백인과 흑인이 워싱턴의 링컨 기념관에 모인 사건이었다.

그 모임에서 마틴 루터 킹 목사는 "나에게는 꿈이 있습니다. 그것은 나의 네 어린 아이들이 언젠가는 그들이 피부색이 아니라 그들의 인격에 따라 판단 받는 나라에 살게 되리라는 꿈입니다."고 외쳤다.

민권운동의 촉진에는 텔레비전 뉴스가 큰 역할을 하였다. 텔레비전 방송은 1963년에 유색인종향상협회(NAACP) 미시시피 지부장인 메드가 에버스가 자기 집 차고 앞에서 살해되는 장면을 실감 있게 보도함으로써 여론을 불러 일으켰다.

또, 같은 해에 앨라바마 주 버밍햄에서 경찰이 시위군중에게 경찰견을 풀어놓는 장면도 보도하였다. 그리고 시위대에 소방호스로 물을 뿌리고, 목장에서 소몰이 전기 방망이로 군중을 몰아붙이는 장면도 생생하게 보도하였다.

또한 텔레비전은 민권운동에 동조하는 백인 우편배달원 윌리엄 모어가 남부로 행진하다가 피살된 사건도 보도하였다. 그는 "흑인과 백인 같이 식사합시다," 그리고 "모두에게 평등한 권리를!"이라고 쓴 띠를 가슴에 걸고 볼티모어를 출발하였다. 앨라바마에 발을 들여놓은 지 얼마 안 되어, 그는 총을 맞고 사망했던 것이다.

그런데도 민권 신장을 위한 법은 제정되지 않았다. 공공시설에서 인종차별을 없애려는 법안은 상원에서 의사 방해 공작으로 통과되지 못하였다.

그러나 두 가지 사건이 발생하여 갑자기 많은 상원 의원들이 민권운동 지지로 방향을 돌리게 되었다.

하나는 1963년 9월의 앨라바마 흑인교회 폭탄 사건이었다. 그것은 백인 테러분자들이 비밍햄 시 16번가의 침례교회에서 일요일에 예배를 보던 흑인 신도들을 폭탄으로 공격한 사건이었다. 이 사건으로 주일학교에 참석했던 4명의 흑인 소녀가 사망하였다.

다른 하나는 1963년 11월에 케네디 대통령이 텍사스 주의 달라스에서 암살당한 사건이었다.

케네디 대통령의 암살은, 워렌 보고서에 따르면, 리 하비 오스왈드의 단독 범행이었다. 그러나 케네디가 죽은 지 이틀 뒤에 수백만의 시청자가 텔레비전을 보는 가운데 범인으로 지목된 오스왈드가 피살되었다. 총을 쏜 사람은 작은 나이트클럽 주인이며 전에 마피아와 관련이 있었던 잭 루비였다. 그에 따라 케네디 암살사건은 미궁으로 빠지고 말았다.

케네디는 짧은 재임기간에 개혁에서는 별로 업적을 남기지 못하였다. 그럼에도 불구하고 개혁의 이상주의를 일깨움으로써 기억에 남는 대통령이 되었다. "국가가 당신에게 무엇을 베풀 것인가를 묻지 말고, 국가를 위해 무엇을 해야 할 것인가를 물으십시오."라고 그는 취임연설에서 국민에게 호소하였고, 그 연설에 감동하여 수만 명의 미국 청년들이 해외에서 평화봉사단원으로 일하였다.

그리고 케네디는 우주탐험계획을 적극 추진함으로써 국민들에게 애국심을 불러일으키기도 하였다. 그는 1960년대가 끝나기 전에 인간을 달에 착륙시키겠다는 약속을 함으로써 국민들에게 도전 정신을 일깨워 주었다. 그리고 그 약속은 1962년 2월에 해병 중령 존 글렌(John Glenn)이 우주선 캡슐에 탑승하여 지구를 한 바퀴 도는 데 성공함으로써 지켜질 수 있을 것 같았다.

바로 이러한 기대감 때문에 케네디는 그가 살아 있었을 때보다도 죽어서 더 높은 명성을 얻었다. 케네디는 살아서보다는 죽어서 더 많은 것을 이룩하였다. 왜냐하면, 그가 암살된 뒤 후회하는 분위기 속에서 '뉴 프런티어'가 내걸었던 법안의 상당 부분이 의회에서 통과되었기 때문이다.

2. 존슨의 진보주의 계승

'빈곤에 대한 전쟁'

대통령직을 계승한 부통령 존슨(Lyndon B. Johnson)은 상원 다수당 원내 총무를 역임하는 등, 오랫동안 의회생활을 하였다. 그의 주요 활동무대가 의회였기 때문에, 존슨은 의회에서 목표 달성을 위해 어떻게 의원들을 다루어야 하는지를 잘 파악하고 있었다.

존슨은 빈민과 흑인을 돕기 위한 개혁에 착수하였다. 그는 케네디가 이루지 못한 입법 계획을 계속 추진하려고 하였고, 그렇게 함으로써 프랭클린 루즈벨트와 해리 트루먼이 세워놓은 노선을 걸어가려고 하였다. 개혁의 목표는 미국을 복지국가로 바꾸는 것이었다. 그는 자기의 계획을 "위대한 사회"라고 불렀다.

존슨은 1964년의 민권법(Civil Rights Act)에 서명하였는데, 그것은 공공시설과 고용에 있어서 인종, 피부색, 종교, 성별, 원래 국적의 이유로 시민을 차별하지 못하도록 하였다.

이 법으로 직장에서의 차별에 대한 불만을 조사하고 판정하기 위한 기회균등고용위원회가 설치되었다. 정부는 인종차별이 있는 공공기관에 대해 자금지원을 중단하도록 하였다. 그리고 법무장관에게는 흑인의 투표권 행사와 흑백통합 정책을 시행할 권한이 주어졌다.

존슨 대통령은 1964년의 경제기회법(Economic Opportunity Act)의 제정을 계기로 '빈곤에 대한 전쟁'(War on Poverty)을 시작하였다. 목표는 모든 시민이 인간으로서의 위엄을 유지할 기회를 갖도록 빈곤을 없애려는 것이었다.

개혁은 그가 1964년의 선거에서 공화당 보수파 후보인 배리 골드워터에게 압도적인 승리를 거두어 대통령에 당선된 뒤부터 가속이 붙었다.

이에 호응하여 의회는 1965년과 1966년에 개혁에 관한 법들을 연달아 통과시켰다. 의회의 다수파를 형성하고 있던 민주당은 존슨 대통령이 제안한 법안들의 대부분을 통과시켰다.

그 가운데서 세 개가 중요하였는데, 첫째는 연방정부가 노인들의 치료비와 입원비를 지원하는 노인의료법(Medicare)이었고, 둘째는 연방정부가 최초로 교육에 대해 지원금을 준 초중등학교 교육법이었다.

셋째는 연방정부가 소수민족의 투표권을 보장하는 1965년의 투표법이었다. 이 법은 소수민족 주민의 투표율이 절반이 못되는 선거구에 대해서는 연방정부가 투표업무를 관리하도록 하였다. 이것은 백인들이 소수민족들의 투표를 방해하지 못하도록 연방정부가 개입하려는 것이었다.

이 법의 시행으로 흑인투표율이 크게 높아졌다. 그에 따라 1964년에 남부의 흑인 유권자들은 4분의 1만이 투표했으나 1969년에는 3분의 2가 투표했던 것이다.

내각 안에 주택도시개발부의 신설도 빈민에게 많은 도움이 되었다. 연방주택 건설 계획으로 저소득층은 월세 보조비도 받게 되었다.

또한 1968년의 민권법은 주택의 매매와 임대에 있어서 인종적 차별과 종교적 차별을 철폐하였다. 여기에는 자치구인 인디안 보호구역에서도 미국 시민이 갖는 헌법적 권리를 보장하려는 '인디언 권리장전' 조항이 포함되어 있었다.

그리고 존슨 행정부는 예술인문진흥재단(National Foundation on the Arts and Humanities)을 설립하여 취약한 인문학과 예술을 도왔다. 그리고 물과 공기의 질을 개선하기 위한 환경보전 조치도 강구하였다. 또한 빈민 지역의 교육을 위한 교사봉사단(Teacher Corps)을 설치하는 동시에 대학생을 위한 장학금과 학비 대여금도 늘였다.

빈곤해결과 자발주의의 연직

존슨이 보다 더 역점을 둔 계획은 '빈곤에 대한 전쟁'이었다. 그것은 교육과 직업훈련에 정부 자금을 투입함으로써 빈곤을 퇴치하려는 시도였다.

'빈곤에 대한 전쟁'은 1965년과 1966년을 거치면서 그 모습을 드러냈다. 그것은 젊은이들에게 취업에 필요한 기술, 근로경험, 보수교육, 상담의 기회를 주는 데 주 목적이 있었고, 그것을 실천하기 위해 직업봉사단과 지역청년봉사단이 창설되었다. 그리고 실직한 부모들을 위해서는 근로경험사업이 설치되었다.

'빈곤에 대한 전쟁'은 초등학교 입학 이전의 가난한 어린아이들을 돕기 위한 조기교육사업으로도 나타났다. 또한 저소득층 고등학생을 돕기 위한 대학진학사업으로도 나타났다. 또한 빈민법률구조단과 국내평화봉사단으로도 나타났다. 그리고 연방 자금의 지원으로 고용, 주택, 교육, 보건의 수준을 향상시키려는 시범도시 사업으로도 나타났다.

이러한 정책과 더불어 1963-1969년 기간에 호경기가 계속됨으로써 빈곤 퇴치에 도움이 되었다. 그에 따라 빈민의 숫자는 1962년에 전체 인구의 25퍼센트였던 것이 1973년에는 11퍼센트로 크게 줄어들었다. 특히 노인들이 많은 혜택을 입었다.

그럼에도 불구하고 빈민은 계속 많이 남아 있었다. 특히 여성 가장이 이끄는 가정의 빈곤상태가 심각했다. 이들은 1,100만 명 정도로 전체 빈민의 40퍼센트였다. 그런데도 '빈곤에 대한 전쟁'은 더 계속될 수 없었는데, 그 이유는 미국이 베트남 전쟁에 깊숙이 개입하게 되었기 때문이다.

워렌 대법원의 진보주의

존슨 행정부의 진보주의 정책을 계속 지지해준 것은 대법원이었다. 그것은 변화를 요구하는 1960년대의 정치적 분위기로부터 대법원이 영향을 받았기 때문에 가능하였다.

실제로 워렌 대법원은 변화를 몰고 오는 산파역 역할을 하였다. 당시 대법원에서는 대법원장 얼 워렌(Earl Warren)을 위시해서 휴고 블랙과 윌리엄 더글러스 같은 진보적인 판사들이 주류를 형성하고 있었다.

대법원의 사회개혁 주도는 1962년의 베이커 대 카(Baker v. Carr) 판결로 시작되었다. 이 판결에서 대법원은 주 선거에서 "일인 일표"(one person, one vote)의 원리를 선언하였는데, 이것은 주 의회 의원들이 모두 똑같은 숫자의 유권자를 대표하게 하려는 시도였다.

이것은 선거구 재조정을 유도하였다. 이것은 인구에 있어서 도시 선거구의 절반밖에 안 되는 농촌 선거구가 꼭 같은 영향력을 행사해 온 관행을 깨뜨리려고 하였다. 즉, 그것은 백인이 많은 농촌이 흑인이 많은 농촌에 비해 유리한 위치에 있어온 관행을 깨뜨리려는 것이었다.

또한 진보적인 대법원은 교회와 국가를 분리시키려고 하였다. 그리하여 1962년에 공립학교에서 학생들에게 기도를 강요하는 학교기도(shcool prayer)를 금지하는 판결을 내렸다. 그리고 1963년에는 공립학교에서 매일 성경을 읽어야 한다고 규정한 펜실베이니아 주법이 헌법에 위배된다는 판결을 내렸다.

이러한 판결들은 종교와 정치를 구분하려는 '세속주의적인' 조치였다. 이러한 판결에 대해 민주당과 진보주의자들은 환영하였다. 그러나 보수적인 복음주의적 종교단체들은 양심의 자유를 제약한다는 이유로 불복종을 선언하였다.

진보적인 대법원은 매카시즘의 법적 근거도 흔들어 놓았다. 1965년의 판결은 국가 안보를 해치는 공산주의 조직에 가입된 자라 할지라도 정부에 등록을 할 의무는 없다고 선언했던 것이다. 그 근거로서 대법원은 개인이 자신의 이름을 정부에 등록하는 행위는 자신의 죄를 스스로 인정하지 못하도록 규정한 헌법의 보호조항에 위배된다는 주장을 제시하였다.

또한 진보적인 대법원은 서적, 잡지, 영화 등에서 자율권을 인정함으로써 표현의 자유의 영역을 넓혀 놓았다. 이 판결은 출판물과 영화가 선정적이라는 이유로 금지되지 못한다고 주장하였다. 그러나 이 판결은 음란물과 급진주의 사상의 보급을 정당화했다는 이유로 보수세력들로부터 강한 반발을 샀다.

그리고 대법원은 1966년의 미란다 대 아리조나(Miranda v. Arizona) 판결에서 경찰이 범죄자를 체포할 때 주의사항을 알려줄 의무가 있다고 선언하였다. 반드시 알려야 할 주의사항은, 피의자가 변호사의 도움을 받을 권리가 있다는 것, 그리고 피의자가 질문에 대해 답변을 거부할 권리가 있다는 것, 그리고 피의자의 말은 그 자신에게 불리하게 이용될 수도 있다는 것이었다.

이와 같은 판결들을 가리켜 보수세력들은 범죄자들을 유리하도록 만드는 것이라고 맹렬히 비난하였다. 그 때문에 보수적 단체인 존 버치 협회(John Birch Society)는 워렌 탄핵운동을 벌이기도 하였다.

워렌 대법원장은 1969년에 은퇴하였다. 그렇지만 그의 주도로 내려진 진보적인 판결들은 미국 국민의 생활을 크게 바꾸어 놓는 데 영향을 미쳤다. 그것들은 미국 사회에서 다양성과 세속성을 더욱 더 확대시켜 놓았다.

제 9 장 신좌파의 등장 (1964 - 1968)

1. 인종폭동과 흑인민족주의운동

민권법에 대한 흑인들의 실망

　이와 같은 진보적인 민주당 정부의 개혁에도 불구하고, 흑인 민권운동가들은 연방정부의 실천 의지를 별로 신뢰하지 않았다. 그러므로 민권운동가들은 사회운동을 통해 스스로 민권을 신장시키려고 하였다.
　그 대표적인 경우가 1964년에 열린 "미시시피 여름 수련회"였다. 여기에는 북부로부터 온 수백 명의 대학생 자원봉사자들이 참여하였다. 그들은 대부분 비폭력 학생조정위원회(SNCC)와 인종평등회의(CORE)의 행동대원들이었다.
　그들은 1963년 버밍햄 16번가 침례교회 폭탄테러로 4명의 흑인소녀가 죽은 사건에 대해 아주 분개하였다. 이 사건에 자극을 받아 1964년 여름에 미시시피 주를 비롯한 남부에서는 흑인 폭동이 일어났다.
　여기에 맞선 백인 자경단(vigilantes)의 보복으로 미시시피 주에서만도 20여 개의 흑인교회가 불탔다. 그리고 미시시피 주의 작은 마을인 필라델피아에서는 3명의 백인 민권운동가들이 백인 테러집단에 의해 살해되었다.

민주당이 민권운동을 지지하기는 하였지만 그들의 요구에는 만족스럽지 못했다. 그 때문에, 비폭력 학생조정위원회(SNCC)는 흑인들과 함께 미시피 자유민주당을 조직하였다. 그리고 그들은 민주당 전당대회에서 발언권을 행사하려고 하였다. 그러나 남부 백인들의 반발을 우려한 존슨 대통령은 그 대표단에게 2표만을 허용하는 것으로 그쳤다.

1964년의 "길고 뜨거운 여름"에 북부에서도 흑인폭동이 일어났다. 폭동은 뉴욕의 할렘, 로체스터, 그리고 뉴저지의 몇 개 도시로 번졌다. 북부에서 흑인들의 불만은 남부 흑인들의 그것과 달랐다. 남부에서 민권운동은 '흑인차별법'(Jim Crow Laws)의 폐지와 흑인투표 방해 관행의 폐지를 목표로 하고 있었다.

그러나 북부에서는 빈곤의 문제가 더 중요하게 떠올랐다. 흑인의 소득 백인의 그것의 절반을 조금 넘을 정도로 낮았다. 흑인의 실업율은 백인의 2배로 높았고, 18-25세의 흑인 남성은 5배나 높았다.

또한 북부의 많은 흑인가정은 여성 가장들에 의해 지탱되고 있었다. 그러한 결손 가정은 만성적인 빈곤에 시달렸다. 시간이 갈수록 남성가장이 없는 가정이 계속 늘고 있었는데, 그 이유 가운데는 정부의 부양자녀 보조금(AFDC)도 책임이 있었다.

그것은 연방정부가 어머니와 그 자녀들에게 생활비를 보조하기 위한 의도에서 시작되었지만, 남편들이 집을 떠나게 만드는 결과를 가져 왔다. 왜냐하면, 남편들이 집에 있으면 생활보조비를 받을 수 없기 때문이다. 따라서 그 제도는 빈민 가정을 파괴하는 결과를 가져왔다.

북부의 흑인들은 도심지의 특정 밀집구역인 '게토'에 모여 들었기 때문에 백인들은 교외 지역으로 빠져 나갔다. 그 때문에 도심지는 흑인 거주 구역으로 바뀌고, 학교들은 흑인전용 학교로 바뀌었다.

흑인 폭동은 1965년에 들어와서 더욱 더 과격해져, 8월에는 흑인들이 로스앤젤레스의 한 동네인 왓츠(Watts)에서 재산을 파괴하고 약탈하는 사건이 있어났다. 그 과정에서 34명이 사망했다.

왓츠 폭동은 백인군중들로부터 자극을 받아 일어난 폭력이 아니라, 실업과 좌절감에 대해 분노한 흑인들 스스로 일으킨 폭동이었다. "꺼져라, 백인놈들아!", "태워 버려라, 다, 태워 버려!"라고 흑인들은 외치면서 백인들의 상점을 약탈하고 불지르고 돌을 던졌다.

1966-1968년에는 흑인 폭동이 더욱 더 확산되어, 1967년 뉴저지 주의 뉴왁에서는 흑인들이 경찰과 육군부대와 충돌하여 26명이 사망하였나. 디트로이트에서도 인종폭동으로 43명이 죽었다. 폭도들은 단순히 분노를 표현하는 단계를 넘어 상점의 물품을 약탈하는 데 열을 올렸다.

이처럼 흑인들이 폭력적이 된 데는 민권운동에 대한 실망이 작용하였다. 이제 북부의 흑인들은 1963년에 "나에게는 꿈이 있다"고 외친 마틴 루터 킹 목사의 연설에 대해 흥미를 잃었다. 오히려 그들은 흑인 과격파의 주장에 더 많은 관심이 쏠리고 있었다.

말콤 엑스의 흑인민족주의

이와 같은 급진파의 한 사람이 말콤 엑스(Malcom X)였다. 그는 한때 길거리에서 부랑자로 떠돌고 포주 노릇도 한 적이 있었다. 그러다가 감옥에서 "이슬람 국민"(Nation of Islam)라는 종교로 개종하면서 새로운 인생을 시작하였다. 그것은 흔히 "검은 회교도"(Black Muslims)로 알려져 있는 종교단체였다.

'검은 회교도들'은 모든 악의 근원이 "백인 악마"에게 있다고 보고, 흑인들이 백인사회로부터 분리할 것을 주장하였다. 그들은 흑인들이 백인사회와 관계를 끊고 단순하게 살 것을 역설하였다. 그들은 흑인들도 도전할 수 있다는 자부심을 키워주려고 하였고, 정당방위 수단으로서 폭력을 옹호하였다.

말콤 엑스는 1965년 2월에 '검은 회교도'의 회원에게 암살당하였다. 말콤 엑스가 그들의 목표를 배반하고 있다는 이유에서 였다. 그러나 그가 죽은 뒤에도 '검은 회교도'의 신도가 늘어났다.

　흑인들은 한 걸음 더 나아가 "흑인의 세력화"(Black Power)를 주장하게 되었는데, 비폭력 학생조정 위원회(SNCC) 의장 스타클리 카마이클이 대표적인 경우였다. 그는 흑인들이 백인의 압제에서 완전히 자유로워지려면 자신의 제도를 가져야 한다고 주장하였다. 그리고 그렇게 하기 위해서는 우선 흑인 후보를 선출하고 흑인 학교를 가져야 한다고 주장하였다.

　'흑인의 세력화'는 점점 더 커져 갔고, 그에 따라 인종통합과 비폭력을 내세웠던 온건파가 쇠퇴하였다. 그에 따라 비폭력학생조정위원회(SNCC)와 인종평등회의(CORE)도 백인 회원들을 축출하고 흑백 통합을 거부할 정도로 과격해졌다. 그들은 흑인들에게 필요한 것은 힘(power)이지 백인들의 우정이 아니라고 주장하였다.

　이러한 주장은 흑인 민족주의(Black Nationalism)로 불리었다. 그것은 흑인들은 그들만의 고유한 역사와 문화를 가진 독특한 인종이므로, 백인들과 분리되어 살아야 한다는 흑백분리의 이념이었다. 그러한 주장을 근거로 흑인 대학생들은 흑인학(Black Studies) 과정의 설치를 요구하였다.

　그리고 자신들을 '니그로'라는 말 대신에 "흑인"(Black), 또는 "아프리카계 미국인"(African-American)이라 불렀다. 이제 흑인들은 자신들을 하나의 국민으로 보게 된 것이다.

　이와 같은 변화의 물결을 타고 새로운 폭력조직들이 나타났는데, 그 가운데서 백인을 가장 두렵게 했던 것이 "검은 표범당"(Black Panther Party)이었다. 그들의 지도자인 보비 씨일과 휴이 뉴튼은 가죽점퍼를 입고 무장을 하고 다녔다. 그들은 자본주의 체제의 타도를 외치는 동시에, 기존의 정당, 대기업, 노동조합, 중산계급적인 생활 방식, 및 '미국의 꿈'을 완전히 거부하였다.

　이들 과격한 흑인들의 주장에 대해 '베이비 붐' 세대의 과격한 백인 청년들이 동조하기 시작하였다. 이들 새로운 급진파들은 인종을 초월하여 미국의 기성 체제를 바꾸는 데 합세하였던 것이다.

2. 학생반란과 대항문화

버클리 학생반란

백인 청년들의 반항이 표면화된 것은 1964년에 캘리포니아 대학 버클리 캠퍼스에서 자유언론운동연합(Free Speech Movement)이 일어나면서부터였다. 그 이후로 버클리 캠퍼스는 1960년대의 학생운동의 동의어가 되었다.

캘리포니아 대학교 총장인 경제학자 클락크 커(Clark Kerr)는 대학 발전을 위한 개혁의 주창자로서 <대학의 효용성>(The Uses of the University)이란 책을 썼다. 그 책에서 그는 대학이란 대기업과 같이 다른 대학들과 경쟁 관계에 있으며, 따라서 살아남기 위해서는 쓸모가 있고 이윤이 남는 것이 되어야 한다는 실용주의적인 입장을 피력하였다.

그러나 이와 같은 대학관에 대해 과격파 학생들은 불만을 터뜨렸다. 학생들은 대학의 비인간적(impersonal)인 측면을 문제 삼았다. 그들은 대학이 수만 명의 학생들로 이루어진 거대한 멀티버시티(multiversity)로 바뀌고, 학생 개인은 그 거대한 조직의 한 부속품으로 떨어진 데 대해 항의하였다.

마리오 새비오를 중심으로 한 백인 급진파는 흑인 학생조직인 비폭력학생조정위원회(SNCC)의 '미시시피 여름 수련회'에 참여하였다. 그 과정에서 백인 학생들은 흑인들의 삶이 권력구조에 의해 지배받고 있음을 알게 되었다. 그리고 그와 같은 권력구조가 대학에도 존재한다는 생각을 가지게 되었다. 그 때문에, 그들은 기성권위에 대한 일차 투쟁 대상을 학교 당국으로 삼았다.

1964년 9월에 버클리 캠퍼스의 학생들이 스프라울 플라자에서 정치단체의 신입회원을 모집하기 위한 집회를 벌이려고 하자, 대학 당국은 집회를 금지하였다. 새비오 일파가 총장의 조치를 거부하자, 학교 당국은 그들을 처벌하였다.

마침내 1964년 10월 1일에 경찰이 개입하였다. 행동파 학생을 체포하여 경찰차에 태우자, 수천명이 에워쌈으로써 경찰차가 32시간 동안 움직이지 못하였다.

12월에 언론자유운동 연합(FSM)은 학교 본부를 장악하였고, 그것을 진압하기 위해 캘리포니아 주지사 팻 브라운은 주 경찰을 파견하였다. 800명 이상의 학생들이 체포되자, 분노한 학생들은 수일간에 걸쳐 교실을 폐쇄하였다. 그리고 버클리에서 일어난 학생운동(activism)은 다른 대학들로 확산되어 갔다.

신좌파의 대두

버클리 대결이 일어나기 2년전인 1962년에 이미 다른 학생들은 미시간의 포트휴런에 모여 민주학생연합(Students for a Democratic Society)을 조직한 바 있었다. 여기에 참여한 급진파 학생들은 톰 헤이든과 알 헤이버와 같은 백인 중산계급의 자녀들이었다.

그들은 포트휴런 선언문에서, 미국사회가 근본적으로 비민주적인 것이라고 비판하였다. 그리고 미국 사회의 문제들은 인종주의의 만연, 풍요속의 빈곤, 대기업들의 비민주적인 성격, 그리고 냉전 때문에 일어난 것이라고 주장하였다. 따라서 그들은 미국 사회가 민주주의의 이상을 말로만 내세울 것이 아니라 행동으로 실천할 것을 요구하였다. 그들은 국민의 직접 참여가 보장되는 참여민주주의(participatory democracy)의 이상을 강조하였다.

여기서 고무된 급진파 학생들은 더 큰 급진세력인 신좌파(the New Left)를 형성하였다. 신좌파는 하나의 조직이나 운동이 아니라, 다양한 세력들의 느슨한 결합체였다.

그들 가운데는 맑스주의자도 있었고, 흑인 민족주의자도 있었다. 그리고 무정부주의자도 있었고, 평화주의자도 있었다. 또한 협상을 통해 사회 변화를 가져오려는 개혁주의자가 있는가 하면, 타협을 불가능한 것으로 간주하는 혁명가도 있었다.

그 때문에 신좌파는 분열되어 있었다. 그럼에도 불구하고 그들은 인종주의의 거부와 베트남 전쟁 반대를 공통된 목표로 삼았기 때문에 통일된 행동을 할 수 있었다.

신좌파의 등장은 미국의 전통적인 체제와 중산계급적인 가치를 파괴하려는 정치혁명이 시작되었음을 알리는 것이었다.

그러나 그들은 아직 구체적인 대안을 찾을 단계에 이를 정도로 사상이 성숙하지 못했다. 그 때문에 그들은 우선 기성 체제의 타도에 목표를 두게 되었다. 그들은 자신들을 혁명가로 자처하면서 마오체통이나 카스트로와 같은 제3세계의 혁명가들을 우상으로 숭배하였다. 그에 따라 "마오체통 모자"가 유행하고, "당장"(right on)이란 말이 모든 인사에서 사용되었다.

'우드스탁 국민'과 대항문화

다른 한편에서 급진파 청년들은 기존의 미국적인 의식과 생활 방식, 즉 부르주아 문화를 바꾸려는 문화혁명(cultural revolution)을 시도하였다. 즉, 그들은 기성의 문화를 대치할 새로운 대항문화 혁명(counter-culture)를 제시하려고 하였다.

그것을 실현하기 위한 첫 단계로 그들은 기성 세대들이 맛보지 못한 대체경험(alternative experiences)을 얻으려고 하였다.

그러한 대체 경험의 하나가 '록'음악이었다. 그러므로 이제는 음악이 기성체제를 공격하는 주요 수단이 된 것이다. 그들은 영국 리버풀 출신의 젊은 중창단인 비틀즈로부터 큰 영향을 받았다. 배리 맥과이어는 "파괴의 전날 밤"이라는 곡에서 핵전쟁에 따르는 대량학살을 경고하였다. 밥 딜란은 혁명적 응답이 "바람에 휘날릴 것"(blowing in the wind)을 예언하였다.

문화혁명의 또 다른 수단은 성 혁명(Sexual Revolution)이었다. 급진파 청년들은 일시적인 충동으로 자유롭게 성관계를 맺을 수 있다고 생각하였는데, 이것은 중산계급적이고 청교도적인 부모들을 분노케하였다. 자유분방한 성 관계는 피임약의 보급으로 가능하게 되었다.

많은 젊은이들에게 있어서 혼전의 동거는 죄악시되지 않았다. 그에 따라 음란외설물, 동성애, 남녀의 역할 구분, 그리고 가족관계에 대한 전통적인 태도도 바뀌었다.

문화혁명의 또 다른 수단은 마약이었다. 그들이 마약을 사용한 이유는 도취한 상태에서 '참다운 자기'를 찾을 수 있다고 생각했기 때문이다. 그래서 수백만의 학생들은 마약(LSD)의 예찬자인 하버드 대학의 티모시 리어리 교수의 권고에 따라 마리화나, '엠피타민', 환각제를 사용하였다.

이러한 대체경험들을 통해 얻은 결과를 가지고 급진파 청년들은 새로운 대안 생활방식(alternative ways of life)을 찾으려고 하였다. 이들 가운데 가장 두드러진 경우가 히피(hippies)였다.

히피들은 긴 머리, 긴 수염, 사랑의 목걸이, 누더기 청바지, 시끄럽고 불협화음으로 가득찬 "애시드 록"(acid rock)과 동일시되었다. 그들은 자신들을 가리켜 경쟁과 전쟁 대신 사랑과 평화를 추구하는 "꽃의 자녀들"(flower children)이라고 불렀다.

히피들은 샌프란시스코의 헤이트애쉬배리(Haight-Ashbury)거리 같은 곳에 모여 독특한 문화를 만들었다. 여기서 실험된 공동체(commune)의 생활방식은 전국의 젊은 방랑자들에게 영향을 주어 공동체를 세우게 하였다.

이들의 문화 행사는 주로 록 음악 축제(rock festival)로 나타났고, 그 가운데서 가장 유명했던 것이 우드스탁 축제였다. 뉴욕 주 북쪽 지방의 한 농장에서 열렸던 이 축제에는 40만의 젊은 이들이 몰렸다. 비와 진흙탕 속에서 몇 일을 보내고 나서, 그들은 자신들이 사랑, 마약, 음악에 토대를 둔 평화로운 "우드스탁 국민"(Woodstock Nation)이 되었다고 사랑하였다. 그들의 구호는 "전쟁을 그만두고 사랑을 하자"는 것이었다.

베트남전쟁이 격화되자, 신좌파와 대항문화 세력은 반전 운동에도 뛰어들었다. 학생들은 교수, 초빙인사들과 함께 베트남 전쟁에 대한 토론회(teach-ins)를 벌였다.

전쟁에 반대하는 시위도 줄지어 일어나, 1965년 4월에는 2만 5천명의 반전주의자들이 백악관으로 행진하는 사건이 일어났다. 10월에는 전국전쟁종결위원회가 전국적으로 8만 명의 시위대를 동원하였다. 1967년 10월에는 10만 명의 반전 시위대가 국무부로 행진하였다.

수천 명의 청년들은 베트남 전쟁에 대한 항의로 징집을 거부하고 영장을 불태웠다. 그리고 상당수는 체포를 회피해 캐나다, 스웨덴, 멕시코로 망가 숨어 살았다. 국내에서 가명을 쓰면서 숨어 사는 사람도 많았다. 베트남 전쟁 전체 기간에 병역을 기피한 사람은 50만 명에 이르렀다.

3. 여성해방 운동의 대두

진보주의 여성운동

다른 한편에서, 여성들도 사회적 약자로서 자신들의 위치를 인식해 가고 있었다. 그리고 그들은 시민으로서 여성들의 권리를 신장시키고 인간으로서의 존엄성과 자유를 확보하기 위한 방법으로 여권운동과 여성해방 운동을 벌였다.

　1960년년대에 여성 근로자는 빠른 속도로 늘어났다. 그에 따라 직업여성들은 취업에서의 성적 차별, 전문직 획득 기회의 부족, 및 동등한 일에 대한 동등하지 못한 보수에 대해 불만을 느끼게 되었다. 그리고 여성들은 자녀들을 위한 탁아시설의 부족, 낙태 금지에 대해 불만을 가지고 있었다.

　불만의 핵심은 경제적인 것이었다. 그러므로 성 차별은 현실적으로 가난을 의미하였다. 1963년에 여성의 평균적 보수는 남성이 받는 보수의 63 퍼센트에 불과하였다. 대학교육까지 받은 여성들은 단지 8년간의 교육을 받은 남성들보다도 적은 보수를 받는 경우가 대부분이었다.

　여성들의 또 다른 불만은 여성들의 취업이 주로 비서직이나 점원과 같은 낮은 직종에서만 이루어지고 있는 "직종별 차별" 현상이었다. 여성들은 직업이 여성의 직업과 남성의 직업으로 분리되는 것, 그리고 여성들은 보수가 낮은 영역에 집중되는 것에 대해 불만이었다. 그러므로 여성해방운동은 동등한 취업기회, 그리고 동등한 일에 대한 동등한 보수를 목표로 삼게 되었다..

　그러나 여권운동은 큰 반대에 부딪혔다. 왜냐하면 1971년에 닉슨 대통령이 취업여성들의 자녀들을 위한 탁아시설을 전국적으로 설치하려는 법안에 대해 거부권을 행사하였기 때문이다. 거부의 이유는 공립 탁아소의 설치는 자녀 양육을 사회에 맡기게 됨으로써 문명의 토대인 가정을 위태롭게 할 것이라는 이유에서였다.

　그 때문에 1960년대에 여권운동은 보다 근본적인 사회해방운동인 여성해방(feminism) 운동으로 바뀔 수밖에 없었다. 그리고 그것은 1963년에 베티 프리단(Betty Friedan)의 '여성의 신비'가 출간되면서 시작되었다.

　프리단에 따르면, 미국의 가정은 여성에게는 "안락한 집단수용소" 같은 것이었다. 가정은 "침실, 부엌, 성, 아기, 가족의 세계"에서 살아야만

즐겁고 만족스러운 곳이었다. 여성들이 그와 같은 전통적인 여성상이나 환경에 대해 불만을 표시하게 되면 미국 사회에서는 정신이상자로 취급되었다.

그러므로 프리단이 볼 때 기성의 가족제도 안에서 여성들은 정체성(identity)이 없는 사람들이었다. 그와 같은 위기의 여성을 설명하기 위해 프리단은 이느 젊은 가정 부인의 다음과 같은 말을 인용하였다.

"나는 여성들이 해야하는 것은 모조리 다 하려고 노력했다. 취미활동, 정원가꾸기, 오이 '피클' 담그기, 통조림 만들기, 이웃과 친하게 지내기 등등 무엇이든지 했다……나는 아이들과 남편, 내 가족들을 사랑한다…… 그러면서도 나는 절망감을 느끼고 아무런 개성도 없는 것 같이 느껴진다… 도대체 나는 누구인가?"

프리단의 책에 고무되어 1966년에 전국여성기구(NOW)가 조직되었다. 그것은 기존의 남녀관계를 개혁하기 위해 입법을 위한 '로비' 활동을 벌이고, 법정 투쟁을 벌였다. 그것은 "남성들과 대등한 동반자로서의 여성의 권리"를 획득하기 위하여 투쟁하였다.

급진주의 여성운동

그러나 '베이붐 세대'의 젊은 여성들은 전국여성기구(NOW)의 온건한 태도에 불만이었다. 그 때문에 그들은 급진적 여성해방운동을 벌이게 되었다. 이들은 대부분이 교육을 잘 받은 백인들로서, 취업 여성의 딸인 경우가 많았다. 그들은 피임약과 피임기구들이 당연한 것으로 간주되는 성적·해방의 시대에 성장하였다.

이들 급진파의 생각은 슐라미쓰 화이어스톤(Shulamith Firestone)의 <성의 변증법>, 케이트 밀렛(Kate Millett)의 <성의 정치>, 로빈 모간(Robin Morgan)의 <자매애는 강력하다>와 같은 책을 통해 표현되었다.

이들은 여성의 경제적, 정치적, 법적 불평등을 비판하는 것은 물론,

성에 기반을 둔 사회의 이중구조를 비판하였다. 그들은 성의 역할에 대한 고정관념에 대해서도 비판하였다.

이들은 사회를 변혁시키기 위해 직접 행동에 뛰어들었다. 그들은 1968년에 뉴저지 아틀랜틱시티에서 열린 '미쓰 아메리카' 선발대회에서 반대 시위를 벌였는 데, 그것은 여성을 성적 대상으로 보는 시각을 바꾸기 위한 것이었다.

또한 그들은 여성을 시중만 드는 하녀로 보는 시각에 대해서도 저항하였다. 그러한 투쟁을 하는 과정에서 그들은 정치 참여의 필요성을 알게 되었다.

이들은 민권운동 안에서 조차도 여성들이 차별받고 있는 데 대해 분개하였다. 운동권 안에서도 여성 '투사들'은 커피를 끓이고, 의사록을 받아 쓰고, 남성 '투사들'에게 성적인 호의를 베푸는 일로 만족해야 함을 알게 되었다.

1964년에 비폭력학생조정위원회(SNCC)의 임원 수련회가 열렸을 때 어느 여학생이 그와 같은 불만을 표시하자, 남학생들은 웃었다. 스타클리 카마이클은 운동권 조직 안에서 여성들의 지위는 수동적인 것이라고 대답하였다.

여성 지위의 향상과 동성애 문제

그럼에도 불구하고 1960년대의 진보주의적, 급진주의적인 분위기의 확산과 함께, 여성들의 교육적, 법적 지위는 놀라운 정도로 향상되었다. 전문직을 가지게 된 여성들의 숫자도 놀라울 정도로 늘었다.

1969년부터 1973년까지 법과대학원(Law School)의 여학생 수는 거의 4배로 증가했다. 의과대학원(Medical School)의 여학생 수는 2배 이상이 되었다.

여성해방 운동의 압력은 의회는 1972년에 평등권 헌법수정안(ERA,

Equal Rights Amendment)을 통과시켰다. 그것은 연방정부나 주 정부가 성(性) 때문에 평등권을 거부하거나 박탈할 수 없게 바꾸려는 것이었다.

그러나 그것은 전체 주의 3분의 2 이상의 지지를 얻지 못했기 때문에 시행되지는 못하였다. 그럼에도 불구하고 그 법안의 의회 통과와 비준 절차는 미국 사회를 떠들썩하게 만들 정도로 큰 파장을 일으켰다.

낙태를 합법화시킨 1973년의 '로우 데 웨이드'(Roe v. Wade) 판결도 여성들의 권리를 신장시켜 주었다. 대법원은 이 판결로 많은 주들이 낙태를 범죄로 규정하고 있던 관행에 제동을 걸었던 것이다. 그 판결에서 대법원은 여성들에게는 낙태를 할것인지 안할것인지에 대한 판단을 내릴 개인적 권리가 헌법으로 보장되어 있기 때문에 낙태를 범죄로 보는 주 법들은 위헌이라고 선언하였다.

이와 같은 법적인 승리로 여성운동은 자신감을 얻게 되었다. 그 때문에 어느 여성해방 운동가는 "1960년대가 흑인들의 시대였다면, 그 뒤의 10년간은 우리의 시대이다"라고 외쳤던 것이다.

여성해방운동의 과정에서 동성애(homosexuality)의 권리를 인정받으려는 운동도 병행하였다. 그 당시 동성애자들은 직장은 물론 친구와 가족마저도 잃어 버릴 것을 두려워한 나머지 그들의 성적 성향을 드러내는 것을 두려워하였다.

동성애자들에 대한 편견은 전국여성기구(NOW)에서도 뿌리가 깊어 그 조직에서 여성동성애자들(lesbians)들을 추방하려는 움직임이 일어났다. 결국 여성 운동은 동성애 문제로 분열하게 되었다.

그러나 1969년 6월에 뉴욕시의 그리니치빌리지 구역에서 일어난 충돌사건을 계기로, 동성애자들은 그들의 권익을 찾기 위해 직접 행동에 나섰다. 그것은 크리스토퍼 가에 있는 동성애자 전용 술집 스톤월인(Stonewall Inn)에서 동성애자 고객과 경찰 사이에 일어난 충돌사건이었다.

동성애자들은 경찰에게 맥주병을 던지면서 폭동은 밤에 까지 계속되었다. 그 과정에서 동성애자들은 '동성애의 세력화'(Gay Power)라는 구호를 요란하게 외쳤다. 기성체제에 대한 동성애자들의 저항이 시작된 것이다.

스톤월인 사건을 계기로 은밀한 소집단 문화로 존재해 오던 동성애자들의 삶의 방식이 적극적으로 공개되기 시작하였다. 그리고 그들의 운동은 흑인 운동, 급진적 여성해방운동가, 반전운동가들의 지원을 받았다.

4. 격동의 1968년

베트남 전쟁과 마틴 루터 킹의 암살

1963-1967년 기간에 미국은 폭동으로 혼란하였다. 그럼에도 불구하고 많은 미국인들은 혼란을 대수롭지 않게 보았다. 왜냐하면, 그들은 미국의 어려움은 곧 해소될 것이라는 낙관주의적인 태도를 가지고 있었기 때문이다.

그러나 1968년에 충격적인 사건들이 계속 일어나면서 미국인들은 그러한 환상으로부터 천천히 깨어나기 시작하였다.

첫번째의 충격은 1968년 1월 하순에 해군 정보함 푸에블로 호가 작은 나라인 북한에 의해 나포된 사건이었다. 푸에블로 호는 한반도 북쪽의 원산항 근처에서 정찰 활동을 하고 있었다. 거의 1년에 가까운 힘든 협상 끝에 겨우 그해 말에 82명의 선원들이 풀려났지만, 그 과정에서 미국의 국가적 위신은 크게 손상되었다.

두 번째의 충격은 1968년 1월 30일에 베트남에서 미군이 갑자기 베트콩과 북베트남군으로부터 설날 공세(Tet offensive)를 당함으로써 크게 피해를 입은 사건이었다. 이 사건 이후로 미국인들은 베트남 전쟁에서 패배할지 모른다는 생각을 가지게 되었다.

세 번째의 충격은 1968년 4월에 미시시피 주의 멤피스에서는 마틴 루터 킹이 암살된 사건이었다. 범인은 극렬한 인종주의자인 제임스 얼 레이였다.

킹의 암살은 순식간에 전국의 흑인 '겟토'에서 폭동을 일으켜 168개의 도시들과 마을을 휩쓸었다. "백인들은 우리에게 전쟁을 선포하였다"고 스타클리 카마이클은 흥분히였다. 분노한 흑인들은 백인 상점들과 재산을 약탈하고 불질렀다. 그 과정에서 34명의 흑인들과 5명의 백인들이 사망하였다. 백인들은 테러의 책임이 선동적인 흑인 지도자에게 있다고 비난하였다.

학생들도 흑인들의 입장에 동조하였다. 1968년 1월과 6월사이에 200건이 넘는 반전 시위로 전국의 대학이 흔들렸다. 학생들은 대학이 군부산업 협동체(military-industrial complex)와 결탁하여 전쟁을 돕고 있다고 비난하였다.

뉴욕의 콜럼비아 대학교 학생들은 총장실 건물을 10일간 점거하였다. 결국 총장의 요청으로 1천명의 경찰이 학교 안으로 투입되어 학생들을 몰아냈으나, 그 과정에서 150명의 시위자와 구경꾼들이 부상을 입었다.

일반 시민들도 매일 TV 저녁뉴스를 통해 이같은 광경들을 목격하고 흥분하였다. 따라서 소수의 급진파는 국민 생활에 큰 영향을 미치게 되었다.

로버트 케네디의 암살과 1968년의 선거

네 번째의 충격은 1968년의 선거에서 민주당 후보 경선에 뛰어든 로버트 케네디가 아랍인에 의해 암살된 사건이었다.

베트남 전쟁으로 존슨 대통령의 위신이 크게 떨어졌기 때문에 그가 다시 민주당 후보로 지명되리라는 전망이 없었다. 그 때문에 존슨은 현직 대통령으로서는 드물게 출마를 포기하였고, 그에 따라 민주당 안에서는 여러 사람이 대통령 후보 지명전에 도전하였다.

앨라바마 주 지사인 조지 월리스는 전쟁 지지자로서, 미네소타 출신 상원의원 유진 맥카시는 전쟁 반대자로서 출마 의사를 밝혔다.

뉴욕 주 출신 상원 의원이며 케네디 대통령의 동생인 로버트 케네디도 반전주의자로서 지명전에 뛰어들었다. 그는 흑인, 치카노 등 소수 인종과 빈민의 지지를 받고 있었다. 1965년에 세자르 차베스(Cesar Chavez)가 멕시코계의 농장노동자연합을 동원하여 파업을 일으켰을 때, 그는 캘리포니아로 날라와 격려할 정도였다.

캘리포니아 주 예비선거에서 승리를 거둔 로버트 케네디는 로스앤젤레스의 앰배서더 호텔에서 승리를 축하하고 있었다. 그러나 그는 식당을 통하는 지름길을 통해 기자회견장에 가다가, 갑자기 나타난 아랍 청년 써한 써한(Sirhan Sirhan)의 권총에 맞아 숨졌다. 암살자는 케네디가 이스라엘을 지지한 데 대한 불만에서 일을 저질렀던 것이다.

이 사건은 민주당이 정체성의 위기를 보여 주는 것이었다. 즉, 민주당은 진보주의를 표방함으로써 보수세력들로부터 공격당하고 있으면서도, 다른 한편에서는 너무 온건하다는 이유로 급진세력들로부터도 공격당하는 애매한 위치에 놓여 있었던 것이다.

그와 같은 모순은 마침내 1968년 8월에 시카고에서 열린 민주당 전당대회에서 분열과 폭력사태를 가져오게 하였다. 민주당 안의 보수세력은 린든 존슨의 후계자인 온건한 부통령 허버트 험프리를 지지하였다.

그러나 진보-좌파 세력은 베트남 전쟁의 종식을 요구하는 유진 맥카시를 지지하였다. 진보-좌파 세력 가운데서도 죽은 로버트 케네디의 추종자들은 또 다른 반전주의자인 조지 맥거번을 지지하였다.

민주당 지명 대회장은 운동권 세력이 가세함으로써 더욱 더 혼란해졌다. 대회장은 빈민운동단체의 흑인들이 타고 온 당나귀 마차들로 어수선하였다. 또한 수천 명의 반전주의자들은 베트남 전쟁의 종식을 요구하는 시위를 벌였다. 히피적인 이피들(Yipppies)은 '생명의 축제'를 벌인다고 야단이었다.
 그러므로 시카고의 데일리 시장은 민주당 지명대회가 열리고 있는 동안에 24시간 경찰을 대기시켰다. 그리고 소총, 바주카 포, 화염방사기로 무장한 육군과 주 방위군도 대기하였다. 그리고 이들은 미시간 애비뉴의 콘라드힐튼 호텔 앞에서 시위자들과 충돌하였다.
 아수라장 속에서 치루어진 전당대회에서 민주당은 미네소타 출신의 온건한 부통령 험프리를 대통령 후보로 지명하였다. 험프리는 뉴딜주의자로 북부 진보주의자들, 대도시 보스들, 흑인들, 그리고 노동조합의 지지를 받았다. 그러면서도 그는 반공주의자였기 때문에 베트남 전쟁 수행을 지지하였다.
 한편, 공화당은 리차드 닉슨(Richard Nixon)을 대통령 후보로 지명하였다. 닉슨은 1960년의 대통령 선거에서 케네디에게 패배한 뒤 1962년에는 캘리포니아 주 지사 선거에서도 패배함으로써, 정치생명이 끝난 듯이 보였다. 그러나 그는 긴 세월 동안 재기를 위해 노력하여, 마침내 1968년에 대통령 후보로 지명되는 데 성공하였다.
 선거전에서 베트남 전쟁 문제에 대해 험프리와 닉슨 두 후보는 전쟁 계속을 내세웠다. 제3당인 아메리카독립당도 조지 월리스(George Wallace)를 후보로 내세웠는데, 그는 핵무기로 북베트남을 폭격할 것을 주장하는 강경파였다.
 그는 민주당을 탈당한 남부인이었다. 그리고 그는 국내 반체제 세력을 진압하고 법과 질서를 회복시켜야 한다고 주장하는 극단적인 보수주의를 내세웠다.
 1968년의 선거전에서 주요 쟁점은 베트남 전쟁과 그것에 따른 사회 혼란의 문제였다. 국민은 반전파와 주전파로 갈라져, 팽팽히 맞섰다. 그 소용돌이 속에서 법과 질서의 회복을 역설한 공화당의 닉슨이 당선되었다.

제 10 장 베트남 전쟁과 국민적 시련
(1964 - 1975)

1. 베트남 전쟁 개입

프랑스에 대한 미국의 지원

제3세계에 영향력을 행사하려는 미국의 태도는 베트남 전쟁에서 큰 재난을 맞게 되었다. 미국은 그의 역사상 가장 긴 전쟁(1950-1975)을 벌이게 되었을 뿐만 아니라 세계 최대 강국이 보잘 것 없는 작은 농업 국가인 북베트남에게 큰 국가적 모욕을 당했기 때문이다.

인도차이나(베트남, 캄보디아, 라오스) 반도는 19세기말에 프랑스의 식민지가 되었다. 그 이후 베트남 인들은 프랑스인 지배자들에 대해 수시로 반란을 일으켰고, 마침내 그들의 민족주의 운동은 프랑스 공산당원인 호치민을 중심으로 결집되었다.

제2차 세계대전에서 프랑스가 독일에게 패배하게 되자, 프랑스의 식민지인 인도차이나 반도에는 일본군이 진주하였다. 이렇게 되자, 호치민의 베트남 독립운동 세력은 일본군에 대항하였다. 전쟁이 끝나고 프랑스가 식민지를 되찾기 위해 군대를 파견하였으나, 이미 호치민은 독립을 선언한 상태였다. 그 때문에 1946년부터 베트남인들과 프랑스 군대 사이에 무력충돌이 일어났다.

미국의 트루먼 행정부는 프랑스를 지지하였다. 그 이유는 미국이 국제공산주의와의 싸움인 냉전에서 프랑스의 협력을 얻으려 했기 때문이었다. 또한 이 지역의 쌀생산은 앞으로 미국의 우방이 될 일본의 식량공급지가 될 것으로 예상되었기 때문이었다.

게다가 이 지역은 고무를 비롯한 많은 천연자원을 가지고 있었다. 뿐만 아니라 그것은 일본과 필리핀의 방위에 매우 중요하였다. 미국은 베트남 문제를 세계주의적인 시각에서 보고 있었던 것이다.

중국 내전에서 국민당의 장제스가 공산당의 마오체퉁에게 패배하자, 트루먼 행정부는 베트남의 공산화를 우려하였다. 그래서 트루먼은 베트남에서 프랑스 군에게 무기를 공급하고 바오다이 황제를 지지하였다.

아이젠하워 행정부가 들어서서도 민주당의 정책은 계속 유지되었다. 아이젠하워 행정부는 베트남에서 공산주의 문제를 도미노 이론(domino theory)으로 설명하였다. 즉, 동남아시아에서 어느 한 국가가 공산화되면 다른 국가들도 자연히 공산화가 된다는 주장이었다.

미국은 1954년까지 전비의 4분의3에 해당하는 큰 액수인 25억 달러를 프랑스군에 제공하였다. 미국의 원조에도 불구하고 프랑스군은 패색이 짙어져갔다. 마침내 1954년초에 프랑스 군의 요새인 디엔비엔푸가 호치민의 군대에 의해 포위되면서, 결국 프랑스 군의 주력은 항복하고 말았다.

1954년에 프랑스 정부와 베트남 공화국 사이에 제네바 협정이 체결되었다. 그 결과 베트남은 군사분계선인 북위17도선을 따라 남, 북으로 분할되었다.

그에 따라 바오다이 정부는 남쪽에 자리를 잡고, 호치민의 정부는 북쪽에 자리잡게 되었다. 그리고 1956년에 실시될 전국적인 총선거에서 두 지역을 통일하도록 합의하였다.

케네디 행정부의 적극 개입

그러나 제네바 협정은 사실상 베트남에서 공산주의의 승리를 인정한 것이었으므로, 남베트남의 바오다이 정부와 미국은 거부하였다.

그대신 미국은 남베트남 정권을 보호하기 위해 1954년에 동남아시아 조약기구(SEATO)를 결성하였다. 그것은 영국, 프랑스, 오스트렐리아, 뉴질랜드, 필리핀, 타일랜드, 파키스탄이 참여한 반공기구였다.

미국은 남베트남에서 공산화를 막기 위해 보다 더 강력한 정부를 수립하려고 하였다. 그래서 미국은 바오다이의 왕정을 폐지하고 고딘 디엠의 공화정을 수립케 하였다. 반공주의자인 고딘 디엠은 선거를 통해 대통령에 취임하였다.

그러나 북베트남의 호치민은 제네바 협정에 따른 전국적인 총선거를 계속 요구하였다. 그러나 총선거는 공산주의자들의 승리를 의미하였기 때문에, 고딘 디엠과 아이젠하워는 거부하였다.

그 대신 미국 정부는 남베트남의 고딘 디엠 정부에게 군사 원조를 제공하고, 군사고문관들을 파견하여 군대와 경찰을 훈련시켰다. 그리고 식량증산을 위해 농업 기술자를 파견하였다.

그러나 갑자기 만들어진 고딘 디엠 정권은 통치력을 제대로 발휘하지 못하였다. 카톨릭 교도인 고딘 디엠은 불교도들의 저항에 부딪히게 되었다. 그러므로 그는 정적들을 투옥하고 비판적인 신문을 폐쇄할 수밖에 없었고, 그 때문에 국내외로부터 강력한 비판을 받았다.

남베트남의 반정부 세력 가운데서 가장 강력한 세력은 공산주의자들이었다. 그리고 이들은 북베트남의 공산 정권으로부터 지원을 받았다. 1960년에 남베트남의 공산주의자들은 '베트콩'으로 알려진 민족해방전선(NLF)을 결성하였다.

베트콩은 여러 반정부 세력과 손을 잡고 제국주의 국가에 대한 전쟁과 국내 전통세력들에 대한 내전이라는 이중의 투쟁을 선포하였다.

제10장 베트남 전쟁과 국민적 시련 (1964-1975) 145

　　케네디 대통령은 진보주의자이면서도 반공주의자였기 때문에 베트남 내전(civil war)에 적극 개입하려고 하였다. 그에 따라 남베트남에 더욱 많은 미군이 파견되고, 고딘 디엠 정권에 대한 원조액도 늘었다.
　　그러나 남베트남의 고딘 디엠은 더욱 더 큰 저항에 부딪혀 가고 있었다. 특히 불교 승려들이 종교적 탄압을 이유로 저항 세력에 가담하게 됨에 따라, 고딘 디엠 체제는 더욱 더 위태로워졌다. 승려들은 사이공의 길거리에서 항의의 표현으로 휘발유를 몸에 뿌리고 분신 자살하였다.
　　미국 정부는 무력한 고딘 디엠의 축출하기 위해 베트남의 장군들에게 쿠데타를 종용하였다. 1963년 11월에 쿠데타가 일어났고, 고딘 디엠은 체포되어 처형되었다. 그렇게 된 지 몇 주 지나 쿠데타를 지시한 케네디도 암살당하고 말았다.

2. 전쟁의 미국화

통킹만 사건과 북베트남 폭격

　　남베트남의 공산주의 조직인 '베트콩'은 위기의 해결 방법으로 좌,우 합작의 연립 정부 수립을 요구하였다. 그러나 좌우 합작은 조직이 강한 좌익의 승리를 의미하는 것이었으므로, 미국의 린든 존슨 행정부는 거부하였다.
　　존슨 대통령은 뉴딜 진보주의자로서 베트남에서 빈곤을 퇴치하기 위한 원조를 제공하려고 하였다. 그러나 그렇게 되기 위해서는 우선 공산화가 저지되어야 했다.
　　1964년 8월 2일에 북베트남 통킹만 해안에서 미국 구축함 매독스 호가 북베트남군의 초계정으로부터 공격을 받는 사건이 일어났다. 매독스 호는 가벼운 피해만을 입은 채 북베트남의 영해로부터 무사히 빠져 나왔다.

미국 국민은 분개하였고, 그것에 맞추어 존슨 대통령은 북베트남 군의 "이유 없는" 공격에 대해 보복할 것이라고 발표하였다.

의회는 즉시 통킹만결의안을 하원에서 466 대 0, 상원에서는 88 대 2로 압도적인 다수로 통과시킴으로써 대통령의 결정을 지지해 주었다. 그것은 "미군에 대한 무력공격을 응징하고 이후의 침략을 방지하기 위해서 모든 가능한 수단을 사용"할 수 있는 권한을 대통령에게 부여한 것이었다.

통킹만결의안은 선전포고의 권한을 대통령에게 준 것으로서, 외교정책 결정에서 의회가 권한을 실질적으로 포기했음을 의미하였다. 존슨 대통령은 자기가 적합하다고 생각되는 방식으로 전쟁을 수행할 수 있는 폭넓은 재량권을 가지게 되었다.

그동안 베트남과 이웃하고 있던 라오스에서는 미국 전폭기들이 "호치민 통로"를 폭격하고 있었다. 그것은 북베트남이 남베트남의 베트콩에게 무기를 공급하는 보급로였다.

1965년 2월에 이르면 베트콩은 남베트남 영토의 거의 절반을 장악할 정도로 강하였다. 자신감에 찬 베트콩은 플레이크의 미군 비행장을 공격하기도 하였다.

그에 대한 보복으로 존슨 대통령은 북베트남 폭격을 지시하였다. 폭격은 베트남전쟁이 끝날 때까지 계속되었고, 그 과정에서 미국은 제2차 세계대전에서 투하한 것보다 더많은 양의 폭탄을 사용하였다. 그럼에도 불구하고 베트콩과 북베트남은 항복하지 않았다.

전쟁의 미국화와 반전운동

1965년 7월에 존슨 대통령은 전쟁에서 이기기 위해 남베트남에 더많은 미군의 파견을 결정하였다. 그 결과로 1969년에 미군은 54만3천 명에 이르렀다. 베트남 전쟁의 미국화(Americanization)가 이루어진 것이다.

그럼에도 불구하고 전세는 유리해지지 않았기 때문에, 미국 국민들 사이에서는 전쟁에 대한 반감이 커졌다. 매일 저녁 텔리비전 뉴스 시간에 방영되는 전황을 보면서, 미국인들은 더욱 더 전쟁에 대한 혐오감을 가지게 되었다.

베트콩의 은신처를 없애기 위해 비행기로 고엽제를 숲에 뿌리는 수색 파괴 작전도 이루어졌으나, 실효가 없었다. 오히려 그것은 농민들의 반미 감정을 조장함으로써 베트콩의 지지자가 되게 하였다.

전투 과정에서 민간인들의 피해도 적지 않았는데, 그 대표적인 경우가 1968년 3월에 일어난 밀라이 학살 사건이었다. 그것은 베트콩에 협조하는 밀라이 마을을 미군이 공격하는 과정에서 200명 이상의 민간인이 살해된 사건이었다. 그것은 미군 병사들이 베트콩의 교묘한 공격으로 지쳐 있는 데다가 죽은 동료에 대한 보복심에 불타 있었을 때 발생하였다.

전선에서는 전쟁의 끝이 보이지 않다는 생각이 병사들 속에서 퍼져나가면서, 미군의 사기는 크게 떨어졌다. 병사들 사이에서는 탈영, 흑백 갈등, 마리화나와 헤로인의 사용, "상관 살해"(fragging)가 일어났다.

미국 국내에서는 젊은이들이 징병을 기피하며 반전운동을 벌였다. 그들은 징집영장을 불태우고, 캐나다, 스웨덴, 멕시코로 도망갔다. 전쟁 기간에 징병을 기피한 청년은 50만명에 이르렀다.

대학에서는 전쟁의 정당성을 문제삼는 토론회(teach-in)가 열렸다. 1965년 4월에는 2만5천 명이 백악관으로 몰려가는 항의의 행진이 벌어졌다. 그리고 1967년 10월에는 워싱톤디씨에서 10만 명이 참가하는 반전 행진이 벌어졌다.

행정부안에서도 전쟁에 대한 염증이 일어나기 시작했다. 그 때문에 열렬한 전쟁지지자였던 로버트 맥나마라 국방장관이 장관직을 사임하였다.

존슨 대통령은 북베트남의 호치민과 협상하기 위하여 가끔 폭격을 중단하곤 하였지만, 호치민은 협상제의를 받아 들이지 않았다. 왜냐하면, 미국이 제시한 평화 조건은 베트남의 통일이라는 호치민의 꿈을 이룰 수 없는 것이었기 때문이다.

설날 공세와 달러 위기

1968년 1월에 베트남 전쟁의 방향을 결정할 충격적인 사건이 발생하였다. 그것은 음력설인 구정(舊正) 기간중에 베트콩과 북베트남군이 대대적인 공격을 해 온 사건이었다. 공산군은 사이공 주재 미국 대사관까지 침입하였다. 미국 국민들은 크게 실망하였다.

이와 같은 상황에서 군부가 20만 6천 명의 새로운 병력의 추가 파병을 요구하자, 새로 국방장관이 된 클라크 클리포드는 거부하였다. 그는 추가 파병이 승리에 아무런 도움이 되지 않을 것이라고 주장하였다. 반전 여론이 행정부에 까지 영향을 준 것이다.

게다가 미국은 베트남전쟁으로 심각한 재정난을 겪고 있었다. 달러화의 신용도가 흔들리기 시작하자, 일부 외국인들은 달러를 금으로 바꾸기도 하였다. 그런데도 미국은 구정 공세 이후 전비를 더 지출해야 했다.

그러므로 존슨 대통령은 태도를 바꾸어 1968년 3월 31일에 북베트남의 폭격을 중단하고 평화협상을 제의하였다. 그리고 나서 그는 11월 대통령선거에 출마하지 않겠다고 발표함으로써 국민을 놀라게 했다. 이것은 미국이 전쟁에서 승리할 수 없다는 사실을 인정한 것 같았다.

존슨은 폭격이 완전 중단되는 동안 북베트남도 공격을 중지해 줄 것을 요청하였다. 그것은 철군의 명분을 얻기 위한 것이었다.

그러나 미국의 요구에 대해 북베트남은 응하지 않았다. 그 때문에 1968년 5월에 파리에서 평화회담이 시작되면서도 전쟁은 치열하게 계속되었던 것이다.

1968년의 대통령 선거에서 리차드 닉슨이 당선됨으로써 베트남 문제는 공화당의 손으로 넘어 가게 되었다.

3. 닉슨의 온건한 공화당 행정부

켄트 주립대와 잭슨 주립대

1969년 1월에 리차드 닉슨의 공화당 행정부가 들어섰어도 혼란과 폭력은 계속되었다.

1969년에 코넬 대학에서는 수백명의 흑인 학생들이 소총과 권총으로 무장하고 학생회관을 점거하였다. 하바드 대학생들은 총장실을 점거하였다가 경찰에 의해 연행되었다. 비슷한 충돌이 캘리포니아 대학 버클리 캠퍼스, 샌프란시스코 주립 대학, 위스콘신 대학을 비롯한 많은 대학에서도 일어났다.

1969년 12월에는 민주학생연합(SDS)의 한 분파인 일기예보자들(Weathermen)에 소속된 300여 명의 과격파 학생들이 시카고의 도심지역을 달리며 창문을 부수고 경찰관들을 공격하였다. 한 달 후인 전투중지일에는 50만 명의 인파가 베트남전쟁의 종결을 요구하며 워싱톤디시의 워싱턴 기념탑 앞에서 대대적인 항의 집회를 열었다.

닉슨에게 있어서 밝았던 순간이 있다고 한다면, 그것은 유인우주선 아폴로 11호가 달에 착륙했던 때였다. 아폴로 우주선에서 분리되어 나간 달착륙선은 1969년 7월 중순에 목적지인 달에 도달하고, 7월 21일에는 닐 암스트롱(Neil Armstrong)이 달의 표면에 발을 내딛었다.

암스트롱은 암석과 흙의 샘플을 채취한 후 그의 동료인 에드윈 올드린(Edwin Aldrin)과 함께 아폴로 모선에 탑승하는 데 성공하였다. 그들은

8월 2일에 하와이의 남서쪽 950마일 지점에 내려앉았다. 그러나 이것은 일시적인 휴식기간이였을 뿐이었다.

1970년 4월 30일에 닉슨 대통령은 TV에 출연하여 미국이 중립국이었던 캄보디아를 폭격했다고 발표하였다. 그에 따라 국내의 반전 운동도 더 한층 격화되었다.

1970년 5월 4일, 오하이오의 켄트(Kent) 주립 대학에서는 국민방위군이 전쟁에 반대하는 학생들에게 총을 발사하는 사건이 일어났다. 이 사건으로 4명이 사망하고 11명이 부상을 입었다. 전국의 분노한 학생들이 동맹 휴학에 들어가고, 250개에 이르는 대학 캠퍼스가 문을 닫았다.

그리고 이 보다 10일 뒤에는 미시시피의 잭슨 주립대학에서도 충돌이 일어났다. 그것은 경찰과 고속도로 순찰대원들이 흑인 여학생 기숙사를 공격하여 2명을 살해하고 9명을 부상케 한 사건이었다.

급진파 청년들도 폭력을 사용하였다. 그들은 모빌 석유 회사, 아이비엠, 제네랄 전화전자 회사, 및 여러 은행의 뉴욕 지점에 폭탄을 던졌다. 1970년 3월에는 뉴욕 시의 그리니치빌리지 구역에 있는 폭탄 제조 공장이 폭발하여 최소한 3명의 과격파가 사망하였다.

진보파에 대한 비난과 국방부 문서 파문

국민의 또 다른 두려움은 길거리 범죄였다. '뉴스위크'지는 미국인을 가리켜 문을 안으로 잠그고 사는 국민으로 묘사하고, 국토를 요새화 한 기지(Fortress America)라고 표현하였다. 길거리가 무서워졌기 때문에 권총, 경보기, 방탄조끼의 판매량이 급속히 늘었다. 그리고 개인경호원과 특수경찰들에 대한 수요도 급증하였다.

범죄 증가에 대해 보수주의자들은 책임을 민주당과 진보주의자들에게 돌렸다. 왜냐하면 진보 세력은 범죄자들에 대해 관대한 태도(permissiveness)를 가지고 있었기 때문이다. 또한 반전주의자들과 공산주의자들에 대해서도 책임을 돌렸다.

공화당 보수주의자들의 입장에서 볼 때 민주당은 '미국적 체제'를 거부하는 비애국적이고 위험한 불순세력의 조직이었다. 그러므로 1970년 9월에 애그뉴 부통령은 중간선거에서 '미국적 가치'를 존중하는 공화당에 투표하도록 국민에게 호소하였던 것이다.

그러나 1971년 6월에 '뉴욕 타임즈'지가 베트남 전쟁에 관한 국방부 문서를 게재하기 시작함으로써 닉슨의 공화당 행정부는 더 큰 어려움에 부딪혔다.

그것은 1967년에 국방부 장관이었던 로버트 맥나마라가 지시한 베트남 전쟁에 대한 극비문서였는데, 국방문제 분석가였던 대니얼 엘즈버그가 뉴욕타임즈에 제공했던 것이다. 그는 랜드 재단(RAND Corporation)이라는 국방정책 분석 기관에서 일하다가 정부의 사실 은폐에 대해 환멸을 느껴 폭로하였던 것이다.

보고서의 공개를 통해 폭로된 사실은 베트남 전쟁에 관해 정부가 국민에게 사실을 은폐해왔다는 것이었다. 예를 들면, 1964년 8월에 북베트남의 순찰선이 미국 구축함 매독스 호와 터너 조이 호를 공격했다고 존슨 대통령이 발표했을 때, 그는 그 함정들이 남베트남의 특공대를 지원하고 있었다는 사실은 밝히지 않았던 것이다. 그리고 이 피습사건을 계기로 의회에서 채택된 긴급 결의안도 이미 수개월 전에 초안이 작성되어 있었다는 것이다.

닉슨은 인플레이션의 문제에도 부딪혔다. 극심한 인플레이션의 원인은 전임자인 린든 존슨 대통령이 베트남 전쟁과 '빈곤에 대한 전쟁'을 동시에 수행하기 위해 정부지출을 늘임으로써 발생한 재정적자였다. 1971년 1월에 미국은 5.3퍼센트의 인플레이션률과 6퍼센트의 실업률에 도달해 있었는 데, 이것은 미국이 경제침체와 인플레이션을 동시에 겪고 있는 스태그플레이션(stagflation) 상태에 빠져 있었음을 의미하는 것이었다.

경기를 활성화시켜야 한다는 강박관념에서 닉슨은 갑자기 경제 정책을 바꾸었다. 즉, 그는 공화당의 자유방임주의 노선 대신에 민주당의 정부개입주의를 채택했던 것이다. 그는 이제 민주당 출신 대통령들처럼 정부지출을 통하여 경제를 활성화시키려고 하였다. 그는 케인즈주의자로서 자처하였다.

닉슨은 재정적자를 줄이기 위해 1971년 8월에 달러화 평가절하(devaluation)의 극약처방도 내놓았다. 그것은 달러화의 가치를 국제자본시장의 변동에 따라 바꾸기 위한 조치였다.

또한 그는 수입품에 대한 관세 부과, 일부 물품세의 폐지, 새로운 투자산업에 대한 세제 혜택을 추진하였는데, 이것은 모두 경제를 활성화시키려는 정부의 적극개입 조치였다.

그리고, 닉슨은 정부통제의 방법을 사용하여 인플레이션을 완화시키려고 하였다. 그래서 정부는 물가, 임금, 임대료를 90일간 동결시키고, 그 인상폭을 제한하였는데, 이것은 민주당 행정부의 통제정책을 따른 것이었다.

닉슨의 "대대적인 변신"은 외교정책에서도 나타났다. 1971년 6월에 닉슨은 오랫동안 미국이 적성국으로 비난해 왔던 중국을 방문할 것이라고 발표했던 것이다.

1972년의 선거와 닉슨의 남부전략

그 동안 민주당이 지배하는 의회는 진보적인(liberal) 정책을 계속 추진하였다. 의회는 투표 연령도 18세로 낮추고, 사회보장제에 따른 생활보조금과 무료식품권(food stamp)에 대한 예산도 늘였다. 그리고 근로자를 보호하기 위해 직장안전청도 설치하였다. 또한 의회는 환경론자들의 요구에 부응하여 공기정화법, 수질개선법, 자원재활용법을 통과시켰다.

닉슨 대통령은 이와 같은 의회의 진보적인 법안들에 대해 대부분 거부권을 행사하였다. 그렇지만, 민주당의 사회복지 정책을 완전히 거부할 수는 없었다.

닉슨은 자유방임주의자로서 1972년의 국가세입 분배(revenue sharing)를 통해 권력의 지방분권화를 시도하였다. 그것은 다 쓰이지 않고 되돌아온 연방자금을 주정부들이 알아서 사용하도록 한 조치로서, 연방 정부의 일부 권한을 주 정부와 지방 정부에 이관시키려는 지방분권화의 성격을 띠고 있었다. 그 때문에 그의 정책은 신연방주의(New Federalism)로 불리게 되었다.

그에 따라 닉슨 행정부의 정책에는 모순된 것이 많아지게 되었다. 재정적 측면에 있어서는 공화당의 균형예산 정책과 민주당의 재정적자 정책을 동시에 내세웠다. 그리고 평화를 약속하면서도 다른 한편에서는 베트남 전쟁을 캄보디아로 확대시켰다.

그럼에도 불구하고 닉슨은 1972년의 선거에서 승리하기 위해 공화당과 민주당의 차별성을 뚜렷이 부각시키려고 하였다. 그는 공화당을 미국적 가치를 구현하고 있는 법과 질서의 정당이라고 찬양하는 한편, 민주당을 비애국적이고 비도덕적인 정당이라고 비난하였다.

민주당은 범죄에 대한 관용적 태도, 범죄, 마약, 포르노, 히피적 생활방식, 학생 급진주의, 흑인 급진주의, 여성해방운동, 동성애, 가정파괴를 옹호하는 부도덕한 정당이라고 비판하였다.

선거에서 승리하기 위해 닉슨은 보수주의 세력을 결집시키려고 하였다. 그는 자신과 공화당의 지지기반은 조용한 다수(the silent majority), 다시 말해 교외 지역 백인, 육체노동자, 카톨릭 교도, 소수민족 중산층임을 부각시키려고 하였다.

그래서 그는 남부 보수세력을 끌어들이기 위한 남부전략(Southern Strategy)을 세웠다. 그것은 민주당을 진보적인 북부와 보수적인 남부로 분열시켜 남부 세력을 공화당 지지로 바꾸려는 전략이었다.

그러므로 닉슨 행정부는 남부 백인들의 지지를 얻기 위해 미시시피 주에서 학교에서의 흑백통합을 지연시키고, 1965년의 투표권법의 확대를 막았다. 그리고 베트남 전쟁 반대자들에 대한 기소를 강력히 추진하였다. 이러한 조치들은 보수적인 남부 백인들로부터 환영을 받았다.

닉슨의 남부전략은 대법원 판사 임명에서도 나타났다. 그는 대법원장으로 보수적인 워렌 버거(Warren Burger)를 임명하였다. 그리고 다른 2명의 대법원 판사도 남부인을 지명하였다. 그러나 상원은 두 사람의 임명에 대한 인준을 거부하였다.

결국 닉슨은 1972년에 3명의 보수주의자들을 대법원 판사로 임명하는 데 성공하였다. 그들은 해리 블래크먼, 루이스 파웰, 윌리엄 렌퀴스트였다.

그러나 이들은 나중에 반드시 닉슨이 원했던 대로 판결하지는 않았다. 낙태, 국방성 문서 공개, 사형선고, 도청, 그리고 흑백학생통합을 위한 통학버스 문제에 있어서는 닉슨의 정책과는 반대되게 판결하였던 것이다.

1972년 선거에서 가장 열띤 논쟁을 일으킨 문제의 하나는 흑백통합버스(busing) 문제에 대한 대법원의 진보적인 태도였다. 1971년에 대법원은 '스완 대 샬롯-멕클렌버그'(*Swann v. Charlotte-Mecklenberg*) 판결에서 흑백통합을 지지하였다. 그에 따라 노스캐롤라이나의 교육 기관들은 흑백 통합을 실현하기 위해 통학 버스를 도시의 곳곳으로 운행시키지 않을 수 없었다.

이 판결이 나오자, 남부는 맹렬히 항의하였다. 그러므로 닉슨은 남부 백인들을 달래기 위해, 의회에 대해 통합버스 운행을 일정 기간 유보하는 법안을 통과시켜 주도록 요구하였다. 그는 TV에 등장하여 통합버스의 운행만으로는 인종 차별 문제를 해결할 수 없다고 주장하였다. 이러한 닉슨의 태도는 남부 백인들로부터 지지를 받았다.

베트남 전쟁의 상황도 선거에서 닉슨에게 유리하게 바뀌었다. 실제로 미군은 베트남으로부터 철수하고 있었다. 선거가 2주도 남지 않은 10월 하순에, 헨리 키신저는 베트남 전쟁을 종식시킬 평화협정 체결이 임박했음을 발표하였는 데, 이것이 닉슨에게 표를 던지도록 하는 데 도움을 주었다.

1972년 11월의 선거에서 닉슨은 민주당의 진보파 조지 맥거번에 대해 크게 승리하였다. 선거에서는 전쟁 문제와 민권 문제로 민주당이 분열한 사실이 닉슨에게 유리하게 작용하였다. 남부전략도 맞아 떨어져, 닉슨은 민주당의 아성이었던 남부 심장부(Deep South)의 모든 주를 휩쓸었다.

그럼에도 불구하고 민주당은 흑인들, 유대인들, 저소득층의 지지를 받았기 때문에 의회를 계속 장악하게 되었다. 그에 따라 민주당은 상,하 양원에서 여전히 다수파로 남았다.

캄보디아 개입과 휴전협정

1969년초에 닉슨은 베트남 전쟁과 관련하여 '닉슨 독트린'을 발표하였다. 그것은 미국은 자립심을 가진 국가만을 돕는다는 원칙이었다. '닉슨 독트린'이 보여준 것은 미국은 더 이상 수많은 해외 문제에 모두 개입할 능력이 없다는 사실이었다. 그리고 미국이 반공주의적 세계질서를 유지하기 위해서는 각 지역의 우방국에 더욱 더 의존해야 할 필요가 있다는 사실이었다.

'닉슨 독트린'은 즉시 전쟁의 베트남화(Vietnamization)로 나타났다. 즉 그것은 미군이 맡았던 자리를 남베트남군에 맡기고 점진적으로 철수함을 의미하였다.

그러면서도 북베트남에 대한 공중폭격은 더욱 더 강화하였는데, 그것은 하노이 정부의 양보를 받아내기 위한 압력이었다.

폭격이 강화 되자, 미국 국내에서는 반전운동이 더욱더 거세졌다. 그리하여 1969년 10월에는 전쟁의 중지를 요구하는 시위가 전국적으로 벌어졌다. 11월 15일에는 워싱턴디시에서만 25만명이 넘는 군중이 시위를 벌였다.

그러나 닉슨의 태도는 단호하였다. 1970년 4월에 닉슨 대통령은 중립국인 캄보디아로 진격할 것임을 발표하였다. 캄보디아는 북베트남과 베트콩의 은신처일 뿐만 아니라 무기와 병력을 이동시키는 보급로였기 때문이다.

그러나 캄보디아로의 전쟁확대는 반전 시위를 더욱 더 격화시켰다. 오하이오주의 켄트 주립대학에서 국민방위군이 시위 진압하는 과정에서 4명이 사살된 사건을 계기로, 전국적인 학생들의 수업 거부가 뒤따랐다.

확전 반대운동은 의회에도 영향을 주어 상원은 1970년 6월에 통킹만 결의안을 폐기하였다. 여기에 덧붙여, 1971년 6월에는 <뉴욕 타임즈>지가 <국방부 백서>를 공개하는 사건이 일어났다. 닉슨은 이 문서의 게재를 금지하는 명령을 내렸으나, 대법원은 그 명령을 최소시켰다.

그러나 닉슨 대통령과 키신저 국무장관은 전쟁을 계속 확대하였다. 그들은 1972년 12월에 "크리스마스 폭격"으로 불리는 대대적인 폭격을 강행하였다.

그 동안 파리에서는 1968년에 시작된 평화협상이 아무런 성과없이 겉돌고 있었다. 그러므로 미국의 키신저는 직접 북베트남의 수석대표인 레둑토와 비밀리에 접촉하였다. 그리고 1973년 1월 27일에 휴전에 합의하였다.

그것은 미국의 양보를 토대로 이루어졌다. 휴전협정에 따르면, 미국은 60일 이내에 모든 미군을 철수하고, 베트남인들은 현재의 위치에서 전투를 중지하도록 되었다. 남베트남에서는 베트콩을 포함하는 좌우합작의 연립정부를 구성하도록 되었다.

이와 같은 결정에 대해 베트남의 공산주의자들과 미국내의 반전주의자들은 환영하였다.

미국은 남베트남에 소수의 고문관만을 남겨둔 채 병력을 철수시켰다. 그러면서도 남베트남에 대한 원조는 계속되었다. 그러나 남베트남측이나 북베트남측이나 모두 휴전협정을 위반했기 때문에 전면전이 다시 일어났다. 그 결과로 1975년 4월 29일에 남베트남 정부가 무너지고, 남베트남 영토는 북베트남 군에 의해 순식간에 점령되고 말았다. 뒤이어 캄보디아, 라오스에서도 공산정권이 들어섰다.

베트남에서는 반공 세력에 대한 무자비한 숙청이 진행되었다. 그 때문에 많은 피난민들이 고향으로부터 도망하였다. 그들은 작은 배를 타고 바다 위를 떠도는 선상 난민(boat people)이 되었다. 그들은 여러 나라에서 입국을 거절당하였다. 일부는 미국에 정착하게 되었지만, 반전주의자들로부터 냉대를 받았다.

베트남 전쟁으로 5만8천명이상의 미국인과 150만의 베트남인이 죽었다. 전쟁비용으로 미국은 적어도 1,700억 달러를 사용했다. 막대한 전쟁비용이 지출됨으로써 미국 안에서 사회간접시설 투자와 삶의 질 향상을 위한 투자가 이루어지지 못했다.

게다가 미국인들은 전쟁에 따른 후유증을 겪어야 했다. 그들은 인플레이션으로 고통받고, 빈민을 위한 사회개혁 프로그램이 중단되는 손해를 입어야 했다.

또한, 베트남 전쟁의 부정적 여파로 미국은 우방국들과도 마찰을 빚는가 하면, 제3세계 국가들과의 관계도 멀어졌다. 그러므로 전쟁이 끝나자 많은 미국인들은 전쟁의 재난을 잊어버리려고 하였다.

미국인들은 전쟁책임을 놓고 대립하였다. 주전론자들은 미국이 베트남에서 패배하게 된 것은 진보주의와 공산주의의 영향을 받은 국내의 언론이 미국 국민과 군인들의 싸울 의지를 억눌렀기 때문이라고 주장하였다. 그러므로 앞으로 미국의 대외정책은 '등 뒤에서 칼을 찌르는' 반역적인 언론기관들과 지식인들, 및 정치인들의 간섭과 제약으로부터 벗어나야 한다고 주장하였다.

그러나 반전론자들의 생각은 달랐다. 패배의 원인은 멋대로 전쟁을 수행할 수 있도록 만든 막강한 황제적 대통령직(imperial presidency)이나, 또는 통킹만 결의안을 채택함으로써 행정부에게 너무 많은 권력을 준

무기력한 의회에 있다고 비난하였다. 그리고 그들은 봉쇄(containment) 이론에 집착하여 소련과 공산주의를 견제하려는 행정부의 냉전 정책에 책임을 돌렸다.

제 11 장 한계와 불안의 1970년대

1. 워터게이트 사건과 권위의 붕괴

워터게이트 사건(1972)

베트남 전쟁을 수행하는 과정에서 닉슨 대통령은 1960년대의 신좌파 운동 과정에서 성장한 급진주의자들이 국가에 큰 위협이 되고 있음을 깨닫게 되었다.

그러므로 그러한 국가적 위기 상황에서 대통령이 담당해야 할 임무는 우선 새로운 세계 평화체제를 구축하는 것이라고 생각하였다. 그렇게 하기 위해서는 1972년의 대통령 선거에서 압도적으로 승리하는 것이라고 생각하게 되었다. 그러나 선거 기간에 일어난 워터게이트 사건으로 닉슨의 희망은 사라지고 말았다.

그 사건은 선거가 있기 5개월 전인 1972년 6월 7일, 워싱턴시에 있는 워터게이트 아파트-사무실 건물을 순찰하던 한 경비원의 보고로 시작되었다. 그 건물 6층에는 민주당 전국위원회가 세들어 있었다.

경비원은 저녁에 지하주차장과 건물을 연결시키는 두개의 문에 테이프가 붙여져 있는 것을 목격하고, 테이프를 제거하였다. 그러나 그가 삼십분 후에 다시 돌아왔을 때 테이프는 다시 붙여져 있었다.

그는 불법 침입이 있었다고 판단하고 재빨리 경찰에 신고하였다. 경찰은 새벽 2시 30분에 민주당 전국 위원회 사무실 전화기에 도청장치를 설치하고 있던 5명을 체포하였다. 이들은 카메라를 소지하고 있었고, 서류 화일을 들쳐보고 있었다.

체포된 사람들 가운데 한사람은 제임스 맥코드로서, 닉슨 대통령 재선위원회의 안보 담당 조정관이며, 전직 CIA요원이었다. 나머지 네 명은 마이애미에서 온 반(反) 카스트로 쿠바인들이었다.

경찰에게는 알려져 있지는 않았지만, 또 다른 두 명이 침입당시 불법적으로 그 건물에 있었다. 한 사람은 E.하워드 헌트로서, 닉슨 재선위원회의 안보담당관인 전직 CIA 요원이었다. 또 한사람은 G.고든 리디로서, 백악관 내부위원회의 위원으로 있던 전직 CIA요원이었다.

일반 국민의 관심은 다음과 같은 의문에 쏠렸다. 이들은 민주당의 사무실에서 무엇을 찾아내려고 했었는가? 이들은 전화를 도청하며 무엇을 얻으려 했는가? 그리고 과연 누가 이들의 침입을 명령하였는가? 하는 문제였다.

처음에 이 사건은 단순한 절도행위로 보였으나, 시간이 지나면서 점차 그것은 공명선거를 해치려는 음모의 하나로 생각되게 되었다.

백악관 연루 의혹과 '토요일의 대학살'

워터게이트 사건이 시작된 것은 백악관이 공화당의 닉슨을 다시 당선시키기 위해 대통령 재선위원회를 설치했던 1971년이었다. 그 때 이 기구와 관련하여 '연관공 팀'으로 불리는 조직이 구성되었다.

'연관공 팀'은 베트남 전쟁과 관련된 국방부 문서를 폭로한 대니얼 엘즈버그가 정신병자임을 증명하기 위해 그의 정신과 의사 사무실에 침입하여 병력기록을 찾으려했던 적이 있었다. 그런데 이번에 그 '연관공 팀'이 워터게이트 호텔의 민주당 전국위원회에 침입하여 서류들을 촬영하고 도청장치를 설치하게 된 것이다.
 피해자인 민주당은 대통령 재선위원회에 대하여 손해 배상을 위한 소송을 제기하고, 침입자들 대해서는 사적 권리 침해에 대한 소송을 제기하였다.
 이 사건을 닉슨 대통령이 미리 알고 있었다든가 승인을 해주었다는 증거는 없었다. 그런에도 불구하고 닉슨이 사건 은폐에 연루되어 있다는 의혹은 계속 커져만 갔다.
 워터게이트 불법침입자들이 체포되자, 백악관에서는 증거가 될 만한 서류들은 폐기되었다. E. 하워드 헌트의 이름은 백악관 전화번호부에서 삭제되었다. 백악관의 은폐 노력으로 이 사건은 거의 유권자들에게 알려지지 않았다.
 닉슨이 다시 대통령으로 취임한 1973년초에 존 씨리카 판사에 의해 재판이 진행되는 과정에서, 피고의 한 사람인 제임스 맥코드는 자기가 재선위원회와 백악관의 상급자로부터 지시를 받고 있었음을 은연중에 시인하였다.
 그에 따라 상원이 소집한 특별위원회에 백악관 보좌관들이 증인으로 소환되었다. 보좌관인 존 딘은 닉슨 대통령의 은폐 지휘 사실을 인정하고 말았다.
 또 다른 보좌관인 알렉산더 버터휠드는 백악관에 장치된 도청장치로 워터게이트에 대한 대화가 녹음되어 있음을 밝혔다.
 이와 같은 대통령 보좌관들의 진술은 전국을 충격 속으로 몰아 넣었다. 나중에 밝혀진 것이지만, 대통령 집무실에서의 모든 대화내용이 수록되는 백악관 녹음장치가 설치되어 있었던 것이다.
 닉슨은 아무것도 알지 못한다고 부인하였다. 그러면서도 그는 사건에 연루된 백악관 보좌관 존 엘리크먼과 핼더먼을 사임케 하였다.
 이러한 과정에서 닉슨은 법무장관을 엘리엇 리차드슨으로 바꾸었고, 신임 법무부 장관은 하바드 법과대학원의 아치볼드 콕스를 사건 특별검사로 임명하였다. 특별검사 콕스는 법원명령으로 백악관 녹음 테입의 제출을 요구하였다.

당황한 닉슨은 1973년 10월 20일에 법무장관과 특별검사를 모두 해임하였다. 이것이 '토요일 밤의 학살'이었고, 그것에 대해 국민들은 분노하였다. 뒤이어 리온 재워스키가 특별검사로 임명되었다. 그는 녹음 테입의 제출을 거부하는 닉슨 대통령을 법정에 불러세웠다.

제랄드 포드의 계승(1974)

닉슨 행정부는 또 다른 사건에 휩쓸리게 되었다. 그것은 스피로 애그뉴 부통령이 소득세 포탈과 뇌물수뢰 혐의로 사직하게 된 사건이었다. 닉슨 대통령은, 하원 소수파(공화당) 지도자인 제랄드 포드(Gerald R. Ford)를 부통령으로 임명하였다.

그러나 언론은 계속해서 워터게이트 사건을 물고 늘어졌다. 그 결과 백악관 보좌관들과 닉슨 대통령 재선위원회의 요원들이 재판에 회부되기 시작하였다.

그 과정에서 워싱턴포스트 지의 두 기자가 결정적인 역할을 하였다. 칼 번스틴과 로버트 우드워드는 닉슨과 그의 보좌관들에게 불리한 증거를 제공한 '은밀한 제보자'를 확보하였다.

닉슨은 녹음 테입을 내놓지 않으려고 안깐힘을 썼으나, 결국 1974년 4월말에 내놓지 않을 수 없었다. 그러나 그것은 편집된 것이었고, 공백이 너무 많았다. 그러므로 1974년 7월 24일에 대법원은 '미합중국 대 닉슨' 판결에서 만장일치로 완전한 녹음 테잎을 존 씨리카 판사에게 제출하도록 요구하였다.

상원 법사위원회는 텔레비전을 통해 전국적으로 중계된 청문회를 시작하였다. 며칠간 증언을 청취한 뒤 다섯가지 혐의를 두게 되었다. 그것은 증인들의 입을 막기 위해 뇌물을 제공하고 거짓말을 했다는 혐의하였다. 또한 그것은 증거물 제출을 거부함으로써 정의구현을 방해했다는 혐의였다.

그리고 그것은 의회의 녹음 테입 제출 요구를 거부했을 뿐만 아니라 중앙정보국(CIA), 연방수사국(FBI), 국세청(IRS)을 국민의 사생활과 자유로운 발언에 대한 헌법적 권리를 빼앗는 데 이용했다는 혐의였다.

의회는 다섯 가지 혐의 가운데서 세 가지 혐의를 근거로 대통령을 탄핵하기로 결의하였다.

닉슨 대통령은 구체적인 증거를 모두 제출하고 말았다. 8월에 들어서 대통령은 완전한 녹음 테입을 제출하였다. 그것은 워터게이트 호텔 침입 사건이 있은 지 수일 뒤에 닉슨 대통령이 FBI에 수사 중지를 명령했음을 확인해 주었다.

그러므로 닉슨 대통령에 대한 탄핵과 고발은 불가피한 것으로 보였다. 닉슨 자신도 탄핵될 것을 알고 있었기 때문에 나흘 뒤에 사임하고 말았다. 그는 1974년 8월 8일에 사임연설을 함으로써 미국 역사상 최초로 도중 하차한 대통령이 되었다.

워터게이트 사건으로 미국은 심각한 헌정상의 위기를 겪었다. 그러나 그것은 한 걸음 더 나아가 강력한 대통령직에 대한 환멸과 정부기관에 대한 부정적 시각을 더욱 더 부추겼다.

닉슨의 후임자로 부통령인 제랄드 포드가 대통령직을 이어받았다. 포드 대통령은 전 뉴욕 주지사였던 진보파 넬슨 록펠러(Nelson Rockfeller)를 부통령으로 선택하였다.

그러나 이같은 조치로 워터게이트 위기에 따른 깊은 상처를 감출 수는 없었다. 이미 미국 사회 전역에는 지도층과 권위기관에 대한 불신감과 냉소가 크게 확산되어 있었다.

대통령 권한의 약화

그러므로 포드가 대통령으로 재직하고 있는 동안에 대통령의 위신과 권한이 약화되고, 그 반대로 의회의 권한이 막강해질 수밖에 없었다. 미국 역사상 처음으로 대통령과 부통령이 선거에서 국민에 의해 직접 선출되지 못했기 때문에, 대통령의 권한은 더욱 더 약화되었다.

포드는 의회가 통과시킨 법안에 대해 거의 대부분 거부권을 행사하였다. 그렇지만, 그때마다 의회는 그것을 무시하고 다시 법안을 통과시켰다.

1930년대 뉴딜 정책 이후 민주당 행정부는 빈민층을 돕기 위한 복지국가를 건설한다는 명분 밑에서 국가 권력을 강화해 왔다. 복지 정책을 시행하기 위해서는 막대한 예산, 거대한 관료 조직, 막강한 권력집중이 필요했기 때문이다. 그렇게 해서 커진 대통령직은 "황제적 대통령직"(imperial presidency)이란 비난을 받게 되었다.

1930, 40년대에 루즈벨트 대통령은 외국과 행정협정을 체결하면서 한 번도 상원의 동의를 얻지 않았다. 그러므로 공화당의 보수파들은 루즈벨트 대통령을 가리켜 황제가 될 야심을 가졌던 고대 로마의 쥴리어스 씨저에 비유하고, 그의 중앙집권화 행위를 황제 지상주의(caesarism)의 표현이라고 비난하였던 것이다.

그러한 선례에 따라 1960년대에 존슨 대통령도 의회의 동의없이 미국을 월남전에 몰아 넣었다. 닉슨 대통령도 의회의 동의없이 캄보디아에 대한 비밀 폭격을 허용하였다.

그러므로 워터게이트 이후 대통령의 권력 남용을 막으려는 노력이 나타날 것은 당연하였다. 그리하여 의회는 1973년에 전쟁권한부여법을 통과시켰는 데, 이것은 대통령이 미국의 군대를 해외전쟁에 파견하기 위해서는 미리 의회와 협의해야 한다고 규정하였다. 그리고 의회의 특별한 지시가 없는 한, 60일 이후에 군대를 철수해야 한다고 규정하였다.

의회에 의한 대통령 권한의 제약은 1974년의 예산과 압류에 관한 통제법으로도 나타났다. 그것은 대통령이 연방자금을 압류하지 못하게 하였다.

또한 의회는 1966년의 정보자유법을 강화하기 위한 법을 제정하였는데, 선거전의 권모술수로 피해를 입은 시민을 보호하는 것이 목적이었다. 이 법은 정부문서에 대한 접근을 허용하는 동시에 정부가 정보 공개를 거부했을 경우에 대한 처벌을 규정하였다.

2. 에너지 위기와 경제적 쇠퇴

"한계의 시대"와 석유파동

전후 시대의 큰 특징이 되었던 미국의 낙관주의적인 국민성은 1970년에 들어오면서 경제적 쇠퇴로 심각한 타격을 받았다. 이제는 과연 풍요가 미국적 생활의 자연스러운 특징이 될 수 있는가 하는 의문을 불러 일으켰다.

여기에 덧붙여 미국은 과연 국제적인 문제에 대한 통제능력이 있는가 하는 의문을 불러 일으켰다. 이제 미국은 제한적인 기대감만을 가지고 제한된 결과에 만족하며 살아야 하는 "한계의 시대"(an era of limits)를 만난 듯이 보였다.

제2차세계대전 이후 거의 30년 동안, 미국의 경제적 번영은 세계인들의 부러움과 질시의 대상이었다. 미국은 전 세계 산업생산의 3분의 1을 차지하고, 세계무역을 지배하였다. 미국의 달러화는 세계에서 가장 강력한 화폐였고, 다른 나라들이 자국화폐의 건전성을 측정하는 척도이기도 하였다.

그러나 이와 같은 번영이 오래 지속되지 않을 수도 있다는 우려가 1960년대 후반부터 급속히 나타나게 되었다. 왜냐하면, 인플레이션이 심각해지고, 미국 제품은 일본, 서독 제품과의 경쟁에서 밀리기 시작했기 때문이다.

이처럼 흔들리는 미국 경제에 보다 더 직접적으로 타격을 준 것은 1973년 아랍 국가들의 석유수출 금지 조치였다. 해외 석유공급의 급작스런 중단은 너무나 큰 충격이었기 때문에, 그것은 "에너지 진주만 사건"으로 부를 정도였다.

다른 어느 나라보다도 미국 경제는 값싼 연료 사용을 전제로 하고 있었다. 그럼에도 불구하고 미국인들은 에너지 보존을 위한 노력을 별로 하지 않았다. 그들은 연료가 많이 드는 대형차를 몰고, 단열처리가 되지 않은 집에서 살았다. 그에 따라 미국의 경제는 더욱 더 중동과 아프리카로 부터의 석유 수입에 의존하게 되었고, 그 결과 1973년에는 필요한 석유의 3분의1을 수입해야할 정도가 되었다.

이와 같은 미국 경제의 약점을 파악한 석유수출국기구(OPEC)는 석유를 정치적 무기로 사용하려고 하였다. 그리하여 1973년에 석유생산국들은 이스라엘을 지지하는 국가들에 대한 원유 공급을 중단하는 동시에 원유가격을 크게 올렸다. 석유가격은 그후에 계속 뛰어 올라갔다.

석유 가격 인상은 인플레이션을 일으켜 1972-1974년 기간에 3.3퍼센트에서 11퍼센트로 크게 뛰도록 만들었다. 나아가 그것은 실업률을 높이고, 경제 성장을 크게 둔화시켰다.

그러나 다국적 석유회사들은 막대한 이득을 얻어 1973년에는 이윤이 70퍼센트로 뛰었다. 그 결과 석유회사들에 대한 대중의 분노가 커졌다.

에너지 위기에 대한 대책으로 의회는 에너지 절약을 위해 개솔린 배급제를 추진하고 연료세를 올렸다. 그리고 석유회사들의 막대한 이윤에 대해 세금을 부과하는 한편, 석탄 생산을 늘이도록 촉구하였다.

닉슨 행정부도 일요일에 개솔린 판매를 금지하고, 정부건물의 실내 온도를 낮추었다. 그리고 항공기 운행을 10퍼센트 감축시키고, 핵발전소의 건설을 앞당겼다.

산업의 쇠퇴와 노동조합의 과도한 요구

에너지 위기로 가장 큰 타격을 받은 산업은 자동차였다. 왜냐하면, 소비자들이 연료면에서 효율적인 외국의 소형차를 구매함에 됨에 따라, 휘발유 소비가 많은 미국 자동차의 판매가 급격히 줄었기 때문이다.

그러므로 1974년 1/4분기의 이윤은 GM이 85퍼센트, 포드는 66퍼센트, 크라이슬러는 98퍼센트로 크게 떨어졌다. 그에 따라 디트로이트의 제네럴모터스는 3만 8천명의 노동자들을 기한없이 해고하고, 4만 8천 명에게 한 번에 10일 정도의 휴가를 주었다.

자동차 산업의 침체는 즉각 다른 산업부문에 파급되었다. 자동차의 판매가 부진하자 철, 유리, 고무, 판형, 틀 제품이 팔리지 않았다. 그에 따라 공장들은 노동자의 신규 채용을 중지했을 뿐 아니라, 오랜 경력을 가진 숙련공들까지 해고하기 시작하였다. 이것은 매년 수백만명씩 노동시장에 뛰어 들어야 하는 베이비 붐세대(baby boomers)에게 큰 타격이었다.

사태는 탈산업화(deindustrialization) 현상, 다시 말해 전통적인 '굴뚝 산업'의 쇠퇴로 더욱 더 악화되었다. 그에 따라 영스타운과 핏츠버그의 제철공장들은 휴업 상태에 들어가고, 디트로이트의 자동차 공장 주차장에는 잡초만 무성해졌다.

이같이 중공업이 붕괴하자, 해고된 노동자들은 패스트후드 식당, 주유소, 편의점 같은 곳에서 일자리를 찾았다. 일자리를 찾았다 하더라도 임금은 절반으로 떨어졌다. 일자리를 계속 가지고 있는 노동자라 할지라도 중산층으로서의 자신들의 생활수준이 낮아져 가고 있음을 느끼고 있었다.

이처럼 미국 경제가 어려워진 데는 그동안 천천히 나타나고 있던 생산성의 둔화 추세도 중요하게 작용하였다. 1947 – 1965년 기간에 미국의 산업생산력은 연간 평균 3.3퍼센트의 증가를 보였다.

그렇지만, 그 이후로는 계속 떨어져 1966 – 1970년 기간에는 1.5퍼센트, 1971 – 1975년 기간에는 1.4퍼센트, 1976 – 1980년 기간에는 0.2퍼센트의 증가밖에 이루지 못하였다.

생산성이 떨어지게 된 데는 노동자들 속에서 근로윤리(work ethic)가 쇠퇴한 사실이 중요하게 작용하였다. 그리고 기업들이 기술개발에 제대로 투자하지 않고, 경제가 산업경제로부터 서비스 경제로 옮겨간 사실도 작용하였다.

이유야 어떠하든 간에, 결과는 미국상품의 가격이 외국의 상품가격보다 높아져 잘 팔리지 않게 되었다는 것이다.

이와는 반대로 1970년대에 일본의 생산성은 자동화(automation)의 확대로 미국보다 4배 정도의 성장을 보였다. 예를 들면, 1979년에 도요다 회사는 생산노동자 1명당 50대의 자동차를 생산하였는데, 이것은 미국의 5배에 해당하는 것이었다.

그런데도 미국 노동자들의 임금인상 요구는 줄어들지 않았다. 그에 따라 임금 상승율이 생산증가율을 앞질렀다. 일단 올라간 임금은 시장의 변동과는 상관없이 다시 떨어지지 않았다.

그러므로 경영자들은 노사협약에 대해 불만이었다. 특히 생계비 상승에 따라 자동적으로 임금을 인상하도록 묶어 놓은 임금연동제(COLAS)에 대해 불만이었다.

규제정책과 복지정책의 한계

뉴딜 이후 경기침체가 있을 때마다 정부는, 특히 민주당 행정부는 케인즈의 '신케인즈주의'의 개입주의 노선에 따라 문제를 해결하려고 하였다. 즉, 정부는 정부개입을 통해 취업률을 높이고 인플레이션을 억제하려고 하였던 것이다.

　이러한 정부개입 정책은 민주당의 정책이었지만, 닉슨에게서 보는 것처럼 공화당도 채택하는 경우가 많았다.

　정부개입주의 정책은 침체된 경제를 활성화시키기 위해 연방정부가 지출을 늘이고, 통화량을 늘이고, 이자율을 낮추는 것이었다. 거꾸로 경기가 과열될 경우에는 이와 반대로 나갔다. 즉, 정부는 실업과 인플레이션의 두 가지 문제 가운데서 한 가지를 희생으로하여 다른 하나를 해결하려고 하였던 것이다.

　그러나 1970년대부터 정부는 어느 한 가지 문제도 해결할 수 없는 곤란한 지경에 빠졌다. 왜냐하면, 실업률 상승과 물가상승이 동시에 일어나는, 다시 말해 경기침체와 인플레이션이 동시에 일어나는 '스태그플레이션'(stagflation)이 나타났기 때문이다.

　1974년의 경우가 그러한 현상을 잘 보여 주었다. 그해에 경기침체가 일어나면서 인플레이션이 일어났다. 그러나 정부는 인플레이션이 더 악화될 것을 우려하여 실업자를 줄이기 위한 대대적인 정부지출 정책을 시행하지 못했던 것이다.

　이처럼 인플레이션이 심해진 데는 신용대출이 쉬워진 사실도 작용하였다. 1975–76년 기간에 대출액은 3배 이상 늘었다. 신용카드를 통해 대출이 손쉽게 이루어지자 대중의 구매열기가 높아졌고, 그것이 물가를 부추겼던 것이다.

　사람들이 신용대출을 많이 받으려고 했던 것은 정부가 이자 지불 비용에 대해 세금공제 혜택을 주었기 때문이었다. 이자 상승율이 인플레이션 상승율보다 낮았기 때문에 사람들은 자신의 상환능력을 넘게 돈을 빌려 물건을 사려고 하였다.

　예를 들면, 농민들은 돈을 빌려 농토와 기계를 구매함으로써 농가 채무액은 1971–1980년 기간에 545억에서 1,658억으로 거의 3배가 늘었다. 그 때문에 파산 지경에 빠진 농민도 크게 늘었다.

경제 위기를 가져 온 데는 정부의 기업 규제정책도 작용하였다. 연방정부는 진보적인 환경주의자들의 요구에 부응하기 위하여 보건, 안전, 공해방지와 관련하여 기업들을 엄격히 규제하게 되었는데, 이것에 따른 추가비용이 미국 제품을 외국 제품에 비해 비싸게 만들었던 것이다.

그러므로 기업가들은 의욕을 떨어 뜨리는 환경청(EPA), 직장안전위생청(OSHA)과 같은 규제기구의 해체를 요구하였다.

경기침체의 또 다른 원인으로는 연방정부의 대대적인 복지지출이었다. 뉴딜 이후 진보주의를 내세우는 민주당 행정부들은 경기침체를 치유하고 빈민을 돕기 위해 정부지출을 늘여왔는데, 그것이 국가채무를 계속 불어나게 만드는 원인이 되었다는 것이다.

그러므로 공화당 행정부들은 자유방임주의와 '작은 정부'의 입장에서 정부 지출 증가의 추세를 뒤집어 보려고 하였으나, 선거 때 유권자들의 반발을 우려하여 결국은 계승할 수밖에 없었다.

복지정책을 통한 국가채무의 증가는 1960년대 존슨의 민주당 행정부에 이르러 문제점의 심각성을 드러내기 시작하였다. 당시 정부는 '빈곤에 대한 전쟁'과 베트남 전쟁을 동시에 수행하기 위해 정부 예산을 크게 늘였고, 그 결과 막대한 빚을 지게 되었다. 그것은 막대한 이자 지불로 이끌었고, 그 결과로 이자률을 올리고 인플레이션을 부추기게 되었다.

그러므로 케인즈 이론에 따라 정부지출을 통해 경기를 활성화시키려는 연방정부의 노력은 '스태그플레이션'의 초래로 끝나고 말았다. 그에 따라 뉴딜에서 '위대한 사회'에 이르는 민주당의 진보주의적인 경제 정책은 실패한 듯이 보였다.

닉슨과 포드 행정부의 방황

공화당의 리차드 닉슨 대통령은 존슨의 민주당 행정부로부터 물려받은 경제가 생각보다 더 심각한 문제를 가지고 있음을 알게 되었다. 그러므로 취임 며칠 후, 닉슨은 공화당 출신 대통령답게 정부 지출을 줄여 작은 정부를 만들려는 일에 착수하였다.

그러나 인플레이션은 더 심해져, 생활비는 닉슨이 대통령에 취임한지 2년반만인 1971년에 15퍼센트의 상승을 보였다. 그리고 미국은 거의 80년 만에 무역적자를 기록하였다.

이제 미국은 인플레이션이 극심한 데노 경제성장은 일어나지 않는, 바꾸어 말해 물가는 오르면서도 경기는 침체되는 스태그플레이션을 맞게 되었던 것이다. 그것은 자본주의 경제의 최악의 현상들이 동시에 나타난 현상이었다.

인플레이션률이 1970년에 5.9퍼센트에 이르자, 닉슨 대통령은 연방정부 지출을 억제하고 신용대출을 줄였다. 그렇게 되자, 주식 가격이 떨어지고 경기가 침체되면서 펜센트랄 철도회사가 파산하였다.

당황한 닉슨 행정부는 1971년 여름에 경기를 부양하기 위해 달러화의 평가 절하를 단행하였다. 그것은 세계시장에서 달러화의 가치를 떨어뜨림으로써 일시적으로 수출을 촉진하는 효과를 가져왔다. 그렇지만, 미국이 해외에서 원자재를 구입하는 데 더 많은 돈을 지불하게 되는 불리함도 가져 왔다.

그러므로 1971년 8월에 닉슨은 공화당의 '작은 정부'에 대한 집착으로부터 벗어나려는 대담한 정책을 발표하였다. 즉, 그는 자유방임주의자의 입자에서 개입주의자로 입장을 바꾸었던 것이다.

그는 대통령이 모든 임금과 가격을 현재 상태로 90일간 동결시킬 수 있도록 법을 제정하였다. 그리고 연방정부가 임금과 물가의 인상을 규제할 수 있도록 지침을 마련하였다.

그러한 조치로 인플레이션은 일시적으로나마 둔화되기는 하였지만, 경기침체는 사라지지 않았다.

1972년의 선거가 가까와 오면서 공화당 행정부의 정책은 한 번 더 바뀌었다. 선거에서는 인플레이숀 보다 경기침체가 더 큰 악재로 작용할 것으로 예상되었기 때문에, 민주당의 방식인 경기부양책을 쓰려고 했던 것이다. 그래서 닉슨은 이자율을 크게 낮추고, 정부지출을 크게 늘였다.

닉슨의 전략은 성공하여 공화당은 선거에서 승리하였다. 그렇지만, 미국은 제2차세계대전 이래로 가장 규모가 큰 재정적자를 기록하게 되었다. 이것은 경제의 큰 위험 요소가 되었다.

그러므로 다시 닉슨은 정부지출 삭감과 자유방임의 정책으로 되돌아가지 않을 수 없었다. 그에 따라 임금과 물가에 대한 연방정부의 규제가 풀렸다.

그러나 석유수출국기구(OPEC)의 원유가격 인상이 겹치면서, 인플레이션은 12퍼센트까지 치솟았다. 달러화의 가치는 계속 떨어졌고, 그에 따라 미국의 무역은 계속 줄어들었다.

이처럼 닉슨 행정부가 경제정책의 수행에서 갈팡질팡했던 사실은 당시 미국 국민이 가지고 있었던 인식의 혼란을 잘 표현하고 있었다. 그 당시 정부는 물론 국민도 국가의 장래 보다는 모두 눈앞의 문제에 대한 단기적 해결책에 관심이 있었던 것이다.

닉슨 행정부의 방황은 그 뒤의 포드와 카터 두 행정부에서도 계속되었다.

제랄드 포드가 대통령이 된 1974년에 인플레이션은 석유수출국기구의 석유가격 인상으로 11퍼센트까지 뛰어 올랐다. 포드 행정부는 국민의 연료 절약을 촉구하는 동시에, 인플레이션 퇴치 계획(WIN)계획을 세웠다. 그러나 정부의 정책은 아무런 효과가 없어 보였다.

그렇게 되자 이번에 포드는 임금과 가격에 대한 통제정책 대신, 자유방임의 방법에 호소하였다. 그에 따라 연방정부의 지출을 줄이고 신용대출을 억제하고 이자율과 세율을 높임으로써 인플레이션을 억제하려고 하였다.

이것은 1974년과 1975년에 40년만에 보는 최악의 경기침체를 가져 왔다. 생산은 10퍼센트이상 줄어들고, 실업률은 8.5퍼센트로 뛰어 올랐다.

1977년에 연방 정부 적자는 600억 달러라는 기록적인 숫자에 도달하였다.
　문제의 핵심은 여전히 에너지 위기에 있었다. 그렇지만, 포드 행정부는 미봉책만을 강구했던 것이다.

반핵 운동과 도시재정의 파탄

　에너지 위기로 원자력 발전소에 대한 관심이 커졌다. 원자력의 옹호자들은 미국이 에너지 부문에서 자립하기 위해서는 더욱 더 핵 에너지에 의존해야 한다고 주장하였다.
　그러나 방향 전환은 쉽지 않았다. 왜냐하면, 핵 사고의 위험이 너무 크고 핵 폐기물 저장 방법이 안전하지 않다는 이유로 환경운동가들이 완강히 반대했기 때문이다.
　뒤이어 일어난 원자로 사고로, 환경운동가들과 진보주의자들의 입장은 더욱 더 유리해졌다. 1975년 3월에는 세계 최대의 원자로의 하나가 있는 앨라배마 주 브라운스페리에서 사고가 일어났다. 그리고 1979년 3월에는 펜실배니아 주 쓰리마일 아일랜드의 원자력 발전소에서도 사고가 일어났다. 방사능의 유출의 위험이 있었기 때문에 수십만 주민이 피신하였다.
　그때까지 96대의 원자로가 전국에 건설 중이었고, 30대 이상이 주문되어 있는 상태였다. 그러나 이들 사고로 더 이상의 공사 진행이 쉽지 않게 되었다.
　미국 사회의 또 다른 위기는 도시들의 재정적 파탄이었다. 그것은 에너지 위기, 스태그플레이션, 산업체와 중간계층의 지방으로의 이전에 겹쳐 나타난 결과였다.
　문제는 1975년 11월에 뉴욕시가 봉급과 채권을 지불하지 못하면서 드러나기 시작하였다. 그 때문에 상하원 재정위원회는 뉴욕 시를 구출하기 위한 대출 보증을 승인하였다. 포드 대통령은 완강히 반대하였지만, 결국은 승복하고 말았다.

재정적 어려움은 뉴욕시만에 있었던 것이 아니었다. 추운 냉한대(Frost-belt)의 동부와 북부에 재정적 곤경에 빠진 도시들이 많았다. 1978년 12월에는 클리브랜드가 파산하였다.

이와 같은 도시들의 재정 파탄은 사회보장 혜택을 받는 사람들이 계속 늘어나고 있는 것과는 반대로, 탈산업화와 납세자 수효 감소로 세수입이 줄었기 때문이었다.

3. 제3세계의 좌경화 문제

키신저 전략과 1973년의 중동전쟁

닉슨과 키신저는 베트남 전쟁과 같은 제3세계 문제 보다는 미-소 관계에 더 큰 관심을 가지고 있었다. 즉, 그들은 강대국들의 관계를 더 중요하게 생각하였다.

그럼에도 불구하고 그들은 제3세계 문제를 등한시할 수 없었다. 왜냐하면 제3세계는 미국이 천연자원과 상품을 확보하고 소련과의 우호관계(detente)를 유지하는 데도 중요했기 때문이다.

우선 미국은 제3세계에서 혁명과 그에 따른 사회불안을 막아야 했다. 왜냐하면 제3세계의 혼란 배후에는 소련과 공산주의의 음모가 있었기 때문이다.

또한 미국은 UN과 같은 국제기구에서도 제3세계 국가들의 도전에 응전해야 했다. 그리고 베트남 전쟁과 같은 제한전쟁(limited war)의 직접적인 도전에 대해서도 응전해야 했다. 그러한 응전은 모두 소련의 직접 대립으로 이끌 위험이 있는 것들이었다.

그러나 이와 같은 닉슨-키신저의 '거대 전략'은 잘 통하지 않았다. 예를 들면, 1967년에 중동에서는 미국 무기를 사용하는 이스라엘과 소련 무기를 사용하는 이집트-시리아 사이에 6일전쟁이 일어났지만, 미국은 그것을 막을 수 없었다.

이 전쟁에서 이스라엘은 시리아로부터 요르단강 서안지역과 고대 예루살렘시와 골란고원을 빼앗고, 이집트로부터는 시나이반도를 빼앗았다. 이것은 아랍국가들을 크게 분개시킴으로써 미국의 입장을 어렵게 하였다.

중동 사태의 핵심에는 팔레스타인 문제가 있었다. 이것은 1948년에 이스라엘이 국가로 탄생하는 과정에서 팔레스타인의 아랍인들이 쫓겨남으로써 발생한 문제였다. 아랍 피난민들은 팔레스타인 해방기구(PLO)를 조직하고, 유태인을 공격한다든가 서방 항공기를 납치함으로써 국제 여론을 불러 일으키려고 하였다.

그들은 1972년의 서독 뮌헨 올림픽에서 이스라엘 선수들을 살해하기도 하였다. 그에 대한 보복으로 이스라엘은 PLO 지도자들을 암살하였다.

1973년 10월에 제2차 중동전쟁이 일어났다. 그것은 이집트와 시리아가 '6일 전쟁'에서 빼앗긴 영토를 찾기 위해 이스라엘을 공격함으로 시작되었다. 미국과 소련은 '데탕트'의 관계에 있었음에도 불구하고, 제각기 이스라엘과 이집트를 지원하는 대립관계를 보였다.

특히 아랍 국가들은, 미국이 이스라엘을 지원하는 데 대한 보복으로 석유수출국기구(OPEC)를 움직여, 미국과 그 우방국들에 대한 원유수출을 금지하였다. 그 결과로 석유가격이 크게 올랐다. 그에 따라 서방 석유 수입국들은 에너지 위기에 부딪히고, 그들의 경제는 큰 타격을 입게 되었다.

따라서 닉슨 행정부에게는 미국에 대한 아랍인들의 적대감을 가라앉히는 것이 시급하였다. 그러므로 키신저는 이스라엘과 아랍국들 사이의 휴전협정을 주선하기 위하여 양 쪽의 수도를 오가는 "왕래 외교"(shuttle diplomacy)를 펼쳤다. 그리고 1975년에 이집트와 이스라엘을 설득하여 시나이반도에 UN 평화유지군을 주둔시킴으로써, 일시적인 평화를 가져 오게 하였다.

그럼에도 불구하고 문제가 해결된 것은 아니었다. 휴전협정을 계기로 이집트가 미국에 더욱 더 가까워진 것은 다행이었지만, 그 때문에 미국은 제3세계를 둘러싼 문제에서 소련의 도전을 더욱 더 강하게 받게 되었다.

칠레 사태와 앙골라 사태

라틴아메리카에서 닉슨 대통령은 좌파 정부의 출현을 막으려는 존슨 대통령의 개입주의(interventionist) 정책을 계속 추진하였다. 존슨 행정부는 이미 1965년에 도미니카 공화국에 좌파 정부가 들어서지 못하도록 2만명의 미군을 파견했던 것이다.

1970년에 칠레에서 마르크스주의자인 아옌데가 대통령에 당선되자, 닉슨행정부는 1973년에 군부 쿠데타를 부추겨 아옌데를 처형하고 새로운 친미정부를 출범시켰다.

그러나 아프리카에서는 닉슨과 키신저의 개입정책이 잘 먹혀 들어가지 않았다. 포르투갈 식민지 앙골라에서 독립운동이 일어나자, 미국은 포르투갈을 지지하였다. 그러나 앙골라는 1975년에 독립하고 말았다.

그러나 뒤이어 일어난 내전(civil war)에서 소련은 좌파를 지지하고, 미국과 남아프리카 공화국은 우파를 지원하였다. 닉슨 행정부의 우파 지원은 비밀리에 이루어진 것이었다. 그 때문에 지원 사실이 드러나자, 민주당 우세의 의회로부터 견제를 당했다. 그 때문에 앙골라 내전은 친소적인 좌파의 승리로 끝나게 되었다.

앙골라 사태로 미국은 "아프리카의 좌경화"를 우려하게 되었다. 따라서 미국은 친미적인 흑인 국가들과 경제적 관계를 강화하고, 그들에게 무기를 제공하였다. 그에 따라 흑인차별이 심한 백인정권의 로데지아(짐바부웨)와 남아프리카 공화국과는 거리를 두지 않을 수 없었다.

해외 간섭과 다국적 기업

미국은 그 경제체제를 유지하기 위해서는 해외문제들에 대해 개입할 수 밖에 없었다. 왜냐하면 미국은 아연, 주석, 마그네슘과 같은 전략적인 자원을 수입해야 했기 때문이다. 게다가 미국의 해외투자도 1970년대 중반에 오면 1,330억 달러에 이를 정도로 비중이 컸다.

미국 경제에서 해외 부문이 중요한 위치를 차지하고 있음을 상징적으로 보여준 것이 엑산, 제네랄모터즈 같은 다국적 기업(multinational corporations)이었다. 다국적 기업들은 미국에 본사를 두고 여러 나라에 자리잡고 있으면서, 해외로부터 이윤을 들여오고 미국 문화를 수출하였다.

그러나 다국적 기업은 많은 비판을 불러 일으켰다. 미국의 노동자들은 세계적인 다국적 기업들이 자신들의 일자리를 없애고 있다고 항의하였다. 왜냐하면 그것들은 값싼 노동력을 확보하기 위해 해외에 공장을 건설했기 때문이다.

제3세계의 지식인들은 다국적 기업이 자기들의 천연자원을 약탈해가고 정치를 부패하게 한다고 비판하였다. 예를 들면, 국제전화전신 회사는 칠레에서 아옌데 대통령을 무너뜨리려고 획책하였고, 록히드 항공사는 판매를 신장시키기 위해 외국 지도자들을 매수하였다.

그러므로 제3세계 국가들은 다국적 기업을 규제하기 위해 내국인이 주식의 일정 비율을 소유하도록 요구하였다. 예를 들어, 인도는 주식의 절반 이상을 인도인이 소유하도록 제한하였다. 다국적 기업을 국유화하는 국가들도 있었다.

그러나 미국은 다국적 기업의 모험적인 사업(ventures)이 개발도상국의 경제를 발전시킬 것이라고 주장하였다. 다국적 기업은 무질서한 세계경제를 합리화하는 데 도움이 될 뿐만 아니라, 현지의 국영기업체보다 훨씬 더 합리적인 경영으로 소비자에게 많은 혜택을 주고 있다고 주장하였다.

이와 같은 논란에도 불구하고, 제3세계 국가들, 특히 지구 남반구의 가난한 나라들은 선진국들과의 관계를 끊지 못하였다. 그들은 선진국들로부터 낮은 이율로 차관을 얻고, 낮은 가격으로 기술과 제품을 수입하려고 하였다. 그리고 자기 나라 공산품을 선진국으로 수출하려고 하였다.

1974년에 UN은 이러한 가난한 나라들의 요구를 수용할 새로운 국제경제질서를 수립해 보려고 하였다. 그러나 지구 북반구 선진공업국들이 반대하였다. 그러므로 남반구 개발도상국들은 가뭄, 기근, 높은 출생율, 인구팽창으로 굶주림의 상태로부터 벗어날 기회조차 갖지 못하였다.

제 12 장 좌절과 위축의 시기 (1977 - 1980)

1. 카터 행정부의 무능

1976년 선거와 민주당의 집권

　1976년의 대통령선거가 가까워오자, 포드의 정책은 우파와 좌파 모두로부터 공격을 받기 시작하였다. 보수파는 포드가 공산주의자들에게 대해 유화적이라는 이유로 공격하였다. 포드는 인기가 없었지만, 현직 대통령이라는 유리점 때문에 공화당 후보로 지명되었다.

　민주당 예비선거에서는 많은 후보들이 난립하였지만, 결국 후보직은 조지아 주지사 지미 카터(James Carter)에게 갔다. 카터는, "나는 결코 거짓말을 하지 않을 것이다"라는 말로 정직성과 도덕성을 강조하였는데, 이것은 워터게이트 사건을 둘러싼 은폐와 부패에 대해 환멸을 느낀 시대적 분위기에 호소하기 위한 말이었다.

　카터는 해군사관학교 출신으로서 핵잠수함에서 근무한 적이 있었다. 제대한 뒤 고향 조지아로 돌아와, 그는 아버지의 뒤를 이어 땅콩농장주가 되었다. 그리고 정치가로 나서 조지아 주지사가 되었다. 그는 빈민,노인, 유색인종, 노동자, 농민의 이익을 대변하는 진보주의자로 자처하였다. 그 때문에 북부의 진보파, 흑인, 노동조합 및 정치 보스들의 지지를 얻게 되었다. 그리고 그는 국제문제에 있어서 인권주의, 군비축소, 불간섭주의를 강조하였다.

카터는 중앙의 정치 무대에는 거의 알려지지 않은 인물이었다. 그는 자신을 소박하고 가정적인 농부, 즉 보통 사람(common man)으로서 부각시키는 데 성공함으로써 대통령으로 당선되었다.

1976년의 선거는 계급적, 인종적 대립을 뚜렷이 부각된 선거였다. 민주당의 카터는 흑인과 멕시코계 표의 90퍼센트를 획득하였다. 공화당의 포드 후보에 대한 지지는 중간계급과 중상위 계급에서 높았다. 그러므로 선거 결과는 국민을 유산자와 무산자로 나누어 놓았다. 그리고 빈민정당으로서의 민주당과 중산계급 정당으로서의 공화당의 구분이 뚜렷해졌다.

카터는 혼돈과 난관의 시기에 취임하였다. 이같은 불리한 상황에서는 어떤 지도자가 나타나더라도 국민의 지지를 얻어내기가 어려웠을 것이다. 그럼에도 불구하고 카터의 영도력 부족은 더욱 더 상황을 악화시켰다. 그는 정부가 가야할 방향이나 전체적인 비젼을 전혀 제시하지 못한 채 방황하였다. 백악관의 어느 참모 말대로 그는 "정열없는 대통령"이었다.

또한 그는 대통령이면서도 워싱턴의 외톨이(outsider)였다. 그는 소외된 지역인 남부 출신으로서 워싱톤의 중앙 정치 무대에서 활동한 경험이 없었다. 해군사관학교 출신인 그는 학맥에 토대를 둔 인적 조직의 지원이 없는 외로운 이방인이었다.

그러므로 그는 중앙정부의 각료와 관리들에 대항하여 '보통 사람'을 대변하는 민중주의자(populist)로 자처하게 되었다. 그 때문에 그는 워싱톤 정가 사람들보다는 조지아 시절의 친구들을 등용하였다.

카터 행정부의 방향

카터는 위기에 놓인 경제를 살리려고 하였지만, 결국 닉슨이나 포드처럼 자유방임주의 정책과 개입주의 정책 가운데서 갈팡질팡하였다. 전임자들의 그것과 순서가 바뀌었다는 점이 다를 뿐이었다.

우선 카터는 민주당의 전통적인 노선에 따라 케인스 경세학의 징부통제 정책을 시행하였다. 그는 실업자를 줄이기 위해 공공사업과 공공서비스 부문에 대한 정부 투자를 늘였다. 그 결과로 1976 - 1978년 기간에 실업률은 8퍼센트에서 5퍼센트 수준으로 낮아졌다.

그러나 인플레이션이 심해지자, 카터는 방향을 완전히 바꾸어 긴축재정과 억제의 정책을 채택하였다. 그리고 보수적인 경제 전문가들을 연방준비위원회 위원으로 임명함으로써 통화량을 줄이고 이자율을 높였다. 그 결과로 이자율은 1980년에 미국 역사상 최고 수준인 20퍼센트 이상까지 올라갔다.

그런데도 경제는 나아지지 않았다. 실업률은 7.5퍼센트, 인플레이션은 12 - 13퍼센트까지 올라 갔다. 스태그플레이션을 못 벗어난 것이다.

게다가 1979년 여름에 석유수출국기구(OPEC)가 2차로 에너지가격을 인상함으로써 경제는 더욱 더 긴박한 상황에 놓이게 되었다. 석유 가격은 거의 2배로 뛰어 올랐고, 품귀 현상으로 미국인들은 주유소에서 장사진을 칠 수 밖에 없었다. 그 해 인플레이션은 13.4퍼센트의 최고 순준에 이르렀다.

카터는 석유 수입에 대한 의존도를 낮추기 위해 거창한 합성 에너지 산업의 창업을 선언하였다. 그러나 그것은 시작부터 국민을 분노케 하였다. 왜냐하면 카터의 연설은 위기에 대한 책임을 국민 전체에게 돌리는 인상을 주었기 때문이다.

당시 미국의 경제적 곤경은 크라이슬러 자동차 회사가 1979년 상반기에 4억 6천 6백만 달러의 손실을 본 사실에서 잘 나타났다. 카터 행정부는 그 회사를 구출하려고 하였고, 의회도 그것에 호응하여 1980년초에 조건부로 15억 달러의 대출 보증을 허가하였다. 그에 대한 보답으로 크라이슬러사는 임금을 삭감했다. 주정부와 지방정부도 추가로 재정지원을 해주었다.

인기가 없었음에도 불구하고 카터는 사회 문제에 있어서는 진보주의적인 업적을 많이 남겼다. 카터 행정부는 과거 그 어느 행정부 보다도 많은 흑인, 히스패닉계, 여성을 공직에 임명하였다. 또한 빈민과 노인의 난방연료 구입을 위해 정부 보조금을 주었다.

그리고 베트남 전쟁 당시 징집을 거부하고 해외로 망명했던 젊은이들을 사면하였다. 그러나 이것은 병역 기피자들의 비애국적인 행동을 정부가 정당화해주었다는 이유로 큰 반발을 샀다.

카터는 에너지 파동으로 부터 기업이 얻은 막대한 이윤에 대해 과다이윤세(windfall profits tax)를 부과함으로써 에너지 위기의 사회적 충격을 줄이려고 하였다.

또한, 카터 행정부는 환경보전에도 관심을 가져, 화학 폐기물 정화에 16억 달러의 예산을 지출하였다. 그리고 알래스카의 넓은 땅을 연방정부의 보호 밑에 두기 위해 국립공원, 국유 산림지대, 야생동물 서식처로 지정하였다.

대통령 권위의 실추와 권한의 약화

이와 같은 업적에도 불구하고, 카터는 처음부터 인기가 없었다. 그는 취임식 직후 펜실배니아 가를 걸어 백악관까지 행진함으로써 평민 대통령으로서의 상을 부각시키려 하였다. 그리고 수행 비서에게 맡기던 대통령의 가방을 자신이 직접 들고 다니는 서민으로 부각시키려고도 하였다.

그럼에도 불구하고 그는 대통령으로서는 너무 연약한 모습을 보였기 때문에 실제로 대중과 가까워지지 못하였다.

제12장 좌절과 위축의 시기 (1977-1980) 183

또한 그는 의회 지도자들과도 원만한 관계를 유지하지 못했다. 뿐만 아니라, 민주당의 전통적인 지지세력인 노총(AFL-CIO)과도 친밀한 관계도 유지하지 못하였다. 한마디로, 카터는 그의 임기 내내 중앙 무대에 끼지 못한 외톨이로 남았던 것이다.

카터는 경제위기로부터 벗어나기 위해 일시적으로 공화당의 자유방임주의 정책을 채택하기도 하였다. 그래서 그는 임금과 가격에 대한 정부 통제를 풀고, 개솔린 배급제 대신 에너지 자율화 정책을 시행하였다. 이것은 뉴딜 진보주의의 정부개입주의 전통을 거부하는 것이었기 때문에 민주당 의원들의 분노를 샀다.

카터가 이처럼 공화당의 자유방임적 정책을 받아 들이게 된 것은, 인플레이숀이 경기침체나 실업 보다 국가의 건전성을 더 해친다고 보았기 때문이다. 그 때문에 카터는 우선 연방지출을 줄이려고 했던 것이다. 그 때문에 민주당의 진보파들은 카터가 공화당의 비밀 당원이라고 비난하였다.

그러나 비난을 무릅쓰고 시행한 정책도 효과를 가져오지 못했다. 왜냐하면, 인플레이숀 억제 정책에도 불구하고 물가가 계속 올랐기 때문이다.

국,내외의 위기에 카터가 제대로 대처하지 못함에 따라, 대통령의 권한은 더욱 더 약해졌다.

1950년대에 아이젠하워가 8년간 대통령직을 맡은 이후 어느 대통령도 연임하지 못하였다. 그 때문에 미국은 4년마다 바꿔치울 수 있는 "일회용 대통령"만을 가지게 된 것 같았다.

베트남전쟁과 워터게이트 사건을 거치면서, 이미 대통령의 권한은 의회에 의해 크게 줄어들었다. 의회가 제정한 선거운동 규제법, 예산집행 정지법, 전쟁선포권 부여법도 대통령의 권한을 크게 축소하였다. 그 결과로 권력의 중심이 백악관에서 국회의사당으로 넘어갔다.

의회의 권한이 커졌으므로 의사당 주변에는 수많은 이익단체의 로비스트들이 들끓게 되었다. 그러한 단체 가운데서 대표적인 것은 무역협회, 기업체, 노동조합, 전국총기협회(NRA)였다. 대통령의 권위가 떨어졌기 때문에, 이익집단들은 제각기 이익을 찾아 나섰다.

각 이익집단은 자신들의 법안을 통과시키기 위해 의원 포섭에 나섰다. 그러므로 법안을 통과시키기 위해서는 대통령 자신도 직접 로비에 나서야 할 판이었다.

그와 같은 변화는 정치후원회가 많아진 사실에서 잘 나타났다. 1974년과 1980년 사이에 정치후원회의 수가 4배 이상 늘어났는데, 그 원인은 1974년의 선거자금법 때문이기도 하였다. 정치가가 기부를 받을 수 있는 정치후원회의 수에는 제한이 없었기 때문에 후원 단체수는 한없이 늘어갔던 것이다.

2. 대외적 국가 위신의 실추

진보주의자로서의 카터

1977년에 지미 카터가 대통령직에 취임하였을 때, 다시는 베트남 전쟁과 같은 전쟁에 연루되지 않겠다고 국민에게 약속하였다. 대신에 그는 무력 대신 외교를 통해 국제 문제를 해결할 것을 약속하였다. 그의 약속 가운데는 인권에 대한 강조, 선진국과 개도국간의 관계개선이 있었다. 그는 종전과는 달리 제3세계 국가들을 존중하겠다고 약속하였다.

그럼에도 불구하고 카터 자신도 결국은 개입의 방향으로 나가지 않을 수 없었다. 왜냐하면, 제3세계의 공산주의와 민족주의는 미국의 권위에 계속 도전했기 때문이다. 그 당시 미국은 이미 40만명 이상의 미군과 군관계자들을 해외에 주둔시키고 92개국과 군사관계를 맺고 있는 세계국가가 되어 있었기 때문이다.

　카터는 제3세계 국가들과 관계개선을 위해 노력하였다. 미국이 이기적인 제국주의 국가라는 인상을 지우기 위해, 흑인 민권운동가인 앤드루 영을 UN대사로 임명하였다.

　외국의 내정 문제에 대해서는, 설사 공산주의자들이 연루된 경우라 할지라도, 미국이 개입해서는 안된다고 앤드루 영은 생각하였다. 그러므로 앤드루 영은, 1979년에 쿠바군과 소련 고문관이 주둔하고 있던 앙골라와 자이레 사이에 무력충돌이 일어났을 때도, 카터 대통령을 설득하여 관망하도록 하였다.

　그러나 결국 카터는 앤드루 영을 사임시키고 말았다. 왜냐하면, 그는 미국이 아직 승인하지 않은 팔레스타인해방기구(PLO)의 대표들과 사적으로 접촉함으로써 이스라엘을 분노케 하였기 때문이다.

　그럼에도 불구하고 카터는 중동 평화문제에 있어서 약간의 진전을 보였다. 1978년에 카터는 워싱턴디씨 근처의 캠프 데이비드에서 이집트와 이스라엘 지도자들을 개인적으로 불러 끈질기게 설득함으로써, 이스라엘로부터 시나이 반도 철수에 대한 약속을 받아냈기 때문이다. 그에 따라 1979년에 캠프데이비드 협정이 체결되었다.

　그러나 이집트를 제외한 아랍국가들은 그 협정이 무의미한 것이라고 비난하였다. 왜냐하면, 이스라엘이 또다른 점령지인 요르단강 서안지역과 골란고원으로부터 군대를 철수시킨다는 내용이 없었을 뿐만 아니라, 팔레스타인 피난민을 위한 정착지에 관한 보장도 없었기 때문이다. 그럼에도 불구하고 그것은 적어도 일시적으로나마 분쟁을 중단시킬 수는 있었다.

파나마 운하조약과 이란 인질 사건

　라틴아메리카에서 카터는 그 지역의 민족주의자들과 타협하려고 하였고, 그 시도는 파나마 운하의 반환으로 나타났다.

파나마인들은 1903년에 미국에 빌려준 파나마 운하지역을 다시 찾으려고 하였다. 그러나 미국은 그 지역으로부터 물러날 의사가 없었다. 로날드 레이건과 같은 보수주의자는 파나마 운하지역이 미국의 주권지역이라고 주장하기까지 했다.

그러나 파나마인들이 무력으로 운하지역을 장악하거나 운하를 파괴할 가능성도 있었다. 그 때문에 카터는 타협할 마음이 있었다. 그는 운하의 크기에 비해 드나드는 선박들이 너무나 커졌기 때문에 운하의 가치가 많이 떨어졌다고 생각하였다.

카터 행정부는 1977년에 파나마와 2개의 조약을 체결하였다. 하나는 운하 지역을 2000년에 파나마에 되돌려준다는 조약이며, 다른 하나는 반환 이후에 파나마는 미국에게 운하 보호권을 보장해 준다는 것이었다. 두 조약은 1978년에 간신히 통과되었다.

한편 니카라과에서는 1980년에 좌파 혁명이 일어나 미국의 오랜 친구인 통치자 아나스타시오 소모사가 쫓겨나는 사태가 일어났다. 카터는 산디니스타로 불리는 좌파 혁명가들이 세운 새로운 정부를 승인하였다.

그러나 미국은 산디니스타 정부의 급진정책에 당황하였다. 산디니스타 정권은 인권을 유린하였다. 그리고 쿠바의 카스트로의 지시를 받고, 엘사바도로의 좌파 반란군을 원조하였던 것이다. 그러므로 카터는 니카라과에 대한 원조를 중단하지 않을 수 밖에 없었다.

카터는 이란에서 더 큰 외교적 시련을 맞이하였다. 미국은 1946년부터 이란의 왕정을 지지해 왔고, 막대한 무기를 판매해 왔다. 그러나 왕정에 대한 이란 국민의 불만이 커지면서, 자연스럽게 반미감정도 커졌다.

그 때 1979년에 과격한 이슬람 원리주의자로서 반미적인 호메이니 주도로 혁명이 일어났다. 공화국이 선포되고, 왕은 미국으로 망명하였다. 폭도들은 왕의 인도를 요구하면서 데헤란 주재 미국대사관을 습격하였다. 그들은 대사관 직원들을 인질로 잡는 동시에 왕의 송환을 요구하였다. 52명의 대사관 직원은 일년 이상 독방 감금, 고문, 소름끼치는 모의처형을 겪어야 했다.

그러나 카터 대통령은 왕을 이란으로 되돌려 보내지 않았다. 오히려 그는 이란을 경제적으로 고립시키려고 하였다. 그는 미국 안에 있는 이란인의 자산을 동결하고, 우방국들에게 이란과의 무역 중단을 종용하였다.

이에 대한 보복으로 이란의 과격파들은 미국 인질들의 눈을 가리고 묶은 채 카메라로 찍은 녹화 테이프를 미국 방송사로 보냈다. 텔레비전 화면을 본 미국 국민은 아랍인들의 만행에 분노하였다.

분개한 카터는 이란과 외교관계를 단절하고 구출작전을 명령하였다. 그러나 구출노력은 이란의 모래사막 상공에서 기계 결함으로 실패하였다. 게다가 황급히 철수하는 과정에서 두 항공기가 충돌하여 8명의 미군이 사망하였다. 카터는 많은 인질의 목숨을 잃게 할 위험한 작전을 펼쳤다는 이유로 맹렬히 비난을 받았다.

카터의 태도는 더욱 더 강경해졌고, 그 때문에 특별보좌관으로서 열렬한 소련 반대파인 즈비그뉴 브르제진스키의 강경노선에 주로 의존하였다. 이에 대한 항의로 국무 장관 사이러스 밴스가 사임하였다.

그러나 해결방법을 찾지 못한 카터는 마침내 이란과 타협하기로 마음을 바꾸었다. 그리하여 미국은 미국내 동결된 이란 자산을 풀고 다시는 이란의 내정문제에 개입하지 않겠다고 약속하였다. 그에 따라 1981년 1월에 이란은 인질들을 석방하였다.

취임초에 카터 대통령은 제3세계와의 관계를 개선하고 외교를 통해 평화를 수립하겠다고 약속하였다. 그러나 실제에 있어서 카터 외교는 그것이 의도했던 것과는 아주 다른 결과를 가져왔다.

제3세계에 대해 카터는 약간의 외교적 성공을 걷우었으나, 소련과의 냉전이 격화되면서 빛을 잃었다. 해외 주둔 미군은 카터가 대통령에 당선된 1976년보다 1980년에 훨씬 더 많아졌고, 국방예산도 더 늘어났다.

해외 무기판매는 1977-1980년 기간에 83억 달러에서 153억달러로 늘어났다.

카터의 인권정책도 일관성이 없었다. 어떤 국가들에 대해서는 정치범 석방을 요구하고 인권 실태를 조사하는 강경한 태도를 보였는가 하면, 다른 국가들에 대해서는 크게 문제삼지 않았다. 그는 인권문제에 있어서 이중적인 기준을 보였던 것이다.

카터의 인기가 너무 낮았기 때문에 1980년의 선거에 다시 후보로 지명된다는 보장이 없었다. 그러나 민주당에게는 대안이 없었.

유력한 후보였던 에드와드 케네디는 사생활 문제로 발목을 잡힌 상태였다. 가장 유명한 사건은 1969년에 매사추세츠의 채파퀴딕 해안에서 에드와드 케네디의 자동차를 타고 있던 한 젊은 여성이 물에 빠져 죽은 일이었다.

그 때문에 결국 카터가 다시 민주당의 대통령 후보로 지명되었다. 그러나 카터에게는 이번 선거에서도 대중적인 열정을 불러 일으킬만한 문제의식과 정열이 없었다.

제 13 장 1970년대의 사회세력들

1. 새로운 사회세력의 등장과 갈등

흑인 중산층의 대두와 백인의 반발

1960년대에 일어난 민권운동과 '신좌파' 운동을 겪으면서 흑인을 비롯한 유색인종들은 상당한 지위 향상을 보게 되었다. 1970년대에 그들의 지위 향상은 눈에 띄게 나타났다.

가장 큰 혜택을 본 사람들은 전체 흑인의 3분의 1을 차지하고 있는 흑인 중산계급이었다. 그들은 여전히 백인 중산계급에 비교해 불리하기는 하였지만, 그럼에도 불구하고 흑인 전문직의 지위는 크게 향상되었다. 부유한 교외지역으로 이주하는 흑인 가정도 늘었다. 적어도 흑인사회의 상층부에서는 평등의 미국적 꿈이 어느 정도 이루어지고 있었던 것이다.

흑인 대학생 수도 350퍼센트 증가하였다. 같은 기간의 백인 대학생 증가율이 150퍼센트였다는 사실에 비추어 볼 때, 이것은 놀라운 향상이었다. 1980년에 오면 고등학교를 졸업하고 대학에 진학하는 흑인의 비율이 백인의 비율과 거의 같았다.

그러한 성취는 민권법 제정과 인종문제에 대한 국민의식의 변화를 통해서 이루어졌는데, 가장 중요했던 것이 소수세력 우대조치(affirmative action program)였다. 그것은 학교와 기업에 있어서 소수민족들과 여성들에게 일정한 정원을 할당한 것으로서, 흑인 중산층이 정부와 기업체에 취업할 수 있는 중요한 수단이 되었다.

그러나 할당제는 흑인들보다 높은 수준의 요건을 갖추었으면서도 제외되는 백인들을 분노케 하였다. "백인의 반발"(white backlash)이 일어난 것이다. 백인들은 자신들이 "역차별"(reverse discrimination)의 피해자라고 분개하였다.

백인들의 분노는 흑, 백 학생들을 하나의 학교로 통합하는 흑백 버스 통합(busing)에 대한 반대로 표현되었다.

1975년 보스톤에서는 흑백 버스 통학에 대해 항의를 하고 있던 백인 학생들이 지나가는 흑인을 공격함으로써 인종 충돌이 일어났다. 켄터키의 루이빌에서는 '쿠클럭스클랜'의 폭력 활동이 다시 시작되어, 이틀 동안에 100명이 부상당하고 200여명이 체포되었다. 이러한 인종분쟁에 따른 긴장감은 전국적으로 확산되었다.

그러므로 대법원은 이와 같은 백인의 분노를 반영하여 1978년에 소수세력 우대조치가 헌법에 위배된다는 판결을 내렸다. 그러나 그것은 배키 대 캘리포니아 대학(Bakke v. University of California)판결을 통해 다시 인정되었다.

흑인 하층민의 빈곤과 분노

그러나 흑인 하층민은 진보주의적인 정부 정책으로부터 이렇다할 혜택을 받지 못하였다. 이들 흑인 하층민은 미국 하층민(underclass)의 중심을 차지하고 있었다. 하층민 가운데는 흑인, 인디언, 히스패닉 그리고 아시아인들이 있었지만, 흑인 하층민의 빈곤이 가장 심각하였다. 1978년에 빈민은 백인 가구의 6.9퍼센트를 차지하고 있었던 데 대해, 흑인의 경우에는 27.5퍼센트였다.

빈곤의 가장 큰 피해자는 흑인 어린이들이었다. 1981년 아동보호기금의 조사에 따르면, 흑인 아동들은 빈곤속에 태어날 확률은 백인 아동들보다 4배, 12학년이 되기 전에 학교를 그만 둘 확률은 2배, 살해될 확률은 5배, 실직자가 될 확률은 3배였다.

1980년에 도심지의 10대 흑인남자들의 실업률은 50퍼센트에 이를 정도로 높았다. 나라 전체 실업률이 1퍼센트 높아실 때, 흑인 청년들의 실업률은 6.3퍼센트가 높아졌다.

흑인 실업자의 증가는 여성 가장의 증가와도 관련이 있었다. 1960 – 1970년 기간에 아버지 없는 흑인 가정은 130퍼센트 증가하였는데, 그것의 주요원인은 정부의 사회복지비(welfare)를 받아 자녀를 부양하는 10대의 남편 없는 여성 가장의 증가에 있었다.

여성 가장들 가운데는 가정부, 세탁부, 주방보조원으로 약간의 소득을 얻는 여성들도 있었지만, 대다수는 직업없이 정부의 사회복지비로 생계를 유지하고 있었다. 사회복지비야 말로 그들이 알고 있는 유일한 생계수단이었다. 이들 젊은 흑인 여성들은 자신이 쓸모없는 존재라고 여기는 좌절감에 빠진 경우가 많았다.

백인들은 흑인의 빈곤이 흑인들 자신에게 책임이 있다고 생각하였다. 여기에는 흑인 중산층도 동의하였다.

그럼에도 불구하고 빈곤의 책임을 흑인들에게만 돌릴 수 없는 구조적인 원인도 있었다.

1970년대에 일어난 산업구조의 변화로 일자리가 많은 자동차, 제철, 고무, 석탄산업이 축소되었다. 뿐만 아니라, 육체노동자를 요구하는 많은 산업들이 교외 지역으로 옮겨 갔다. 그 대신 컴퓨터 오퍼레이터, 은행 창구요원, 비서, 사서와 같은 숙련노동자를 필요로하는 일자리가 늘었다. 이와 같은 변화 속에서 가장 큰 타격을 입은 사람들은 기술이 없는 흑인 청년들이었던 것이다.

이러한 이유로 쌓인 흑인들의 분노는 1980년 여름에 여러 번에 걸쳐 폭동으로 나타났다. 그 가운데서도 가장 유명한 것이 마이애미와 차타누가에서 일어난 폭동이었다.

두 폭동은 백인만으로 구성된 배심원들이 흑인살해죄로 기소된 백인을 무죄로 방면한 데서 시작되었다. 마이애미에서의 피고는 백인 경찰이였고, 차타누가에서의 피고는 쿠클락스클랜 단원이었던 것이다. 마이애미 폭동은 3일간 계속되어 10명의 사망자와 400명의 부상자를 냈다.

인디언의 조직화

인디언들도 기성 백인 중산계급 체제에 대해 분노하였다. 그들의 불만은 1969년 11월 소수의 인디언들이 샌프란시스코 만의 알카트라즈 섬을 점거한 사건으로 터지기 시작하였다. 이 섬은 연방교도소로 사용되고 있었으나, 이제는 버려진 상태에 있었다.

인디언 점거자들은 아직 사용되지 않고 있는 연방정부 소유 토지에 대한 권리를 1868년의 쑤우(Sioux)조약에 따라 요구하였다. 그들은 이 섬을 1971년 여름까지 점거하였다.

1971년에 '미국 인디언 운동' 조직에 속한 과격파는 1890년에 쑤우족이 연방정부군에 의해 학살당했던 사우스다코타의 운디드니(Wounded Knee)에 모였다. 그리고는 파인릿지 인디언 보호구역(Pine Ridge Reservation)의 교역소를 점거하고 11명의 인질을 잡았다.

그들은 연방경찰과 총격전을 벌이며 71일간 대치하였다. 연방정부가 오글랄라 쑤우(Oglala Sioux)의 조약상의 권리를 조사하겠다고 약속한 다음에야, 그들의 저항은 끝났다.

그러나 인디언들의 더 큰 문제는 높은 실업률이었다. 그것은 1970년 후반에 40퍼센트에 이르렀고, 인디언 보호구역의 평균 개인소득은 빈곤선에 미치지 못하였다. 고등학교 중퇴율은 53퍼센트였다. 게다가 인디언들은 소수 민족들 가운데서도 유난히 알콜 중독, 결핵감염, 자살의 비율이 높았다.

인디언 인구 100만 가운데서 65만은 보호구역에서 살고, 35만은 도시의 인디언 밀집지구에서 살았다. 그들은 미국시민과 부족국가의 부족원이라는 이중적인 법적 신분을 가지고 있었기 때문에, 연방정부와 맺은 특별한 조약에 의해 취급되었다.

그러나 조약 내용이 준수되는 경우가 거의 없었기 때문에 인디언은 항상 불리하였다. 특히 인디언의 땅에서 금이나 우라늄과 같은 가치있는 광물자원이 발견되었을 때는 문제가 더욱 더 심각하였다.

1946년에 의회는 백인에게 빼앗긴 땅을 보상해 주기 위해 인디언 손해배상위원회를 설치하는 법을 제정한 적이 있었는데, 1970년대에 이것을 근거로 인디언 권리기금(Native American Rights Fund)에 속한 변호사들이 법정 투쟁을 벌였다.

그에 따라 인디언들은 여러 지역에서 사냥권과 수렵권을 보호받고, 토지와 물에 대한 손해를 보상받았다. 그리고 사우스다코타의 블랙힐 금광에서는 큰 액수의 배상금을 연방정부로부터 받았다.

그럼에도 불구하고 인디언들의 처지는 여전히 불리하였다. 기업들과 정부기관들은 인디언들의 땅을 빼앗으려는 음모를 계속 꾸몄다. 인디언의 종교적 신앙을 무시하는 경우도 많아, 어느 석탄회사는 호피 신성구역(Hopi Sacred Circle)을 파헤침으로써 부족신앙을 무시하였다. 사우스 다코타의 블랙힐에서는 우라늄을 캐기 위해 신성한 구역이 파헤쳐지기도 했다.

히스패닉과 '신이민'의 증가

히스패닉들(Hispanics)도 권리 쟁취를 위한 조직화에 나섰다. 이들은 라틴아메리카에서 온 가난한 카톨릭 교도들로서, 중산계급과 프로테스탄트의 요소들이 우세한 미국 땅에서 자신들의 설 자리를 찾고 있었다.

1970년에 이들은 이민자 수가 급작스럽게 늘어나고 높은 출산률을 보임으로써, 가장 빨리 성장하는 소수민족이 되었다. 그에 따라 프로테스탄트 국가로 출발했던 미국사회는 더욱 더 카톨릭 교회의 영향을 받게 되었다.

1970년대에 2천만이 넘는 히스패닉이 있었고, 여기에 덧붙여 1천만 이상의 불법취업자와 불법 체류자가 있었다. 멕시코인이 압도적인 다수에 차지하고 있었다.

멕시코인들은 1960년대부터 경계가 허술한 2천마일의 긴 국경을 넘어 미국으로 들어오기 시작하여, 1980년에는 텍사스 인의 4분의 1, 캘리포니아인의 5분의 1을 차지할 정도로 많아졌다.

히스패닉들의 가장 큰 문제는 언어 장벽이었다. 그러므로 그들은 영어와 스페인어의 2개 언어를 공용어로 사용할 것을 요구하였다. 그러나 대부분의 도심지 학교들은 그러한 요구를 들어줄 수가 없었기 때문에, 히스패닉계 고등학생들은 30퍼센트 만이 졸업할 수 있었다. 백인들은 히스패닉이 영어를 배우기 위해 적은 시간마저도 바치려 하지 않는 게으름뱅이라고 비난하였다.

히스패닉의 인구가 급속히 증가하고 있는 데 대해 미국인들은 두려워하였다. 또한 히스패닉계는 카톨릭 교도들이었기 때문에 전형적인 미국인과는 다른 공동체주의적이고 가족중심적인 문화를 가지고 있었다. 그들은 프로테스탄트 교도와 앵글로색슨족의 개인주의적인 문화에 동화되기 보다는 자신의 문화를 보존하려고 하였다.

그에 따라 "갈색인 세력화"(brown power)의 조직이 나타나게 되었다. 최초의 전국적인 히스패닉 단체는 케사르 차베즈(Cesar Chavez)가 이끄는 '농장노동자 연합'이었다.

전투적인 "갈색 베레 모자"(Brown Berets) 조직은 히스패닉에게 치카노 문화를 가르치고 민족의식을 불러 일으키려고 하였다. 그리고 남서부 지방에서는 멕시코계의 정당인 라자우니다(La Raza Unida)가 조직되었다.

1980년을 전후로한 시기에 '신이민'으로 불리는 아시아인 이민들이 쏟아져 들어왔다. 그들은 베트남 전쟁에서 난민으로 미국에 온 베트남인들을 선두로하여, 필리핀, 한국, 대만, 인도, 도미니카 공화국 및 자메이카로부터 온 이민들이었다. 쿠바와 아이티로부터도 16만의 선상 난민(boat people)이 쏟아져 들어 왔다.

기업가들은 신이민을 환영하였다. 그들의 임금이 낮았기 때문이다. 그러나 일자리를 빼앗기게 될 것을 두려워한 미국 노동자들은 적대적이었다. 적대감은 1979년에 시작된 경기침체로 실업자가 늘면서 더욱 더 커졌다. 그러므로 신이민들은 미국 문화에 적응하는 데 어려움을 겪었다.

백인들은 아시아인들이 경제활동에 있어서 경쟁자가 된다는 것을 알고 두려워하였다. 그들은 일본인, 중국인, 한국인, 인도인들이 더 높은 소득을 얻고 자녀들을 좋은 대학에 보내고 있는 데 대해 우려하였다. 그리고 흑인들은 흑인 동네에서 아시아계 상인들이 성공하는 것에 대해 질투심을 느꼈다.

여성해방에 대한 보수세력의 반발

소수 인종과 소수 민족들이 민권운동을 벌이고 있던 1970년대에 여성해방운동가들도 평등화 운동을 벌였다. 그리고 그들도 법적인 측면에서 큰 성과를 얻었다.

1974년에 의회에서 대출기회평등법이 통과됨에 따라, 여성들은 남성들과 동등하게 은행으로부터 대출을 받고 신용카드를 발부받게 되었다.

또한 많은 주에서 강간 사건과 관련하여 여성에게 불리했던 법들이 개정되었다. 예를 들면, 재판 과정에서 가해자 남성의 변호사가 여성 피해자의 과거 성생활을 언급하지 못하게 되었다.

교육에서도 여성들의 지위가 향상되었다. 1970 - 1975년 기간에 여자 대학생은 45퍼센트 증가하였다. 그리고 여성들은 각종 선거직에 입후보하고 당선되었는데, 대표적인 경우가 1976년 코네티컷 주지사로 선출된 엘라 그라쏘와 1978년에 캔사스 연방 상원의원에 당선된 낸시 캐시봄이었다.

그러나 가장 중요한 승리는 취업에서의 평등한 대우였다. 1964년의 민권법 제정과 취업기회평등위원회의 설치가 중요한 계기가 되었다. 그에 따라, 여성들은 소수민족들과 함께 고용신청에 있어서 법적으로 백인 남성과 동등한 대우를 받게 되었다. 그리고 그 법들은 강제로 적용되는 경우가 많았다.

그러나 여성해방 운동과 그에 따른 변화에 대해 반대하는 보수적인 여성들도 많았다. 대표적인 경우가 애니타 브라이언(Anita Bryant)과 필리스 슐래플리(Phyllis Schlafly)였다.

보수적인 여성들은 여성해방 운동이 이혼률의 상승, 가정의 파괴, 청소년 범죄의 증가에 책임이 있다고 주장하였다. 그리고 가정을 지키기 위한 남성의 주도와 여성의 순종이라는 전통적인 가치를 강조하였다. 그들의 운동은 여성해방반대 운동(anti-feminist movement), 또는 가정 수호(pro-family) 운동으로 불렸다.

그들도 정치적 세력을 형성하였다. 보수적인 여성들은 가부장제를 수호하기 위하여 남녀평등에 관한 헌법수정 조항(ERA)의 비준을 막으려고 하였다. 그리고 동성애 권리(gay rights)와 낙태권(abortion)에 대해서도 반대하였다.

그들은 이러한 문제들이 모두 미국의 전통적인 가치를 위협하고 있다고 주장하였다. 이들은 여성해방 운동가들을 가리켜 개인의 직업적 성취감과 성적 동등권을 얻기 위하여 남편과 아이까지 버리는 부도덕한 여자들이라고 비난하였다.

낙태반대운동과 가정수호운동에는 보수적인 개신교도들은 물론, 카톨릭 교도, 모르몬 교도들도 가담하였다. 그들은 낙태를 인정한 1973년의 로우 대 웨이드(*Roe v. Wade*) 판결, 그리고 도우 대 볼튼(*Doe v. Bolton*) 판결을 무효화하려는 운동을 벌였다.

그들의 노력은 1976년 일리노이 출신의 하원의원인 헨리 하이드(Henry Hyde)가 제출한 법안이 통과됨으로써 부분적으로 결실을 맺었다. 하이드 헌법수정조항은 정부의 의료보조금이 낙태에 사용되지 못하도록 하였다.

그것은 1980년에 해리슨 대 매크레이 (Harrison v. McRae) 판결로 뒷받침을 받았는데, 이 판결은 의학적으로 필요한 빈민여성의 낙태에 대해서조차도 연방정부 지원금을 주어서는 안 된다고 선언했던 것이다.

보수적인 여성운동의 가장 큰 정치적 성공은 남녀평등에 관한 헌법수정 조항(ERA)의 비준 저지였다. 그것이 헌법 조항에 포함되기 위해서는 비준에 동의한 주가 3분의2를 넘어야 했지만, 결국 3개 주가 모자랐기 때문에 비준 운동은 저지되었다.

그것을 저지하는 데는 필리스 슐래플리와 그의 헌법수정반대운동(Stop ERA campaign)의 공로가 컸다. 그들은 그 수정안이 채택되면, 이혼하는 여성들은 위자료를 받지 못하고 동성간의 결혼이 합법화되는 불행한 결과가 올 것이라고 주장하였다. 그러한 주장은 많은 보수적인 여성들의 호응을 얻었다.

평등을 향한 여성들의 투쟁에서 가장 큰 장애물은 일자리 부족이었다. 소수세력 우대조치(affirmative action)의 시행으로 여성들은 취업과 승진에 있어서 법적인 뒷받침을 받았다. 하더라도, 그와 같은 혜택은 일자리가 있어야만 실현이 가능했던 것이다.

일자리가 만들어지기 위해서는 경제적 번영이 있어야 했다. 그렇지만, 1970년대와 1980년대초에는 그렇지 못하였다. 경기침체로 취업시장이 좁았다.

일자리를 가진 여성들이라 할지라도 남성들 보다 임금이 낮았다. 1970년대 말에 여성노동자들의 임금은 남자노동자들의 59퍼센트였다. 그러한 불평등은 여성들이 낮은 임금의 직종에 집중되어 있는 사실에서 오는 것이기도 하였다.
　평등의 또 다른 장애물은 일자리를 가진 여성들이라 할지라도 가사노동의 의무를 계속 수행해야 한다는 사실이었다. 1990년에 오면 여성의 4분의3이 일을 하고 있었지만, 그들은 직장과 가정 모두에 충실해야 한다는 이중의 의무를 지고 있었다. 그와 같은 부담은 너무나 큰 것이었기 때문에, 그러한 현상을 가리켜 뉴스위크지는 "초인적 여성착취"(Superwoman Squeeze) 라고 불렀다.
　1970년대에 달아올랐던 여성해방운동의 열정도 1980년 초에 이르면 크게 약화되었다. 그리고 여전히 많은 여성들이 전통적인 지위와 생활방식을 당연한 것으로 받아들이고 있었다. 그에 따라 여성해방 운동은 더 이상 앞으로 나가지 못하였다.

2. 종교적 열기와 신우파의 등장

자기중심의 시대

　1970년대 미국 사회의 분위기는, 사회개혁의 열정으로 불탔던 1960년대와는 달리, 무감각하고 냉담하였다. 이와 같은 변화가 가장 뚜렷하게 나타난 것이 청년층이었다.
　1960년대에 청년들은 미국사회의 혁명적인 변화를 꿈꾸었지만, 1970년대 중반에 이르면서 혁명 운동이 아무런 결과도 남기지 못했음을 알게 되었다. 그러므로 1970년대의 청년들은 1960년대 선배들의 실패를 회피하려고 하였다.
　그러한 좌절과 후회의 감정은 어느 배써(Vassar) 대학 여학생의 다음과 같은 말 속에 잘 나타나 있다. "우리의 오빠와 언니들이 전쟁에 나가고, 망명을 떠나고, 혁명에 뛰어 들었을 때, 우리는 고등학교 1학년이었다. (그러나 그 이후) 우리는 인생이 쓰레기처럼 버려지는 것을 보았다. 따라서 우리는 실패한 명분을 위하여 우리자신을 파멸시키지는 않겠다고 결심하였다."

사회 개혁이란 거창한 목표가 달성될 수 없다고 한다면, 최소한 자신들의 개인적인 잠재력이라도 계발해야 했다. 그러므로 그들은 '조깅'을 하거나 건강식품을 먹음으로써 건강해지려고 하였고, 또한 자신의 장점을 개발하려고 하였다.

그러므로 1970년대에 청년들은 자기 실현에 관심을 두는 자기지향적인 사람들이 되었던 것이다. "인생은 한번 밖에 오지 않는 것이고, 자신이 얻고자 하는 것은 모두 다 손에 쥐어야 한다."는 어느 맥주 회사의 광고가 그와 같은 시대 분위기를 잘 표현하였다.

그러므로 그들은 물건을 사고 즐기는 데 열광하였다. 그 때문에 사회비평가인 톰 울프는 1970년대를 '자기 중심의 시대'(the Me Decade)라고 불렀던 것이다.

개인의 잠재력을 실현하려는 노력은 여러 가지 형태로 이루어졌다. 그래서 개인들 사이의 관계를 강조하는 심리요법인 교류분석(TA)이 유행하였다. 일종의 요가 훈련인 초월적 명상(TM)도 인기를 끌었다. 자기의 깊은 내면에 도달할 수 있게 하는 교류 체계인 에어하드 세미나 훈련(EST)도 인기가 있었다. 그리고 선(Zen)이나 요가와 같은 동양의 오랜 이색종교와 수양방법들이 인기를 끌었다.

개인의 건강 증진에도 관심이 커져, 조깅, 신체단련, 체중조절, 건강 서적 구입이 유행하였다. 그리고 사우나, 온탕, 자쿠지(Jacuzzis)도 인기가 있었다. 테니스와 락켓볼 클럽, 헬스 센터, 체중조절 클리닉도 붐을 이루었다. 그리고 수퍼마켓에서는 방부제가 없는 자연식이 불티나게 팔렸다.

이와 같은 자기 중심의 이기적인 풍조에 대해 좌파 역사가인 크리스토퍼 래쉬는 자아도취적인 것이라고 비난하였다. 그는 '자기도취의 문화'(The Culture of Narcism)에서 미국인들을 가리켜 정서적으로 천박하고 국력의 약화를 외면해 보려는 겁장이들이라고 비난하였다.

그러나 이와 같은 외로운 외침에 불구하고, 1970년대는 사회개혁에 대한 열정이 가라앉은 시대였다. 그리고 그러한 시대에는 개인에 대한 관심과 정열이 계속 우세한 요소가 될 수밖에 없었던 것이다.

종교적 열풍과 근본주의 신앙

1970년대에 들어와 미국은 강력한 종교부흥의 시기를 맞이하게 되었다. 많은 사람들이 영적, 정서적 공허감을 채우기 위해 개신교의 복음주의적인 신앙에 이끌렸다.

복음주의자들은 종교서적의 판매로 큰 돈을 벌어 들이고, 버지니아에 기반을 둔 기독교 방송망(CBN)은 수많은 방송국을 운영하였다. 그들은 자신들을 거듭난 기독교인(born-again Christian)이라고 생각하였다. 가수인 팻 분과 자니 캐쉬, 프로풋볼 선수인 로저 스타박, 흑인표범당의 엘드리지 클리버도 자신들을 거듭난 기독교인이라고 생각하였다.

다른 한편에서는 인도 등의 동방지역 종교로부터 영향을 받은 이색 종교 운동(esoteric movements)도 번성하였다.

그러나 보다 더 큰 사회의 관심을 끌었던 것은 카리스마적인 지도자들을 추종하는 새롭고 독특한 종교 운동이었다.

1973년부터 통일교의 창시자인 한국인 문선명은 미국 청년들을 개종시킴으로써 두각을 나타냈다. 그는 기독교 교리, 반공주의, 그리고 메시아로서의 자신에 대한 숭배를 절묘하게 결합시켰다. 무니(Moonies)불리는 이들 통일교도들은 자신들의 소유물을 버리고, 그들의 종교적 공동체로 모여 들었다.

그와 비슷한 종교 집단으로서는 짐 존스(Jim Jones)의 추종자들도 있었다. 그것은 캘리포니아에서 민중사원(People's Temple)의 건설로 시작되었다. 그들의 교회는 빈민을 위한 사회개혁과 민권운동에 연결되어 있었다.

그러나 1977년에 짐 존스가 살해위협과 재산갈취의 혐의를 받아 활동이 어려워지자, 그들은 남아메리카의 가이아나로 본거지를 옮겼다. 그리고 그들의 정착지를 존스타운이라고 불렀다.

1978년 11월에 미국 의회의 조사단이 파견될 것이라는 소식이 전해지자, 이들은 불안해하였다. 그들은 미국이 그들의 정착지를 파괴하고, 그렇게 되면 세계에서는 요한계시록에서 예언된 인종전쟁이 일어나게 될 것이라고 생각하였다.

그러므로 짐 존스와 그의 추종자들은 자녀들을 독살하고, 자신들도 '쿨에이드'와 '시아나이드'의 혼합물을 마시고 자살하였다. 집단자살에 참여한 사람은 911명에 이르렀다. 이 악마적인 사건은 미국 사회가 깊은 병에 걸려 있음을 보여준 것이었다.

다른 한편에서 1970년대에 미국인들은 개인의 정체성(personal identity)도 찾으려는 데도 열을 올렸다. 그것은 자기다움(Me-ness)의 한 측면인 자신의 "뿌리"(Roots)를 찾기위한 것이었다.

그것은 흑인 작가 알렉스 헤일리(Alex Haley)가 자신의 선조인 잠비아의 소년 쿤타 킨테가 노예로 팔려 온 것으로부터 시작되는 가족의 역사를 통해 드러났다. 8부작의 텔레비전 씨리즈로 방영된 <뿌리>는 선풍적 인기를 얻었다. 그에 따라 많은 사람들이 자신들의 가계에 대해 관심을 가지게 되었다. 그리고 그러한 족보의 확인은 대중들이 자신의 정체를 확인하는 데 큰 도움을 주었다.

복지정책에 대한 중산층의 분노

1980년에 연방정부가 발표한 인구조사 통계에 따르면, 인구이동이 추운 북동부와 중서부의 냉한대(Frostbelt)에서 따뜻한 남부와 서부의 온난대

(Sunbelt)로 이루어졌다. 그에 따라 하원의원 숫자는 냉한대에서는 줄고 온난대에서는 늘었던 것이다.

남서부의 온난대 지역은 풍부한 에너지와 폭넓은 세금부과대상을 가지고 있었다. 1980년에 남서부의 루이지애나는 주가 필요로하는 에너지량보다 4배 이상, 뉴 멕시코는 3배 이상, 텍사스는 2배 이상을 생산하였다. 반면에, 북서부의 미시간과 뉴욕은 에너지의 거의 대부분을 수입해야 했기 때문에 연료 가격이 높았다.

온난대 지역에서는 세금 부담율도 낮아, 예를 들면 텍사스의 가구들이 부담한 주세와 지방세는 뉴욕의 가구들에 비해 절반도 되지 않았다.

1980년의 인구조사는 노년층 인구가 24퍼센트로 크게 늘었음을 보여 주었고, 그러한 현상은 온난대인 서남부 지역에서 두드러졌다. 이것은 노인들이 정치적으로 진보적인 지역에서 보수적인 지역으로 이동한 데서 오는 현상이었고, 그에 따라 미국에서 보수주의가 우세하게 되는 계기가 되었다.

미국사회의 보수화는 뉴딜 이후 계속 뿌리를 내려 온 복지국가(서비스 국가)를 폐지하려는 운동으로 나타났다. 복지국가에 대한 불만은 서남부 지역의 중산층에게서 뚜렷하였다.

그 대표적인 경우가 1978년에 캘리포니아 유권자들이 주민발의안 제13호(Proposition 13)를 주민투표로 승인해 준 것이었다. 그것은 주민들이 주 정부의 사회복지 지출을 억제하기 위해 재산세를 줄이도록 요구한 조치였다.

이와 같은 운동은 연방정부 차원에서도 이루어져, 보수주의자들은 적자예산의 편성을 막으려고 하였다. 그들은 보수정치활동위원회(National Conservative Political Action Committee)를 조직하여 진보파 낙선운동을 벌였다.

보수주의자들의 중심 세력은 복음주의적인 개신교도들이었다. 그 때문에 보수주의 운동, 또는 신우파 운동은 대중운동의 성격을 띠게 되었다. 이들은 전통적 가정의 보존, 도덕적 생활, 낙태 반대의 목적을 달성하기 위해 정치적 방법에 호소하였다.

  그들은 1979년 여름에 버지니아 출신의 라디오-TV목사인 제리 폴웰(Jerry Falwell)을 중심으로 도덕적 다수파(Moral Majority)라는 단체를 설립하였다. 이 조직은 보수적인 유권자들에게 투표를 권유하고, 보수적 정치가들을 돕기 위한 모금운동을 벌였다. 그리고 그들이 만드는 신문과 라디오 방송을 통해 홍보 활동을 벌였다.

  <도덕적 다수파>는 거대 정부와 정부 개입을 축소시킴으로써 전통적인 자유방임주의의 원리를 되살리려고 하였다. 또한 그것은 낙태 금지에 반대함으로써 전통적인 도덕과 가정의 가치를 되살리려고 하였다. 또한 학교에서 진화론 대신 성경의 창조론을 가르칠 것을 요구함으로써 미국 사회의 세속화를 막으려고 하였다.

  그리고 그들은 대외적으로는 소련의 팽창주의와 무신론에 대해 강경하게 대응할 것을 요구하였다. 그것은 미국 사회에 대한 공산주의와 전체주의의 침투를 막으려는 의도에서 나왔다.

  이와 같은 보수주의적인 대중 운동에 대해 보수적인 지식인들도 가담하였다. 그들은 후버연구소(Hoover Institution)와 같은 보수주의적인 두뇌집단을 운영하고, 내셔날 리뷰(National Review)와 같은 보수적 잡지도 발행하였다. 이들 지식인들도 신우파의 목적을 달성하기 위해 정치적 방법에 호소하였다.

제 14 장 1980년대의 우경화

1. 레이건의 보수우파 정권

1980년의 선거

1970년대 말에 대부분의 미국인들은 미국의 미래에 대해 어둡게 생각하고 있었다. 그들은 한때 미국 산업의 상징이었던 자동차 공장과 제철 공장이 문을 닫는 것을 보았다. 탈산업화 현상이 나타나, 많은 종류의 직업들이 사라져 갔다.

상점에는 외국제 수입상품이 늘어갔다. "우리는 하루 밤사이에 낙관론자의 나라에서 비관론자의 나라로 바뀌었다"고 어느 여론조사가는 말하였다.

보수주의자들의 입장에서 볼 때, 미국이 이처럼 어려운 처지에 놓이게 된 것은 나라의 근본(basics)을 잃어버렸기 때문이었다. 그러므로 그러한 상황으로부터 벗어나는 길은 과거의 좋았던 미국으로 되돌아 가는 것이었다.

그러므로 로날드 레이건은 "근본으로 돌아가자"(back-to-basics)고 역설하였다. 그것은 전통적 가치관의 부활과 균형예산으로의 복귀를 의미하였다. 또한, 그것은 미국의 창조력을 억제하는 복지제도와 거대정부를 파괴하고, 자유방임 체제를 복원해야 함을 의미하였다.

1980년의 선거를 앞두고 레이건은 이와 같은 전통주의를 주장함으로써 공화당 대통령 후보로 지명되었다.

그는 영화배우 출신으로 캘리포니아 주지사를 두 차례 지냈다. 그는 일리노이 주의 작은 도시에서 태어나서 지방 방송국의 라디오 스포츠 캐스터로 출발하여, 할리우드에서 영화배우조합의 회장으로 성장하였다. 그리고 그는 좌경화한 영화계에서 보수주의와 반공주의를 외쳤던 것이다.

선거전에서 레이건은 세계에서 미국의 힘과 자존심을 회복시키겠다고 주장하였다. 또한, 그는 연방정부의 과도한 지출을 강력히 비판하면서, 정부기구의 축소와 균형예산을 약속하였다. 그리고 그는 기업가들이 투자를 늘릴 수 있도록 세금을 줄여주는 공급측면의 경제(supply-side economics)를 역설하였다. 그 때문에 그는 전통적인 구우파(the Old Right)의 지지를 받았다.

그러면서도 그의 보수주의는 사회적, 문화적인 측면에서 전통적 가치를 강조하는 신우파(the New Right)로부터도 열렬한 지지를 받았다. 그는 낙태 합법화와 남녀평등법안(ERA)에 반대함으로써, 생명권 옹호자들과 가정수호자들로부터 열렬한 지지를 받았다.

또한 동성애와 음란 예술에 반대하고 학교내 기도시간(school prayer)에 찬성함으로써, 근본주의 신앙을 가진 복음주의자들로부터 열렬한 지지를 받았다. 그러므로 그의 선거 운동에는 활기가 넘쳤다.

이에 맞서는 민주당은 인기없는 카터를 다시 대통령 후보로 지명할 수 밖에 없었다. 왜냐하면 유력한 후보였던 에드워드 케네디 상원의원은 채파퀴딕 해안 여인 익사 사건에 연루되어 도덕적인 흠이 있었기 때문이었다. 카터는 다시 루즈벨트에서 케네디로 이어지는 뉴딜 진보주의를 정강으로 내세웠지만, 개인적 무능 때문에 대중의 매력을 끌지는 못하였다.

투표결과는 레이건과 공화당의 압도적인 승리였다. 놀라운 것은 공화당이 1952년 이후 처음으로 상원을 장악하게 된 사실이었다. 공화당은 하원에서도 강력한 기반을 마련하게 되었다. 그에 따라 뉴딜 이후 처음으로 확실한 보수-우파 정부가 들어서게 되었던 것이다.

자유방임주의의 재천명

1981년 1월 20일에 로날드 레이건은 근본적인 정부의 변화를 약속하면서 대통령으로 취임했다.

같은 날, 이란에서는 444일간 잡혀 있던 미국인 인질들이 미국행 비행기에 오름으로써 전국이 환호하였다. 어떤 행정부도 이처럼 극적인 분위기에서 출발한 경우는 없었다.

선거운동 기간에 레이건은 외교정책에 있어서 더 이상 우유부단한 태도는 없을 것이며, 군사력에 있어서도 미국의 우위성을 회복시킬 것이라고 약속하였는 데, 이제 그러한 가능성이 나타나는 듯이 보였다.

또한 레이건은 정부의 간섭을 가능한한 줄여 '작은 정부'를 만들고 기업활동의 자유를 확대함으로써 경제를 활성화시키겠다고 약속하였는데, 이제 레이건 경제(Reaganomics)로 불리는 공급측면의 경제가 시행됨으로써 그 약속이 실현될 것 같았다.

그것은 미국경제가 침체에 빠지게 된 것은 지나치게 무거운 세금으로 투자가 방해를 받았기 때문이라고 보았다. 따라서 경제 활동을 활성화시키기 위해서는 대기업들과 부유한 개인들이 투자할 수 있도록 세금 부담을 줄여야 한다고 보았다.

그렇게 해서 새로운 자본투자가 이루어지면, 새로운 제품과 새로운 일자리가 만들어져 번영이 찾아오게 된다는 것이었다. 그에 따라 하류층도 혜택을 누릴 수 있게 된다는 것이었다.

그러므로 레이건 행정부는 연방예산을 대대적으로 삭감하여 세입과 지출의 균형을 잡으려고 하였다. 정부의 지출이 줄지 않으면 대규모의 예산 적자가 발생하여 정부가 빌려온 돈에 대한 이자 지불이 계속 늘어날 것이었다.

그러므로 연방정부 예산을 줄이는 것은 투자할 자본을 늘이는 것을 의미하였다. 이러한 시도는 1969년 닉슨 행정부 이래 최초의 것으로서, 1920년대의 캘빈 쿨리지 대통령 이후 가장 보수적인 경제정책이었다.

연방정부의 지출삭감은 우선 사회복지 부문에서 이루어졌다. 그 결과로 빈민을 위한 도심지역 지원(urban aid), 노인의료지원(Medicare), 빈민의료지원(Medicaid), 식품교환권(food stamps), 근로빈민을 위한 생활보조비지급(welfare subsidies), 아동무료급식(school meals)에 대한 예산이 줄어들었다.

그에 따라 '빈곤에 대한 전쟁' 시기에 설치되었던 지역개발청과 같은 기구들이 폐지되었다. 그리고 종합고용훈련법에 따라 생겨났던 30만 개의 공무원직도 없어졌다.

정부규제의 폐지

정부 예산이 줄어 들었기 때문에, 레이건 행정부는 세금을 줄일 수 있게 되었다. 정부는 저축과 투자를 증진시키기 위해 부유층과 기업체의 소득세를 줄여주려고 하였다.

그리하여 의회는 1981년 8월에 미국 역사상 최대의 세금 삭감을 승인하였다. 삭감안은 3년간 개인 소득세(income tax)를 25퍼센트 줄이고, 기업에게 투자세 공제와 감가상각 허용의 혜택을 주었다.

레이건 행정부는 환경, 보건, 안전에 대한 연방정부의 규제를 완화시키려 하였다. 왜냐하면 정부 규제가 기업의 이윤을 축소시켜 경제성장을 둔화시키고 있다고 생각되었기 때문이다.

따라서 정부는 자원의 보전보다는 자원의 개발을 중요시하였다. 내무부 장관 제임스 왓트는 자기의 생각은 "단순히 천연자원을 보존하는 것이 아니라 그것을 보다 많이 캐내고, 보다 많이 퍼내고, 보다 많이 짤라내고, 보다 많이 활용하는 것"이라고 말하였다. 그는 석유, 개스, 석탄의 생산량을 늘이기 위해 연방정부 소유의 땅과 해안 앞바다를 개발업자들에게 개방하려고 하였다.

또한, 레이건은 건전한 경제를 유지하기 위해 인플레이션을 잡고 금리를 낮추려고 하였다. 그 결과로 1981년초에 21.5퍼센트의 기록을 세웠던 은행 금리가 1983년초에는 10.5퍼센트로 떨어졌다. 인플레이션도 1980년의 12.4퍼센트에서 1982년의 7퍼센트로 떨어졌다.

여기에 덧붙여 석유 가격도 내려 인플레이션을 잡는 데 기여하였다. 1981년에 세계의 석유생산량이 수요량보다 많아지면서, 석유수출국기구(OPEC)의 석유 가격 인상이 멈추었던 것이다. 게다가 국민들은 절약하는 마음을 갖게 되어 실내 온도를 낮추고 건축에 단열재를 사용하였던 것이다.

그러나 정책 전환의 효과는 빠르지 않았다. 레이건 취임 첫 해인 1981년에 미국은 여전히 경기침체에 빠져 있었고, 국민총생산도 약간 줄었다. 자동차와 주택의 판매도 줄었다. 실업률도 8퍼센트에 이르렀다.

그런데도 레이건은 대중적인 인기가 있었다. 왜냐하면, 그의 낙관주의적인 태도는 국민으로 하여금 미래에 대한 자신감을 갖게 했기 때문이다.

특히 그는 1981년 3월에 그를 암살하려는 사건에서 대담하게 대처함으로써 인기를 얻었다. 그는 무정부주의자인 예일 대학생 존 힝클리가 쏜 총탄으로 가슴 왼쪽을 맞았지만, 여유있는 행동을 보여줌으로써 인기가 올라갔다.

그는 피가 흘러내리는 채로 총알을 가슴에 그대로 둔채 당당하게 걸어서 조지 워싱턴 대학 병원에 들어섰다. 그리고 아내에게 "몸을 굽히는 것을 잊었다"고 말하는 유머 감각도 보였다.

2. 소련과의 군비경쟁

레이건과 냉전의 부활

레이건은 세계문제에 있어 미국의 위신과 자존심을 되살리려고 하였다. 그는 미국인들이 베트남 전쟁이나 워터게이트 사건과 같은 위기를 통해 행동의지가 마비된 것에 대해 개탄하였다. 그리고 그러한 허약성과 패배주의가 국민 사이에 스며 들게 대한 책임은 카터 행정부에게 있다고 비난하였다.

대외정책에 있어서 레이건은 몇 가지 기본노선에 따라 행동하였다.

첫째로, 그는 세계 혼란의 배후에는 소련의 음모가 도사리고 있다고 믿었다. 소련이야말로 세계를 공산주의의 체제로 바꾸기 위해 어떠한 범죄도 저지를 준비가 되어 있는 '사악한 제국'이라고 비난하였다. 그러므로 그는 라틴아메리카의 내전을 포함한 거의 모든 세계분쟁을 동방과 서방의 대립관계로 보았던 것이다.

소련과의 적대관계 때문에 그는 제3세계에서 미국의 적극적인 역할을 강조하였다. 미국에 우호적인 태도를 보이거나 공산주의에 반대하는 국가에 대해서는 무조건 지원해야 한다고 주장하였다. 그러나 이와 같은 '레이건 독트린'은 소련과의 관계를 악화시키고, 냉전을 더욱 더 격화시킬 위험이 있었다.

둘째로, 레이건은 군사력 증강만이 소련의 위협을 물리치고 미국에 유리한 조건의 협상을 이끌어 내게 할 것이라고 믿었다. 따라서 레이건은 소련을 압도하기 위해 8년간 2조 3천억 달러에 이르는 거대한 국방예산안을 준비하였다.

그는 또한, B-1폭격기, 해군의 대폭 확장, 독가스의 생산, 혁명진압을 위한 특별부대의 강화, MX 미사일의 생산을 추진하였다. 그리고 우주에서 적의 미사일을 격추시키 위한 거대한 방위계획도 세웠는데, 이것은 흔히 '별들의 전쟁'으로 불리웠다. 이러한 전략방위계획(SDI)은 미국 역사에서 가장 규모가 큰 평화시의 군비확장이었다.

셋째로, 레이건은 모든 나라들이 사회주의의 통제경제로부터 벗어나고 민간 자본주의(private capitalism)를 받아들여야 한다고 믿었다. 따라서 그는 제3세계 국가들에게 민간기업의 장점을 역설하고, 정부가 민간기업에 대해 간섭하지 않을 것을 권유하였다.

이와 같은 자유방임의 입장에서 레이건은 해저 광물 채취 회사들을 간섭할 위험이 있는 생각된 해양조약법에 대한 서명을 거부하였던 것이다.

넷번째로, 레이건은 미국 국민이 미국적인 가치와 미국적인 제도에 대해 자신감과 자부심을 가져야 한다고 생각하였다. 그리고 제3세계의 외국인들에게 미국식 모델(American model)을 전파하기 위한 사명감과 애국심을 촉구하였다.

그는 미국이 파나마 운하 반환 조약, 이란 인질 위기, 미국과 대등한 소련의 핵무기 보유를 통해 지도적인 강대국의 위치를 잃어 왔음을 개탄하였다.

그러나 레이건 행정부는 원칙에만 집착하지 않았다. 그는 소련과 공산주의를 비난하면서도 소련과는 무역을 계속하였다. 그는 전임자인 카터 대통령이 소련의 아프가니스탄 침공에 대한 보복으로 내린 곡물 수출 금지를 해제하고 30억 달러의 곡물을 수출하였다.

그러면서도 그는 소련의 팽창과 공산주의의 확산에 대해서는 분명히 반대하였다. 1981년말에 소련이 폴란드의 자유노조운동을 파괴하려하자, 레이건은 소련과의 무역을 제한함으로써 보복하였다. 그리고 소련군이 아프가니스탄을 침공하자, 미국은 그에 대항하는 아프간 반군들에게 원조를 제공하였다.

핵무기 경쟁과 대한항공기 격추 사건

레이건의 군비확장 정책과 핵 우위 정책은 유럽 좌파들로부터 맹렬한 비난을 받았다. 1981년 가을에 런던, 로마, 본을 비롯한 수많은 유럽 도시에서 수십만이 참여하는 반핵 시위가 일어났다.

그에 따라 1981년 11월 말에는 유럽에 대한 핵무기 배치를 제한하기 위해 중거리 핵무기 제한회담(INF)이 열렸다. 그것은 서유럽에서 소련제 SS-20 미사일과 미국제 크루즈 미사일과 퍼싱II 미사일과 같은 중거리미사일을 줄이기 위한 것이었다.

미국은 소련이 SS-20 미사일을 전부 없앤다면 미국도 서유럽에 미사일을 배치하지 않을 것이라는 제로 옵션(zero option)을 제안하였다.

이에 대해 소련은 반대하였다. 왜냐하면, 미국의 제안에는 소련을 공격할 수 있는 장거리 폭격기와 잠수함에 설치된 미사일, 그리고 영국과 프랑스의 핵무기가 제외되어 있었기 때문이다. 그 때문에 중거리 핵무기 제한 회담(INF)은 1983년 11월에 결렬되었다.

그렇게 되자 미국은 서유럽에 '크루즈'미사일과 '퍼싱2' 미사일을 서유럽에 배치하였다. 1982년 6월에 레이건은 다시 전략무기제한 회담(SALT)을 대신할 전략무기감축회담(START)을 시작하였다. 그러나 12월에 들어서면서 회담은 더 이상 나아가지 못하였다.

핵무기 감축 협상들이 연달아 실패로 돌아가자, 미국에서도 반핵운동이 일어났다. 전국 교회 협의회(NCC), 카톨릭 교회, 및 반전단체들은 민주당의 진보적 정치가들과 손을 잡고 핵무기 경쟁의 중지를 요구하였다. 1982년 6월에는 뉴욕에서 100만명이 시위를 벌였다. 과학자들도 핵 전쟁 이후에 지구가 태양광으로부터 차단되어 추워지고, 그에 따라 먹을 것도 없어지는 '핵 겨울'을 예고하였다.

핵에 대한 반대는 NATO동맹국들로부터도 왔다. 그 때문에, 하원은 1983년에, 레이건 행정부의 반대에도 불구하고, 핵 동결안을 통과시키지 않을 수 없었다. 그런데도 소련과의 군비 축소 회담은 잘 진행되지 않았다.

오히려 미국과 소련 사이에 긴장감이 더 커져가고 있었는데, 그와 같은 관계의 하나가 대한항공 여객기 격추 사건이었다. 1983년 9월 초 소련 전투기는 소련 영공에 잘못 들어온 대한민국의 민간 항공기를 미사일로 공격하였다. 그것은 공중 폭파되어 269명이 사망하였다. 전세계는 소련의 민간기 격추에 분노하였다.

레이건은 소련 전투기의 행동을 "야만적 행위"라고 규탄하였다. 항의의 표시로 레이건은 미국과 소련 사이에 민간 항공기 운행을 중지시켰다. 이와 같은 미국의 조치에 대해 대부분의 서방 국가들이 호응하였다. 그러나 프랑스만은 동참하지 않은 채 소련 노선을 계속 운행하였다.

3. 레이건의 2차임기

1984년의 선거

1984년의 선거를 맞으면서 공화당은 레이건을 대통령 후보로 다시 내세우는 데 의견이 일치하였다. 공화당 안의 어느 누구도 지도자로서의 그의 지위에 도전하지 못하였다.

레이건의 재선을 가능하게 만든 데는 여러 요인들이 작용하였다. 우선 경제가 나아지고 있었다. 1984년에 국민총생산은 8.8퍼센트 증가하였는데, 이것은 1951년 이래 가장 빠른 성장이었다. 실업률도 1984년 중반에 7.1 퍼센트로 떨어졌다. 인플레이션은 1984년에 4퍼센트였는데, 이것은

1967년 이래 가장 낮은 수준이었다.

레이건의 재선 가능성을 크게 만든 또 다른 요인은 그가 국내, 외에서 강력한 지도자라는 인상을 심어주었다는 사실이었다. 그에 따라 열렬한 지지세력이 나타나게 되었다. 그의 지지자들은 정치적 보수주의자, 사회적 또는 문화적 보수주의자, 종교적 보수주의자들이었다.

그 밖에도 어느 편에도 속하지 않은 수백만의 유권자들이 텔리비젼 광고를 보고 그를 지지하게 되었다. 그들은 20년간의 혼란과 무기력감을 끝내고 "미국은 자신감을 찾았다"(America is back)는 선거 광고문에 공감하였다.

이에 대해, 민주당은 내부 분열로 혼란에 빠져 있었다. 그리고 민주당의 진보주의(liberalism) 정강은 이제 낡은 것이었다. 민주당의 지지세력인 노동조합, 흑인, 여성, 유태인, 동성애주의자, 히스패닉과 같은 다양한 집단들은 제각기 자기 집단의 이익을 요란하게 내세웠다. 그리고 자기들의 요구가 받아들여지지 않으면 지지를 철회할 것이라고 위협하였다.

민주당의 집단이기주의를 보여주는 대표적인 경우가 이민법을 개정하기 위한 심슨-마졸리 법안(Simpson-Mazzoli bill)이었다. 민주당 지지세력인 노동조합은 이 법안을 지지하였다. 왜냐하면, 그것은 멕시코 노동자들이 미국으로 불법 유입되는 것을 막고, 불법 노동자를 사용하는 고용주들을 처벌할 것으로 예상되었기 때문이었다.

그러나 민주당의 또 다른 지지세력인 히스패닉계는 이 법이 그들을 취업에서 차별할 것이라는 이유로 반대하였다.

민주당의 승리를 한층 더 어렵게 만든 요인은 예비선거 과정에서 후보들이 지나치게 대립하고, 그에 따라 분열되었다는 사실이었다.

콜로라도 출신 상원의원 개리 하트는 헝클어진 머리, "새로운 사고"와 "새로운 세대"를 표방함으로써 인기를 얻었다. 그는 도시의 젊은 전문 직업인들인 '여피들(Yuppies)', 즉 유복하게 자란 '베이비 붐'세대를 붙잡으려고 하였다. 그러나 그는 여성과 관련된 추문으로 도중 탈락하는 불운을 겪었다.

또 다른 도전자는 흑인 민권 운동가인 제시 잭슨(Jesse Jackson) 목사였다. 그는 지난날 마틴 루터 킹과 함께 남부 민권 운동에서 활약했던 인물이었다. 그는 유창한 설교를 통해 흑인, 여성, 히스패닉, 그리고 신체 장애자와 같은 "거부당한 사람들"을 결속시켜 "무지개 연합세력"(Rainbow Coalition)을 형성하였다.

그러나 샌프란시스코에서 열린 민주당 지명 대회에서 대통령 후보 자리는 미국노총(AFL-CIO), 전국여성기구(NOW), 및 민권단체들의 지지를 받는 월터 먼데일(Walter Mondale)에게로 돌아갔다. 먼데일은 복지국가의 건설이라는 오래 된 뉴딜 전통을 내세웠다.

여성 부통령 후보와 종교문제

민주당의 먼데일 후보는 레이건에 대해 불리한 전세를 뒤집기 위한 획기적인 방편으로 부통령 후보를 여성으로 선택하였다. 그리하여 뉴욕 주 하원의원인 제랄딘 페라로(Geraldine Ferraro) 여사가 그의 '러닝메이트'가 되었다.

여성해방론자들은 이와 같은 선택을 환영하였다. 페라로는 열성적으로 선거운동을 벌임으로써 일시적이나 민주당 선거운동에 새로운 열기를 불러일으켰다.

그러나 민주당은 보수주의적인 시대 분위기에 맞기에는 너무나 진보적(liberal)이었다. 1930년대부터 내려오는 민주당의 '뉴딜 연합 세력'도 1984년에는 유지가 쉽지 않았다. 중도적인 민주당원들은 좌파적인 민주당원의 요구로 낙태와 동성애 권리가 민주당의 정강에 포함된 데 대해 반발하였다.

이와는 달리 공화당 후보인 레이건의 성향은 대중의 분위기에 꼭 맞는 듯이 보였다.

1984년 여름, 로스앤젤레스 올림픽 대회에 사용될 횃불이 대서양 연안에서 태평양 연안으로 옮겨졌다. 수백 개의 도시를 통과해 봉송되는 이 행사는 새로이 떠오르고 있던 낙관주의의 분위기와 조화를 이루고 있었다. 그래서 어느 여론조사는, 이제 "패배주의는 사라지고 그 대신 미국적 낙관주의와 '하면 된다는 정신'(can-do spirit)이 다시 천명되고 있다"고 분석하였다.

레이건의 그레나다 침공도 대학생들의 학도군사훈련단(ROTC) 지원자를 늘게 만들었다. 레이건의 낙태반대운동과 가정수호운동 지지 목소리는 진보주의자들과 좌파들의 '성적 해방'의 외침을 압도하였다. 그러므로 1980년대는 미국 역사의 순환(cycle) 과정에서 1920년대나 1950년대와 같은 우경화의 시기로 떠올랐다.

1984년의 대통령 선거전에서 뜻하지 않게 종교 문제가 쟁점으로 떠올랐다. 공화당은 정통적인 프로테스탄티즘을 내세우는 데 대해 민주당은 세속주의(secularism)를 내세우는 듯이 보였다.

<도덕적 다수파>의 제리 폴웰 목사는 공화당 지명대회에서 행한 축도에서 레이건과 그의 '러닝메이트'인 조지 부쉬를 "미국을 재건할 신의 도구"라고 찬양하였다. 이에 대한 민주당의 먼데일은 종교적 근본주의자들의 공화당 지지가 정치와 종교의 분리를 위협할지 모른다고 문제를 제기하였다.

이에 대해 다시 레이건은 "종교와 정치의 필연적인 연관성"을 주장하였다. 그리고 공립학교의 기도 시간(school prayer)에 반대하는 민주당을 가리켜 미국적 전통을 거부하는 무신론자들이라고 비난하였다.

1984년의 선거에서 레이건은 49개 주의 지지를 획득함으로써 미국 정치사에서 가장 압도적인 승리를 거두었다. 그리고 그 사실은 미국 정치의 변화를 의미하였다.

그를 지지한 새로운 우파 연합(a New Right Coalition)의 실체가 표면으로 떠오르게 되었는데, 그것은 1936년에 프랭클린 루즈벨트 대통령이 48

개 주 가운데서 46개 주를 휩쓸므로써 뉴딜연합세력(a New Deal Coalition)을 형성했던 전례에 비유될 수 있는 중요한 변화였다.

그에 따라 프랭클린 루즈벨트가 만들어 놓은 진보-좌파 연합은 레이건이 만든 보수-우파 연합에 의해 크게 흔들리게 되었다.

4. 제3세계와의 충돌

국제 정세의 불안

미국인들이 국내 변화에 도취되고 있는 동안에 국제문제들은 계속 미국을 괴롭히고 있었다.

1980년대초의 세계는 경제 문제들로 큰 어려움을 겪고 있었다. 제3세계 국가들이 더욱 더 무거운 채무의 짐을 지게 되었다. 그에 따라 미국도 손해를 보게 되어 1980-1983년 기간에 개발도상국에 대한 미국의 수출은 180억 달러가 줄었다. 이것은 미국 안에서 100만 명 이상이 일자리를 잃는 결과를 가져왔다.

또한, 세계는 기아와 기근으로 위협을 받고 있었다. 굶주림은 가뭄이 엄습한 아프리카에서 가장 심각하였다. 특히 이디오피아에서는 내전이 겹쳐 1984년에 굶주리고 있는 사람은 600만이 넘었다.

또한 세계는 지구환경의 악화로 위협받고 있었다. 토양의 침식으로 식량 생산이 타격을 받았다. 그리고 유독성 쓰레기, 산성비, 물의 오염, 무질서한 벌목으로 환경은 더욱 더 악화되었다. 그에 따라 정부의 부담도 더 커졌다.

또한, 세계는 마약의 확산으로 수백만 명의 생명이 위협을 받고 있었다. 국제적인 마약밀매 조직은 볼리비아와 콜롬비아에서 막대한 재부를 쌓고 막강한 정치적 영향력을 행사하였다. 또한 그들은 페루에서 '테러리스트'들의 활동을 지원하기도 하였다.

미국은 아시아와 라틴아메리카에서 '헤로인'의 원료인 양귀비와 '코케인'의 원료인 코카를 없애려고 하였다. 미국은 마약 단속에 상당한 비용을 들였지만, 이렇다 할 성공을 거두지 못하였다.

또한 세계는 민간인을 공격하는 '테러리즘'에 내한 공포로 위협을 받고 있었다. 1983년에 '테러리스트'의 공격 가운데 40퍼센트는 미국인에 대한 것으로서, 그해 271명의 미국인들이 살해되었다. 1985년 6월에는 레바논 출신의 시아파 회교도 테러리스트들이 미국 여객기를 납치하여 승객 1명을 살해하고, 39명의 미국인들을 17일간 인질로 잡았던 것이다.

또한 세계는 종교적 대립과 그에 따른 내전과 전쟁으로 위협을 받고 있었다. 인도에서는 시이크 회교도와 힌두교도 사이에 대립이 일어났고, 그 과정에서 인디라 간디 수상이 1984년에 암살되었다. 레바논에서는 기독교도들과 회교도들이 싸웠다. 중동지역에서는 시아파 회교도의 이란과 순니파 회교도의 이라크 사이에 전쟁이 일어났다. 북아일랜드에서는 카톨릭교도와 개신교도들 사이에 유혈 충돌이 계속되었다.

인종적 대립도 내전과 전쟁을 가져왔다. 남아프리카 공화국에서는 흑인과 백인 사이에 인종충돌이 일어났다. 왜냐하면 백인들은 네덜란드 인과 영국인의 후손으로 인구의 85퍼센트인 흑인들에 대해 아파르테이드(apartheid)로 불리는 철저한 인종차별 정책을 시행하고 있었기 때문이다.

미국은 무역을 제한함으로써 인종차별적인 정부에 압력을 넣으려고 하였다. 그리하여 1985년 초까지 11개 도시와 5개 주가 미국 기업들에게 남아프리카 공화국에 투자한 돈을 회수하도록 요구하는 투자회수법(divestment laws)을 통과시켰다

엘살바도르 내전

레이건은 제3세계의 좌파혁명에 대해서도 강경하였다. 그리고 레이건의 적극적인 개입정책은 '미국의 뒷 뜰'로 생각되는 라틴아메리카에서 잘 나타났다. 레이건은 소련의 추종 세력인 쿠바가 혼란의 주범이라고 믿었다.

레이건 행정부의 최초 시련은 엘살바도르 내전에서 왔다. 엘살바도르는 후진국에 대한 공산주의의 침투를 교과서처럼 보여주는 전형적인 경우였다.

이 나라는 매우 가난했고 군부와 지주 엘리트들에 의해 지배되고 있었고, 그 때문에 마르크스주의자들이 혁명을 일으켰을 때 농민을 비롯한 반정부 세력들이 가담하였다. 혁명파는 농민들 속에서 일하고 있던 미국 선교사들도 가담하였다. 이에 대해 엘살바도루 정부는 우파 단체를 앞세워 혁명을 진압하려고 하였다.

레이건은 엘살바도르 정부에 대한 군사 원조를 늘임으로써 내전에 간접적으로 간섭하였다. 이것은 베트남 전쟁 때와 비슷한 논쟁을 일으켰다. 미국의 좌파들은 레이건이 엘살바도르 내전을 냉전의 문제로 보는 잘못을 저질르고 있다고 비난하였다. 엘살바도르 정부에 대항해 혁명을 일으키게 만든 것은 공산주의자들의 음모가 아니라 지배계급의 억압과 뿌리깊은 빈곤이라고 좌파들은 주장하였다.

그러나 우파들은 '도미노' 이론에 입각하여 엘살바도르 내전을 보려고 하였다. 만일 엘살바도르에서 공산주의자들의 혁명이 멈추어지지 못한다면, 혁명의 물결은 멕시코와 미국으로 밀려 올 것이라고 경고하였다.

레이건은 엘살바도르 문제를 전략적인 측면에서 보았다. 그는 소련이 엘살바도르를 통해 미국의 생명선인 카리브해를 위협할 가능성이 있다고 생각하였다. 의회는 미국의 개입을 위한 자금을 승인해줌으로써 레이건 행정부를 지지해 주었다.

미국의 노력은 효과가 나타났다. 그리하여 엘살바도르에서는 1984년 5월에 실시된 선거에서 미국에 우호적인 호세 나폴레옹 두아르테 정부가 수립되었다. 미국은 새 정부에 대해 군사적, 경제적인 원조를 늘렸다.

그럼에도 불구하고 좌파 게릴라들의 활동은 끊이지 않았고, 그에 따라 민간인들의 사망은 계속 늘어났다.

니카라과 봉쇄와 그레나다 침공

레이건 행정부는 니카라과에도 개입하였다. 내전을 겪고 난 뒤 산디니스타들(Sandinistas)의 좌파정부는 수천명의 쿠바인 군사고문들을 초청하고, 소련제 무기를 수입하였다. 그러므로 레이건 행정부는 니카라과의 좌파 정부를 전복시키기로 결정하고, 1982년에 비밀리에 수 만명의 니카라과 인으로 구성된 반군을 조직하였다.

이들은 콘트라(Contras)로 불리는 사람들로서, 대부분이 이전의 소모사 정권을 지지했던 사람들이었다. 그들은 온두라스 국경으로부터 침투하여 정부 관리들을 살해하고, 정유소와 운송시설을 파괴하였다. 1985년초에 레이건은 산디니스타 정부를 제거하기 위해 니카라과에 대한 경제봉쇄를 단행하였다.

그레나다에서 미국은 보다 더 적극적으로 개입하였다. 쿠바에 우호적인 마르크스주의 정권이 들어서자, 레이건은 1983년 10월에 해병대를 상륙시켰다. 미군은 거기서 새로운 정부를 수립하고, 쿠바인들을 추방하였다.

국제연합은 미국의 그레나다 침공을 포함외교(gunboat diplomacy)의 부활이라고 비난하는 결의안을 통과시켰다. 그렇지만, 대부분의 미국인들은 레이건의 행위에 대하여 환호하였다.

중동 문제와 레바논 위기

레이건은 중동지역에서도 군사력을 사용하여 문제를 해결하려고 하였다. 그 계기는 팔레스타인 해방기구(PLO)를 둘러 싸고 미국과 이스라엘이 갈등을 빚으면서 찾아 왔다.

미국은 85억 달러에 해당하는 첨단 항공기들을 사우디아라비아에 판매하였는 데, 이것이 이스라엘을 불쾌하게 만들었다. 또한 미국은 이스라엘의 침략 행위를 비난하였는데, 이것도 이스라엘을 불쾌하게 만들었다.

미국은 이스라엘이 레바논 영토안의 팔레스타인 해방기구(PLO) 기지를 폭격하여 수백명의 민간인들을 살해한 사실을 비난하였다. 그리고 1981년 12월에 경고없이 시리아 영토인 골란고원을 점령한 사실에 대해 맹렬히 비난하였다.

이에 대한 보복으로 레이건은 전략적 협조를 위한 미국과 이스라엘의 협정 체결을 연기하였다. 그러자 이스라엘 총리 메나헴 베긴은 미국이 자기 나라를 중앙아메리카의 "바나나 공화국"처럼 취급한다고 비난하였다.

미국은 기독교도와 이슬람 교도 사이의 내전으로 혼란에 빠진 레바논에도 군사적으로 개입하였다. 레바논의 기독교도 정권이 이슬람 교도들의 공격으로 붕괴되어 가자, 1982년 6월에 이스라엘 군은 레바논을 침공하였다.

이에 대한 보복으로 팔레스타인 해방기구(PLO)와 레바논의 반이스라엘 단체들은 시리아와 연합하여 이스라엘을 공격하였다. 그에 따라 수천명의 민간인들이 죽고, 100여만명의 피난민이 발생하였다.

레이건은 레바논에서 살륙을 막기 위해 미군 해병대를 평화유지군의 일부로 파견하였다. 그러나 소규모의 미군은 레바논의 파벌 싸움에 휘말려 들게 되었다. 그 결과로 1983년 10월에 '테러' 분자들의 폭탄 공격을 받았다. 240명의 미군이 전사하자, 레이건은 해병대를 철수시켰다.

레바논 내전에서 나타난 새로운 사실은 제3세계 국가들이 '테러리즘'의 방식에 더욱 더 의존하게 되었다는 것이다. 그들은 항공기와 선박의 납치, 기업지사와 외교공관에 대한 공격, 그리고 미국인을 포함한 서방인의 납치가 적은 힘을 들이고도 큰 효과를 얻어낸다는 사실을 알게 되었던 것이다.

중동지역은 전세계에 걸쳐 미국의 시민과 재산에 대해 이루어지고 있는 '테러'의 기지 역할을 하였다. 1985년에는 레바논 출신의 쉬아파(Shiite) 이슬람교도가 미국 여객기를 납치하여 승객 1명을 살해하고 39명의 미국인들을 17일동안 감금하는 사건이 일어났다.

1988년에는 팬암 여객기가 스코트랜드 상공에서 폭파된 사건이 일어났다. 그것은 카셋트녹음기에 장착한 폭탄을 숨긴 아랍 '테러리스트'의 소행이었다.

'테러리스트'적 활동은 서방세계를 놀라게 하고 두렵게 했다는 점에서 효과적이었다. 그러므로 레이건 행정부는 테러리즘을 응징하겠다는 단호한 태도를 보였다. 그러나 실제로 테러리스트들을 확인하고 제압하는 일은 쉽지 않았다.

석유문제와 이란 여객기 격추

중동지역에서 미국은 우방국과 적대국을 모두 가지고 있었다. 대표적인 적대국은 이란과 리비아였고, 우방국은 이스라엘과 사우디아라비아였다. 이스라엘은 세계 어느 국가보다 많은 미국의 해외원조를 받아 1985년에는 30억 달러에 이르렀다. 사우디아라비아에 대해 미국은 1981년에 85억 달러의 군사장비를 판매하였다.

이와 같이 불확실한 지역적 상황에도 불구하고, 중동은 미국을 포함한 서방세계에 대해 아주 중요하였다. 중동의 석유는 서방세계 경제의 원동력이었다.

그러므로 미국은 전함들을 파견하여 페르시아 만을 지나가는 세계의 상선들을 보호했던 것이다. 일부 외국 선박들은 이라크나 이란의 공격을 받지 않기 위해 미국기를 달도록 하였다.

그러한 배경에서 1988년 미국 전함이 이란 여객기를 격추시킨 우발적인 사건이 일어났다. 그것은 어느 함장이 최신 장비를 시험해려는 경박한 행동에서 이루어진 실수였다. 이 사건으로 수 백명의 민간인 승객이 사망하였다.

미국은 이스라엘을 지지하면서도, 평화를 정착시키기 위해 이스라엘에 압력을 넣었다. 미국 평화안의 골자는 이스라엘이 점령지역을 반환 대신, 아랍 국가들은 중동 지역에서 유태인을 몰아내려는 노력을 포기한다는 '땅과 평화의 교환'계획(land-for-peace formular)이었다. 그러나 이 문제에 있어서는 이스라엘이 협조하지 않았다.

평화협상 진전을 보이지 않자, 1987년에 요르단강 서쪽 이스라엘 점령지역에서 팔레스타인들이 봉기하였다. 이 땅은 1967년이후 이스라엘이 점령한 곳이었다. 이스라엘 군은 돌을 던지며 시위하는 젊은이들을 무지비하게 진압하였다. 그리고 불도저로 팔레스타인 사람들의 집을 파괴했다.

그러는 과정에서 팔레스타인 해방기구(PLO)는 요르단강 서쪽 지역과 가자 지구를 영토로 하는 팔레스타인 독립국을 선포하였다. PLO 의장인 아라파트는 '테러리즘'을 배격하고, 이스라엘 인의 평화롭게 살 권리와 안전을 약속하였다. 그 때문에 미국은 PLO 지도자들을 지지하였다. 그러나 이스라엘은 협상을 거부하였다.

레이건 독트린과 이란 - 콘트라

로날드 레이건은 제3세계에서 일어나는 모든 문제의 근본적인 책임이 소련에게 있다고 보았다. 제3세계의 혁명운동은 모두 소련 공산주의자들의 지시로 일어나는 것으로 생각하였다.

그러므로 '레이건 독트린'은 제3세계의 내전에 대한 미국의 개입을 전제로 했던 것이다. 그것은 전복과 파괴에 대항한 평화와 자유의 '십자군 운동'이었다.

제3세계 국가들을 다루는 데 있어서 레이건 행정부는 협상 보다는 군사적 해결책을 더 좋아하였다. 그에 따라 레이건 대통령은 1983년에 카리브해의 작은 국가인 그레나다를 침공하여 좌피 정권을 축출하였고, 1986년에는 테러리즘을 지원하고 있는 카다피의 리비아를 공중폭격했던 것이다.

그러나 니카라과에서 공산주의의 침투를 막으려는 미국의 개입은 "콘트라게이트"(Contragate)라고 불리는 스캔들의 깊은 수렁에 빠지게 되었다. 1986년에 한 사건의 폭로로 레이건 행정부는 곤란한 상태에 빠졌다.

그것은 안보담당 특별보좌관인 존 포인덱스터와 보좌관인 올리버 노스 중령이 적대국인 이란에 비밀리에 무기를 판매하고, 그 이익금을 니카라과의 '콘트라'에게 무기구입 대금으로 돌려 준 사건이었다.

무기 판매 대금의 전용은 CIA국장 윌리엄 케이시의 협조 아래 이루어졌다. 그럼에도 불구하고 그것은 불법적인 것이었다. 왜냐하면 당시 미국법은 '테러리스트' 국가인 이란과의 교역을 금지하고 있었기 때문이다.

이 스캔들은 레이건의 명성을 심하게 훼손시켰다. 만약 레이건이 국가안보자문회의(National Security Council)의 무기 판매 사실을 몰랐다면, 그는 무능한 대통령이었다.

그러나 만약 그가 이란으로 무기가 판매되었다는 사실을 알고 있었다면, 대통령은 '테러리스트' 지원국가에게는 원조하지 않겠다는 약속을 어긴 것이었다. 그리고 만약 그가 노스 중령이 불법적으로 '콘트라'에게 원조를 제공하고 있었다는 것을 알았다면, 대통령은 조사과정에서 거짓말을 하고, 자신이 서명한 '콘트라' 무기원조 금지법을 어긴 것이었다.

이 사건은 레이건을 제외한 관련자들을 의회에 대한 위증죄로 유죄 판결함으로써 마무리지었다. 그러나 1992년 말, 대통령직에서 물러나기 직전에 조지 부시 대통령은 이들을 사면하였다.

국제 해양조약법의 거부

또한 레이건은 미국 기업들을 괴롭히고 있던 제3세계 국가들의 무역 장벽을 없애려고 하였다. 그래서 그는 약소국가들에게 경제에 대한 정부 통제를 줄이고 자유경쟁의 경제체제를 받아들일 것을 요구하였다. 이러한 정책의 실효성을 시험한 경우가 해양조약법(the Sea Treaty)이었다.

이 조약은 개발도상국의 입장과 산업선진국의 입장이 대립되는 상황에서 체결된 것이었다. 개발도상국들은 석유와 광물 같은 해양자원은, "인류의 공동유산"이므로, 국제적 감시 아래 모든 국가들에 의해 공동으로 사용되어야 한다고 주장하였다.

그러나 자원개발 수단을 독점하고 있던 산업선진국들은 해양 자원이 민간기업에 의해 개발되는 것이 바람직하다고 주장하였다.

그러므로 이 조약은 두 가지 입장을 절충할 수밖에 없었다. 조약 내용은 규제 쪽이 더 강한 쪽으로 작성되었다. 그에 따라 미국의 불만이 클 수 밖에 없었다.

그러므로 레이건 행정부는 이 조약을 거부하였다. 이 조약이 미국의 민간기업을 보호해 주지 않고 있다는 이유에서 였다. 이에 대해 제3세계 국가들은 분노하였다.

레이건은 환경 보전 문제에 대해서도 냉담한 태도를 보임으로써 제3세계의 반발을 샀다. UN이 개발도상국에서 유아식품의 판매를 제한하려는 결의안을 채택하려 하였을 때, 미국은 유일하게 반대표를 던졌던 것이다.

그것은 개발도상국의 어머니들이 미국의 유아식품회사들의 과도한 광고에 현혹되어 아기들에게 모유 대신 분유를 먹이고 있는 데 대해 경고하려는 것이었다. 왜냐하면, 오염된 물에 분유를 타 먹였을 때, 병균이 퍼져나갈 위험이 있었기 때문이다.

제3세계와 미국

실제로 미국과 제3세의 갈등을 가져온 근본적인 원인은 권력 다툼(struggle for power)이었나. 그리고 그러한 다툼은 근본적으로 냉전과 미국의 경제적 이해관계와 관련된 것이었다.

미국은 제3세계의 독립 운동 보다는 유럽의 제국주의 국가들을 지지하는 경우가 많았다. 미국은 제3세계가 독립 속도를 늦추고, 과격한 혁명보다는 점진적인 개량(evolution)의 방법을 권유하였다.

특히 미국은 냉전시대에 제3세계 국가들이 비동맹의 노선을 선택하는 것에 대해 못마땅하게 생각하였다. 미국은 그들에게 미국과 소련 사이에서 어느 한 쪽을 분명히 선택할 것을 촉구해 왔던 것이다.

이와 같은 미국인들의 세계주의적인 관점(globalist perspective)은 제3세계의 분쟁을 냉전과 관련된 것으로 보게 하였다. 그러한 분쟁들은 근본적으로 소련의 공산주의에 고무된 것으로 보였던 것이다.

그러므로 미국은 제3세계 국가들의 경제적 독립도 지지할 수 없었다. 왜냐하면, 그것은 주요한 수입국, 수출국, 투자국의 자격으로 세계경제에 깊이 관여하고 있는 미국에 대한 중요한 도전이었기 때문이다.

제3세계의 도전은 단순히 미국의 경제력에 대한 도전만을 의미하지는 않았다. 제3세계 국가들이 미국에 경제적으로 도전하기 위해서는 강력한 정부의 영도력과 철저한 정부간섭을 필요로하였다. 그 때문에 제3세계의 도전은 민간기업과 자유경쟁의 원리를 토대로하는 미국의 경제와 생활방식을 거부하게 됨을 의미하였던 것이다.

냉전시대에 제3세계의 개발도상국들은 제3의 세력을 형성함으로써 미국과 소련의 양극체제에 도전하려고 하였다. 그들은 세계문제에 있어서 강대국들의 감독과 지시를 거부하려고 하였다.

이것은 미국과 소련의 '데탕트', 즉 화해를 재촉하는 결과를 가져왔다. 즉, 그것은 미국과 소련이 제3세계를 자신들의 의도대로 다룰 수 있다는 생각을 상당히 바꾸게 했던 것이다.

제 15 장 우경화에 대한 진보 - 좌파의 반발
(1981 - 1988)

1. 레이건 행정부에 대한 불만

여성들의 불만

1984년의 대통령 선거가 가까워 오자, 로날드 레이건의 정책을 비판하는 세력들은 그의 재당선을 필사적으로 막으려고 하였다. 그 가운데서도 특히 여성, 유색인종, 노동조합의 각오가 단단하였다.

특히 여성들이 레이건을 싫어 하였다. 1984년에 레이건의 대통령 재선을 지지하는 사람은 남자의 경우에 53퍼센트였지만, 여성의 경우에는 38 센트밖에 되지 않았다.

여성해방운동가들이 레이건의 재선을 반대한 것은 그가 평등권을 위한 헌법개정안(ERA)에 반대했기 때문이었다. 결국 평등권헌법개정안(ERA)은 비준에 필요한 전체 주의 3분의 2의 지지를 얻지 못하였고, 그 때문에 그 법안은 1983년에 무효화되었다.

레이건에 대한 여성의 지지가 낮았던 또 다른 이유는 레이건 행정부가 사회보장과 보건, 및 교육에 관련된 예산을 크게 삭감했기 때문이었다. 레이건 행정부는 식품구입권(food stamps)과 무료학교급식(school meals)

을 줄이고 육아보조금 지급을 거부하였는데, 이것은 빈민 여성과 그들의 자녀들에게는 큰 고통이 되었다.

가정을 가진 직장 여성들은 레이건 행정부가 어린이 복지에 대해 무관심한 데 대해 실망하였다. 1984년에 아동, 청소년, 가정에 관한 하원 특별조사위원회가 내놓은 보고서에 따르면, 1980 - 1982년 기간에 빈곤 아동은 200만명이 늘었다. 흑인 아동은 2명 가운데 1명이 빈곤 속에서 살고 있었다.

그리고 1983년 5월의 노동부 발표에 따르면, 20세 이상의 여성 가운데서 직장 여성은 50.5퍼센트로 늘었다.

그러나 여성들의 직종은 제한된 부문에 한정되어 있었다. 1985년의 통계에 따르면, 근로 여성들의 절반은 총 441 가지 직업 가운데 20가지에만 집중되어 있었다. 여성 근로자의 80퍼센트가 점원, 판매직, 교사, 간호사, 미용사와 같은 임금이 낮은 이른바 "여성적인" 직종에 종사하고 있었던 것이다.

여성들의 소득도 남성들의 그것보다 평균 60퍼센트 정도로 낮았다. 그리고 빈민 여성은 1981 - 1983년 기간에 200만이 더 늘었다.

여성해방운동가들이 레이건 행정부에 분개한 것은 레이건 행정부가 "동등한 가치의 일에 대한 동등한 보수"(equal pay for jobs of comparable worth)에 반대했기 때문이었다. 그들에게 초등학교 여교사의 보수가 전기 기술자의 보수 보다 적은 것은 부당한 일로 보였다. 왜냐하면, 그 두 가지 일에는 서로 동등한 기술(comparable skills)과 서로 동등한 정도의 책임이 따르기 때문이라는 것이었다.

그러므로 전국여성기구(NOW)를 중심으로한 여성해방운동가들은 1984년의 선거전에서 목표인 '동등한 가치'(comparable worth)의 개념을 받아들인 민주당의 월터 먼데일후보를 지지하였다.

민권운동가와 노동운동가들의 불만

흑인 민권운동가들은 레이건 행정부의 고위 관리직에서 흑인이 적은 비율을 차지하고 있는 데 대하여 비난하였다. 민주당 카터 행정부 때는 흑인이 12퍼센트, 여성이 12.1퍼센트로 많았다. 그러나 공화당의 레이건 행정부에서는 흑인이 4.1퍼센트, 여성이 8피센트밖에 되지 않았던 것이나.

그래도 여성에게는 약간의 배려가 있어서 3명의 여성을 각료로 임명하고, 산드라 데이 오코너 여사를 첫 여성 대법원 판사로 임명하였다. 그러나 흑인들과 히스패닉계에 대해서는 배려가 없었다.

그러므로 정부 기구인 미국민권위원회는 항의성의 보고서를 제출하였다. 그러자 레이건 대통령은 위원들 가운데서 시끄러운 진보주의자들을 해임하고, 그 자리에 소수세력 우대조치(affirmative action)에 반대하는 보수주의자들을 임명하였다.

레이건은 1982년에 종교적 근본주의자들이 운영하는 기독교 학교에 대해 세금 면제 혜택을 주었다. 그 대상은 사우스캐롤라이나의 밥존스대학(Bob Jones University)과 노스캐롤라이나의 골즈보로 기독교대학(Goldsboro Christian Institute)이었다. 이들 종교 학교들은 인종차별과 백인전용 입학을 성서를 통해 정당화하고 있었던 것이다.

그러나 이에 반대하는 대법원은 1983년에 8대 1로 레이건의 행정명령을 거부하는 판결을 내렸다. 그리고 세금 면제의 혜택을 주지 말도록 국세청(IRS)에 명령하였다.

전체적으로 레이건 행정부는 민권 문제에 있어서 부정적이었다. 그러므로 법무부 민권국장은 1965년의 투표권법을 수정없이 연장하는 것에 반대하였다. 그리고 흑백통합버스(busing)와 소수세력 우대조치(affirmative action)에 대해서도 분명하게 반대하였다.

또한 그는 주거문제에 있어서 유색인종에 대한 차별을 금지한 공정주택법을 마지못해 느슨하게 시행하였다. 그리고 연방정부의 지원을 받는 교육 프로그램에서 여성과 소수인종의 차별을 금지한 법도 느슨하게 시행하였다.

그러므로 흑인은 물론 히스패닉계와 인디언들도 레이건 행정부에 대해 불만이 많았다. '라틴계미국시민연합'과 '전국부족장협회'는 레이건 행정부가 소수민족에 대해 공정하지 못하다고 공개적으로 비난하였다.

미국노총(AFL-CIO)도 레이건을 반대하였다. 노동조합에 대한 레이건의 적대적인 태도는 노동조합 운동을 위축시켰다. 그 결과로 그가 취임한 처음 3개월 안에 임금 협상을 끝낸 노동조합들은 평균 2.2퍼센트의 인상밖에는 얻어내지 못했다. 이것은 1년전 카터 행정부 시절의 평균 9.8퍼센트 임금 인상과 비교해 형편없이 떨어진 수준이었다.

노동조합이 힘을 잃게 된 것은 "굴뚝 산업"에서 실업이 늘어 남에 따라 조합원을 많이 잃었기 때문이기도 하였다. 새로운 전자산업과 서어비스 산업에서 노동자들이 늘기는 하였지만, 노조들은 그것을 조직화하는 데는 실패했던 것이다.

게다가 노동조합은 1984년의 대법원 판결로 큰 타격을 입었다. 그것은 회사들이 파산을 선고했을 경우에 노동조합과의 계약을 일방적으로 파기할 있다는 내용을 포함하고 있었기 때문이다.

파업에 대한 레이건의 강경 진압도 노동조합을 더욱 더 약화시키는 결과를 가져 왔다. 그가 취임한지 얼마 안되는 1981년에 항공기 유도 관제사들이 파업으로 항공기 운항을 마비시킨 사건이 일어났다. 그는 항공관제사기구를 해체함으로써 결국은 진압에 성공하였다.

또한, 그는 노사문제를 조정하기 위한 정부의 전국노동관계위원회(NLRB)에도 노동조합에 적대적인 인사들을 위원으로 임명하였다.

2. 빈곤과 사회문제

탈산업화와 불균형의 심화

1980년대에 들어오면서 경기침체와 인플레이션이 동시에 나타나는 '스태그플레이션' 현상은 사라져 가고 있었다. 그 대신 새로운 문제들이 나타나고 있었다.

그러한 문제들의 하나가 탈산업화(deindustrialization) 현상이었다. 그것은 철강업, 직물업, 자동차 공업, 제화공업 같은 제조업의 쇠퇴를 의미하였다. 그 결과로 보수가 높고 노동조합에 가입된 '불루칼라' 직종의 일자리가 줄어들었다.

그래서 1974년에 육체노동직은 20세와 24세 사이의 흑인 남성들의 일자리 가운데서 절반을 차지하였지만, 1984년에 와서는 4분의 1로 줄어 들었다. 그러한 변화는 대도시에서 빈곤층이 늘어 가고 있는 현상과 관계가 있었다.

이것은 일자리 시장의 성격도 바뀌어 가고 있음을 의미하였다. 임금이 높은 산업체 노동직이 줄어드는 대신, 보수가 적은 '서비스' 직종, 예를 들면 패스트푸드(fast-food) 식당의 일자리가 많이 늘어 났다.

이것은 근로자들의 생활수준을 떨어뜨렸다. 그에 따라 빈곤률(poverty rate)은 1981 - 1983년 기간에 14 퍼센트에서 15.3 퍼센트로 높아졌다. 빈곤률은 백인보다는 흑인에게서 훨씬 더 높아, 1983년에 백인은 12.2 퍼센트였으나 흑인은 무려 35.7 퍼센트였다. 그리고 그것은 남성보다 여성에게서 더 높았다.

그 결과로 사회 구성원들 사이의 격차도 더 커졌다. 즉, 격차는 유복한 백인과 가난한 소수민족 사이에서, 양부모가 있는 가정과 부모의 한

쪽만 있는 가정 사이에서, 그리고 유복한 교외지역과 가난한 도심지역 사이에서 더욱 더 두드러졌다. 그에 따라 1980년대의 미국은 점점 더 분열된 사회(a polarized society)가 되어 갔다.

불균형에서 오는 박탈감의 증폭으로 살인과 조직폭력배 대결과 같은 폭력형 범죄도 크게 늘었다. 범죄율이 높아짐에 따라, 도시의 빈곤층이 밀집한 '겟토'는 위험하고 격리된 구역이 되었다. 그리고 거기에 사는 주민들은 '새로운 도시 하층민' (New Urban Underclass)으로 불리게 되었다.

빈민의 정체

빈민, 즉 하층민(underclass)에서 큰 부분을 차지하고 있는 세력이 여성들이었다. 그리고 그들의 빈곤에는 이혼이 중요한 원인이 되었다. 1986년에 캘리포니아에서는 이혼여성과 그의 자녀들의 생활수준이 종전보다 73퍼센트 떨어진 반면에, 이혼남성들은 42퍼센트나 올라갔다. 1980년대에는 두 가정 가운데 한 가정이 이혼하였다.

10대와 20대의 미혼모도 늘어났다. 1985년에 홀어머니 밑에서 자라고 있는 어린이는 백인의 경우 전체의 18퍼센트였지만, 히스패닉계는 29퍼센트, 흑인은 54퍼센트로 높았다. 그에 따라 청소년의 학교 중퇴, 어린이 학대도 늘었다.

이혼여성들은 반드시 직장을 가져야만 했다. 여기에 덧붙여 남편이 있는 여성들도 일을 하려고 하였기 때문에, 1983년에는 성인 여성의 50.5퍼센트가 직장을 가지게 되었다. 이제 미국에서 '일하는 어머니'는 정상적인 현상이 되었다.

그에 따라 여성들의 소득도 1970년대에는 남성의 62퍼센트였던 것이 1980년대에는 70퍼센트로 늘기도 하였다. 그럼에도 불구하고 여전히 여성은 남성보다 가난하였다.

빈민의 또 다른 큰 부분은 어린이들이었다. 1985년에 국민의 27퍼센트인 어린이들은 빈민의 40퍼센트를 차지하고 있었다. 18세 이하의 22퍼센트가 빈곤층에 속하였다. 빈곤의 정도는 흑인 청소년층에서 더욱 더 심하여 48퍼센트에 이르렀다.

어린이들의 가난은 대부분 부모의 가난으로부터 오는 것이었다. 가난한 환경에서 태어난 아기들은 생후 1년 이내 사망 비율이 보통 아기들보다 3배나 높았다. 그러한 현상은 기술이 없는 홀어머니(single parents)의 결손가정에서 일어났다.

빈민 가운데는 노인들도 있었다. 65세 이상 노인의 빈곤률은 14.6퍼센트로서 인구전체의 빈곤률보다 낮은 편이었다.

그러나 빈민 가운데서 점차 비중이 커져 가고 있던 것은 '집없는 사람들'(the homeless)이었다. 그 숫자는 1988년에 35만명에서 100만명 정도로 추산되었다. 그들의 3분의 1은 수용제도의 폐지로 공립 정신병원들이 더 이상 그들을 보호할 수 없게 됨에 따라 길거리에 나오게 된 정신질환자였다.

빈민은 고통스러운 생활을 할 수밖에 없었다. 1982년에 1,600만 이상이 의료 보험 혜택을 받지 못해, 치료를 최악의 상태에 이를 때까지 미루고 있었다.

또한, 실업자들은 알콜 중독, 흡연 증가, 고혈압, 불면증, 및 신경쇠약을 겪었다. 1982년의 어느 통계에 따르면, 실업률이 1퍼센트 오를 때마다 자살률은 4.1퍼센트, 살인은 5.7퍼센트, 정신병원 입원 남녀는 각각 4.3퍼센와 2.3퍼센트 올랐다.

레이건 대통령은 최소한의 복지 사업은 남겨 두겠다고 약속하였으나, 실제로는 그렇지 못하였다. 왜냐하면, 그는 5년에 걸쳐 1조 7천만 달러를 투입하게 될 군비확장 계획을 추진하려 했기 때문이다.

1982년 중반에 재정적자가 2천억 달러를 넘자, 레이건은 노인의료보험(Medicare), 빈민의료지원(Medicaid), 식품교환권(food stamps), 연방연금, 정부보장 주택담보(home mortgage)에서 지출을 줄였다.

마약, 에이즈, 동성애

도시 하층민(underclass)의 생활을 크게 좌우한 또 하나의 요소는 마약이었다. 희망도 없이 가난에 찌든 빈민들에게 '코케인'이나 그것에서 추출된 '크랙'(crack)은 삶의 고통을 잠시나마 잊을 수 있는 수단으로 잘못 생각되는 경우가 많았다.

'크랙'은 1985년에 처음으로 뉴욕시의 빈민가에 나타나기 시작하여, 11, 12세의 어린이나 혼자서 아이를 낳아 키우는 소녀들에 의해 사용되면서 급속도로 퍼져갔다. '크랙'에 일단 중독이 되면, 사람은 아기까지 버릴 정도로 무책임해졌다. '크랙' 사용의 급증과 함께 어린이나 청소년들이 마약거래자로 타락하였다.

청소년 마약 거래자들은 자동소총을 비롯한 고성능 무기들을 잘 다룰 수 있는 능력까지 갖추고 있었다. 이러한 깡패들의 패싸움으로 로스앤젤러스에서는 1987년 한 해에 총 387명의 사망자가 생겼다. 그들 가운데는 절반 이상은 사건 현장 근처에 있다가 억울하게 피해를 당한 사람들이었다.

마약의 확산에 따른 또 다른 결과는 '에이즈'(AIDS)의 만연이었다. '에이즈'는 1981년에 미국에 처음으로 나타나기 시작하여, 남녀간 성교시에 나오는 체액이나, 또는 마약 사용자들이 돌려가며 사용하는 혈관주사기를 통해 퍼져나갔다. 처음에 '에이즈' 피해자는 남성 동성애자들이었으나, 점차 남녀 모두에게로 확대되었다.

1981-1988년 기간에 '에이즈' 환자는 5만7천명에 이른 것으로 추산되었고, 그 가운데서 3만2천 명이 사망하였다. 남성동성애자들 가운데 약 절반이 그 병에 감염된 것으로 추산되었다. '에이즈'의 만연은 1960, 70년대의 "성 혁명"(sexual revolution)으로 자유분방해진 성행활도 책임이 있는 것으로 생각되었다.

이와 같은 재앙을 막기 위한 방법으로 '콘돔' 사용을 권장하는 운동이 일어났다. 그렇게 되자, 보수적인 프로테스탄트 교도들과 카톨릭 교회가 반대하였다. 문란한 성생활을 조장할 염려가 있다는 이유에서 였다.

그들은 학교에서의 성 교육에 대해서도 반대하였는데, 그 이유는 남성과 여성의 혼인에 따른 정통적인 성교 외에는 어떠한 성 행위도 잘못된 것으로 생각되었기 때문이다. "사람은 자기가 심은 대로 거두리라(A man reaps what he sows)", 그리고 "속되고 천한 밭에 씨를 뿌린 사람은 썩은 곡식만을 거둘 뿐이다."고 <도덕적 다수파>의 제리 폴웰 목사는 외쳤다.

따라서 보수적인 레이건 행정부는 동성애자들에게 호의적일 수가 없었다. 그 때문에 그것은 1988년에 공중보건부를 통해 <에이즈 이해법>이라는 소책자를 발간하여 전국의 가정에 우송하는 정도로 그쳤다.

레이건의 임기말

재임 말기에 이른 로널드 레이건에게는 정치적 어려움과 권력 누수 현상이 나타나기 시작하였다. 1986년의 중간 선거를 앞두고 이란-콘트라 사건이 터지기 시작하였다. 1987, 88년에는 레이건 대통령이 추천한 대법원 판사 후보들이 두 번씩이나 상원에서 인준을 받지 못하는 일이 일어났다.

그럼에도 불구하고 1988년의 선거에서 공화당은 그렇게 불리하지는 않았다. 레이건 대통령은 소련을 방문함으로써 외교적인 성과를 거두었다. 그리고 미국 경제는 1981년과 1982년의 불황 이후 6년 동안 회복을 계속하여 인플레이션을 발생시키지 않고도 실업률이 10년만에 5.4%로 낮아지는 성과를 보였다.

8년간의 레이건 재임기간을 통해 '공급측면 경제'는 대체로 성공한 듯이 보였다. 1980년대에 대부분의 미국인들은 일자리를 가지고 있었다. 국민 생활이 안락해졌다는 것은 가정마다 가전제품이 고르게 보급된 사실에서 증명되었다. 개인용 컴퓨터, 비디오 카세트 녹화기(VCR), 전자레인지, 캠코더, 및 캠팩트 디스크 플레이어는 흔한 물건이 되었던 것이다.

그러므로 1980년대를 마감하는 시기에 미국인들은 일반적으로 그들의 삶의 방식에 만족했고, 국민 생활 수준도 높아졌다고 느꼈다. 그 때문에 대학생들은 체제에 저항했던 1960년대의 선배들과는 달리 체제 안에 안주하려고 하였다.

사회를 구원한다는 거창한 목표를 내세우기 보다는 하기보다는 사회의 승진 사다리를 올라가려는 구체적인 목표에 집착하는 경우가 많았다. 그렇기 때문에, 교육받은 젊은이들 가운데는 긴 시간 일하는 사람들이 많았다.

그래서 '뉴스위크' 지는 1970년대가 '자기 중심 시대'(Me Decade)라고 한다면 1980년대는 '일하는 시대'(Work Decade) 라고 불렀던 것이다.

제 16 장 보수-우파의 동요 (1989-1992)

1. 온건한 부시 행정부

1988년의 선거와 부시의 승리

　헌법이 대통령의 세 번째 임기를 허용하기만 했다면, 레이건은 또 다시 대통령에 당선될 수 있었을 것이다. 그러나 헌법은 두 번의 임기만을 허용하였기 때문에 레이건은 1988년의 선거에서 후계자를 내세우지 않으면 안 되었다.
　공화당 후보로서 상원 공화당 원내총무인 밥 도울, 그리고 텔레비전 복음전도사인 팻 로버트슨도 거론되었다. 그러나 결국 후보직은 부통령인 조지 부시(George Bush)에게 돌아갔다.
　부시는 코네티켓 출신으로서 예일 대학을 졸업한 다음 제2차세계대전에서 해군 전투기 조종사로 싸웠다. 그는 석유 사업에 뛰어들기 위해 텍사스로 거주지를 옮겼다. 그는 하원의원, 중국 대사, CIA 국장을 거치면서 폭넓은 정치경험을 쌓은 다음, 레이건 밑에서 부통령으로 8년동안 근무하였다. 부시는 확고한 신념은 없지만 원만하게 정치를 끌어갈 사람으로 보였다.
　민주당 후보로서는 두 사람이 유력하였다. 한 사람은 흑인 목사 제시

잭슨으로서, 가난한 사람들을 위해 경제-교육 프로그램의 추진을 요구하는 좌파 성향의 급진파였다. 그는 흑인, 여성, 히스패닉을 묶어 "거부당한 사람들의 무지개 연합"(Rainbow Coalition of the Rejected)을 조직하려고 하였다.

또 한 사람은 매사추세츠 주지사인 마이클 듀카키스로서, 복지제도의 확충을 약속하는 뉴딜 진보주의자였다. 결국 듀카키스는 후보로 지명되었다.

공화당의 부시 후보와 민주당의 듀카키스 후보 사이에는 특별한 쟁점이 없었다. 왜냐하면, 두 후보는 모두 아동보호, 마약, 환경파괴, 정부의 부패, 빈곤, 의료비와 교육비의 증가, 재정과 무역의 적자와 같은 민감한 문제들에 대해서는 논쟁을 회피하였기 때문이다.

그 때문에 후보 자질을 둘러싼 공방이 중요하게 되었다. 그에 따라 텔레비전이 결정적인 역할을 하게 되었다. 그러므로 두 사람은 모두 실수하지 않으려는 데 역점을 두었다.

부시는 애국심을 강조하였다. 그리고 민주당의 진보주의 노선이 범죄자에 대해 지나치게 관대하다고 비난하고, 사형제도를 지지하였다. 공화당은 민주당의 듀카키스 후보가 흑인 죄수 윌리 호튼에 대해 휴가를 허용함으로써 범죄를 다시 저질르게 만들었다고 비난하였다.

선거 당시 미국은 대체로 평화로웠고 인플레이션율과 실업율이 모두 낮았기 때문에, 국민들은 변화의 필요성을 별로 느끼지 못하였다. 그에 따라 레이건의 노선을 그대로 유지하려는 부시가 선거에서 쉽게 승리하였다.

레이건의 경우와 마찬가지로, 이번에도 공화당은 전통적으로 민주당이 우세했던 미시간, 펜실배니아, 오하이와 같은 공업주에서도 승리하였다. 그 지역에는 민주당 지지였지만 레이건 때문에 공화당을 지지하게 된 이른바 "레이건 민주당 세력들"이 많았기 때문이다.

1988년의 선거에서 나타난 또 다른 현상은 오랫동안 민주당의 근거지였던 "남부 심장부"(the Solid South)가 공화당 지지로 바뀌었다는 것이다. 그것은 남부에서나 북부에서나 모두 인종 문제가 더욱 더 중요하게 되었음을 보여주었다. 왜냐하면 백인들은 더욱 더 확실하게 공화당에 투표하고, 흑인들은 민주당에 투표했기 때문이다.

우유부단한 부시 행정부

조지 부시는 1989년 1월 20일에 제41대 대통령으로 취임하였다. 그러나 그에게는 어려운 문제들이 기다리고 있었다.

첫째는 빈곤과 그에 따른 불평등의 문제로서, 인종주의 문제와 얽혀 더욱 더 어려워지고 있었다. 둘째는 재정적자의 문제였다. 1989년에는 의회까지 지불능력이 없는 금융기관들을 구제함으로써, 정부의 채무는 더욱 늘어가고 있었다.

셋째는 미국이 자신의 경제적 운명에 대한 제어력을 잃어가고 있는 문제였다. 그 문제의 심각성은 1983-1989년 기간에 외국인들의 미국 투자 액수가 미국인들의 해외 투자 액수 보다 더 많았다는 사실에서 나타났다.

이와 같은 위기에 대처하기에는 조지 부시 대통령이 너무 온건하고 보수적인 인물로 보였다. 취임일에 그는 "보다 더 부드럽고, 신사적인 나라"를 건설하겠다고 선언하였다.

그는 이념적 소신보다는 현실적 적응력을, "비전"(visions) 보다는 사실(facts)을 더 좋아하는 사람이었다. 그 때문에, 그의 재임 기간에는 경제가 성장할 가능성은 없어 보였다. 실제로 부시가 재임한 4년동안 연간 GNP 성장률은 0.7퍼센트에 지나지 않았는데, 이것은 1930년대 대공황이래 가장 느린 것이었다.

그러므로 부시 임기의 마지막 해인 1992년에 오면 경제가 아주 나빠져, 실업수당을 타는 실업자의 수가 수백만에 이르렀다. 공장의 일자리는 빠른 속도로 줄어 들었다. 일자리를 갖고 있는 사람들조차도 소득은 늘어나지 않았다.

1991년에 중산층의 소득은 3.5퍼센트 떨어졌는데, 이것은 1973년의 경기후퇴이후 가장 심각한 수준이었다. 1992년에 빈민은 1964년이래 가장 많은 숫자에 이르렀다. 그렇지만, 자유방임주의자였던 부시는 장기 실업자를 위한 구호 기금을 늘리는 데는 반대하였다.

그런데도 연방정부의 적자 지출은 계속 늘어만 갔다. 1990 - 1992년 기간에 재정적자는 2천2백 달러에서 2천9백 달러로 늘었다. 그에 따라 1992년에 연방정부의 채무액은 4조 달러에 이르렀다. 그런데도 연방정부는 파산한 금융기관들을 돕기 위해 1992년에 1천3백 달러를 지출하였다.

시 정부와 주 정부도 파산지경에 빠지는 경우가 많았다. 1992년에 캘리포니아 주는 주 정부 공무원들과 채권자들에게 어음(IOU)으로 지불하였다. 그런데도 캘리포니아 주는 "조세 저항" 때문에 재산세를 올리지 못했다.

기업들도 채무에 시달렸다. 왜냐하면 부동산, 주택건설, 그리고 보험회사들이 너무 과도하게 사업을 확장했기 때문이다.

실업자도 늘어났다. 왜냐하면, 많은 기업들이 비용을 절감하고 생산성을 높이기 위해 노동자 대신 컴퓨터와 기계를 사용했기 때문이다. 뿐만 아니라, 기업들이 공장을 제3세계 국가로 옮겼기 때문이다. 그러한 나라에서는 임금이 낮고 환경규제가 약해 기업활동에 유리하였던 것이다.

게다가 소련의 붕괴로 냉전이 끝남에 따라 많은 무기 생산이 취소되어 방위산업체의 많은 종업원들이 일자리를 잃게 된 것도 실업자를 늘게 하는 원인이 되었다.

그럼에도 불구하고 부시는 경제 위기를 해결할 방안을 갖고 있지 못하였다. 그는 "무엇보다도, 손해를 입히지 말라"는 좌우명을 내세웠는데, 이것은 정부가 경제와 사회문제를 해결하기 위해 적극적인 행동을 하지 않고 있었음을 잘 표현해 주고 있다.

　부시는 1988년의 선거 공약을 지키지 못하였다. 그는 새로운 세금의 부과는 없을 것이라고 약속하였지만, 결국 연방정부의 적자를 줄이기 위해 세금을 인상하였다. 민주당 의원들은 공화당 대통령의 예산삭감에 동의해 주는 대가로 세금인상의 목적을 달성했던 것이다.

　또한, 부시는 선거전에서 "환경 대통령"과 "교육 대통령"이 되겠다고 약속하였다. 그러나 그는 두 가지 모두 이루지 못하였을 뿐만 아니라, 모순되는 태도를 보였다.

　부시는 공장에서 방출되는 아황산가스와 산화질소를 규제하기 위한 공기정화법(Clean Air Act)의 시행을 1990년에 다시 연장함으로써 환경주의자들로부터 환영을 받았다.

　그러나 그는 경쟁자문위원회(Council on Competitiveness)를 새로 설치함으로써 환경규제 노력을 무력화시켰다. 왜냐하면 그 위원회는 환경규제가 생산비용을 늘림으로써 경제성장을 방해한다는 이유에서 규제를 완화했기 때문이다. 그리고 환경오염을 처벌하기 위해 환경청(EPA)이 대기업을 기소하려 하자, 법무부는 그것을 막았다.

　부시 행정는 사회복지 부문에서 후퇴했다는 비난을 받았음에도 불구하고, 다른 한편에서는 복지를 증진시키기도 하였다.

　그 가운데 대표적인 것이 1990년의 장애인보호법이었다. 그것은 맹인, 청각장애자, 정신지체자, 신체장애자는 물론, 에이즈(HIV) 양성반응자와 암 환자를 직장에서 차별하지 못하도록 하였다. 그리고 장애인을 위한 휠체어 진입로와 같은 편의 시설을 설치케 하였다.

문화전쟁: 토마스 판사 인준 문제와 로드니 킹 사건

　1990년대초에 미국 사회는 쇠퇴의 어두운 면을 계속 보여 주었다. 도시는 쇠퇴하고, 범죄는 늘어갔다. 대부분의 공립 학교들은 청소년을 제대로 교육할 수 없을 정도로 무질서해 있었고, 학업을 포기하는 학생들이 늘어갔다.

　이와 같은 결과에 대해 보수-우파들은 진보-좌파들에게 책임을 돌렸다. 그것은 좌파들이 범죄자와 범죄행위에 대한 책임을 개인 보다는 사회 전체에게 돌리는 사회적 관용을 주장했기 때문이라고 우파들은 생각하였다.

　그들은 특히 국민 의식에 중요한 영향을 미치고 있는 대학들이 좌파 교수들에 의해 장악되고 있는 사실에 대해 특히 우려하였다. 그리고 인문학진흥재단(National Endowment for the Humanities), 예술진흥재단(National Endowment for the Arts)의 막대한 돈이 좌파 지식인들에게 집중적으로 지원되고 있는 사실을 크게 우려하였다.

　이러한 우파의 우려는 국민의 생활 방식(way of life)을 놓고 우파와 좌파 사이에서 일어나고 있는 심각한 갈등을 표현한 것이었다. 이러한 갈등은 문화전쟁(cultural war)으로 불리었다. 그리고 그것은 토마스 판사 인준을 둘러 싼 성희롱 문제를 통해 표면화되었다.

　문화전쟁의 발발은 1991년에 부시 대통령이 대법원 판사 자리에 흑인인 클라렌스 토마스(Clarence Thomas)를 임명한 데서 시작되었다. 토마스는 젊은 흑인이면서도 소수세력 우대조치(affirmative action)와 낙태 허용에 반대하고, 학교에서의 기도 시간(school prayer)에 찬성하는 보수파였다.

　그러나 그의 인준을 방해하고 나선 사람은 흥미롭게도 흑인 여성이었다. 그녀는 오클라호마 법과대학원교수인 진보주의자 애니타 힐이었다. 그녀는 자기가 토마스의 부하로 근무할 때 성희롱을 당했다고 주장하였다. 그녀는 상원 법사위원회에 출석하여 토마스가 '포르노' 영화 장면을 흉내낼 것을 강요했다고 주장하였다.

　공화당 상원의원들은 애니타 힐 교수의 증언 내용을 믿지 않았다. 그 때문에, 토마스는 대법원 판사로 인준을 받았다. 그러나 애니타 힐의 증언은 사실 여부를 떠나 직장에서 비슷한 성폭행을 경험한 전국의 여성들을 분노케 함으로써 성 희롱을 사회 문제로 부각시켰다.

1980년대에 미국을 괴롭혔던 사회적 질병들이 1990년대에도 계속되었다. 그것들은 '에이즈'(AIDS), 집 없는 사람, 마약 중독자와 알코올중독, 인종차별과 불평등, 어린이의 가난, 남편 없는 가정의 가난, 아동 학대, 10대 청소년의 자살, 부자와 빈자의 소득 격차, 건강보험 혜택의 부족과 같은 사회문제들이었다.

그러나 이러한 문제들은 해결되기는 커녕 더욱 더 심각해져, 이제는 중산층까지 괴롭힘을 당하게 되었다.

인종 갈등은 로드니 킹 사건을 계기로 폭발하였다. 그것은 1992년 4월에 캘리포니아의 한 법정에서 배심원들이 4명의 백인 경찰관들에게 무죄를 선고함으로써 시작되었다. 그 백인 경찰관들은 검문을 무시하고 달아난 로드니 킹이란 흑인 청년을 심하게 때린 혐의로 고소되었던 것이다.

백인 경찰관들에게 무죄가 선고되자, 로스앤젤레스에서는 분노한 흑인들의 폭동이 일어났다. 그 결과 44명이 죽고 200명이 부상당했다. 그리고 주거지와 상가가 불탔다. 그것은 1965년의 왓츠 지구 폭동 이후에 일어난 최대의 폭동이었다.

그러나 문제의 근본원인은 가난, 인종차별, 교육부족, 고용기회 부족, 경찰의 권력 행사에 대한 오해와 같은 좀 더 깊은 데 있었다. 그러나 정부는 그러한 문제들을 해결할 준비가 되지 못하였다.

그러한 이유 가운데 하나가 공화당 대통령과 민주당 국회 사이의 협력 부족이었다. 그것은 부시 대통령이 의회에서 통과된 37개의 법안을 거부했다는 사실에서 잘 드러났다.

이와 같은 정국 경색에 대해 국민들은 대통령보다도 국회를 더 비난하였다. 국민들은 의회가 추문과 특권으로 더럽혀져 있다고 분노하였다.

그들은 국회의원들이 수천 장의 부도수표를 발행하였는데도, 은행이 아무런 벌금도 부과하지 않은 사실에 대해 분개하였다. 또한 그들은 저축은행 사고에 대한 조사가 진행되고 있는 바로 그 순간에도 일부 상원의원들이 금융 조작꾼들의 편을 들고 있었던 데 대해 분개하였다.

또한 그들은 많은 의원들이 기업체나 이익단체의 '로비스트'로부터 무료 항공권이나 지나치게 많은 강연료를 받는 방법으로 뇌물을 받은 데 대해 분개하였다.

특히 국민들을 분노케 한 것은 국회의원들이 스스로 자기들의 봉급을 인상한 행위였다. 그 때문에 주들은 그것에 보복하기 위해 국회의원들이 임기 중간에 자신들의 봉급을 인상하지 못하도록 규정한 헌법 수정조항 제27조를 1992년에 비준하였다.

2. 냉전의 종식과 경제의 쇠퇴

국력 쇠퇴에 대한 우려

조지 부시는 자기 자신을 국제관계 전문가로 생각하고 있었기 때문에 국내문제보다는 대외정책을 더 중시했다. 그는 석유 사업가, 국회의원, UN 대사와 중국 대사, CIA국장, 부통령과 같은 다양한 경력을 통해 냉전의 본질을 잘 알고 있다고 생각하였다. 그럼에도 불구하고 냉전체제의 변화를 전혀 예상하지 못하고 있었다.

1991년에 소련의 붕괴로 냉전이 끝나자, 미국은 50년만에 처음으로 국가 안전에 대한 소련의 위협으로부터 벗어나게 되었다. 그 때문에 소련이 붕괴했을 때, 부시는 "새로운 세계 질서"(new world order)를 말하기는 하였지만, 실제로 그것에 대한 뚜렷한 개념과 대책을 갖고 있지는 못하였다.

게다가 부시는 거대한 국방예산을 줄일 생각도 못했다. 그 때문에

"쇠퇴론자"(declinists)로부터 미국이 군사분야에 너무 많은 지출을 하고 있다고 비난을 받았다. 그와 같은 비판의 하나가 역사가 폴 케네디(Paul Kennedy)가 쓴 『강대국의 흥망』(1987)이었다.

폴 케네디의 주장에 따르면, 미국은 과거의 강대국들과 마찬가지로 "제국주의적 과대팽창"(imperial overstretch)에 사로잡혀 국력 쇠퇴의 길을 계속 걸어왔다는 것이다.

그러므로 미국이 일본이나 독일과 경쟁에서 살아남기 위해서는 시장에서의 경쟁력을 회복시키는 동시에, 막대한 액수에 이른 연방정부의 채무를 줄여야 한다는 것이었다. 그리고 보다 더 많은 자원을 장기적으로 투자하고, 교육제도를 개선해야 한다는 것이었다.

만일 그렇게 하지 않는다면, 미국도 과거의 스페인과 영국처럼 계속 몰락하게 될 것이라 주장하였다. 미국이 경제적 침체로부터 벗어나기 위해서는 우선 세계주의적인 개입주의(global interventionism)로부터 벗어나야 한다고 주장하였다.

그러나 부시 대통령은 이들 쇠퇴론자들을 염세주의자들이라고 경멸하였다. 그는 오늘날의 미국이야 말로 단일 세계(unipolar world)의 최대 강대국이라고 생각하였다.

환경문제에 대한 우려

국제적으로 미국을 괴롭힌 문제 가운데는 지구 환경 보전 문제가 있었다. 그것은 '온실 효과', 다시 말해 대기 중에 탄산가스와 같은 가스들이 쌓이는 지구의 온난화 현상이었다. 그렇게 되면 바다의 수면이 높아지고 농경지에 홍수가 덮침으로써, 많은 사람들이 살던 곳을 떠나야 할 위험성이 있었다.

게다가 지구를 보호하는 남극의 오존층에서 구멍이 점점 커져가는 것도 문제였다. 이 구멍 때문에 태양으로부터 위험한 자외선이 지구표면에 직접 도달하게 되는 일이 일어났다. 이와 같은 오존층의 파괴는 '에어 스프레이'와 '에어컨'에서 사용되는 메탄, 염소불화탄소와 같은 해로운 가스 때문이었다.

이와 같은 환경오염은 1990년대초에 오면 식량 공급과 건강 유지의 문제를 일으켰다. 세계 인구는 매년 8천만 명씩 늘어나 1992년에는 54억에 이르렀다. 그런데도 토지의 황폐화로 식량생산은 줄어들고 있었다. 그리고 산성비, 지나친 산림채벌, 지나친 경작지 활용 때문에 생태계가 파괴되기 시작하였다. 그에 따라 사람들은 도시로 옮겨가지 않으면 안 되었다.

이와 같은 위기 상황에서도 부시행정부는 국제연합 인구활동기금과 국제 가족계획 지원기금에 대한 자금지원을 중단하였다. 그러한 기구들이 낙태를 지원한다는 이유에서였다.

또한 부시 행정부는 해양주약법의 비쥰도 계속 거부했는데, 그 이유는 그 법이 미국의 민간기업들에게 손해를 끼칠 것으로 판단했기 때문이다. 즉, 미국은 환경규제가 미국의 경제성장에 방해가 될 것을 우려했던 것이다.

그 때문에 1992년에 리우데자네이로에서 "지구 정상 회담"이 열렸을 때, 부시는 마지 못해 참석했다. 그 때문에 리우 환경회의에서는 이렇다 할 합의가 이루어지지 못했던 것이다.

그럼에도 불구하고 부시 재임 기간에 환경문제에 관한 몇 가지 성과는 있었다. 1989년에 미국을 포함한 86개국은 2000년까지 오존을 파괴하는 화학물질을 사용하지 않겠다는 데 합의하였다.

또한 부시는 1990년에 강력한 규제의 성격을 띤 공기정화법에 서명하였다. 그리고 1991년에 미국은 24개국과 함께 남극대륙의 환경을 보호하기 위해 50년간 석유탐사와 광물개발을 금지하기로 합의하였다.

북미무역자유협정과 미-일 경제 전쟁

그 동안 세계는 경제적으로 유럽경제 공동체(EEC)와 일본의 아시아 무역 공동체와 같은 경쟁적인 '경제 블럭'으로 나뉘어져 가고 있었다. 그것들에 맞서기 위해 부시행정부는 1992년 말에 미국,캐나다, 멕시코를 묶어 관세 없는 무역을 향한 북미자유무역협정(NAFTA)을 체결하였다.

미국에서는 그것이 미국 노동자의 일자리를 빼앗을 것이라는 비판이 일어났다. 왜냐하면, 미국의 기업들이 노동임금이 낮고 환경규제가 약한 멕시코로 이동할 가능성이 컸기 때문이다.

또한, 미국은 일본과 무역 문제로 대립하였다. 그것은 일본상품이 미국시장을 휩쓸게 됨으로써 생긴 미국의 막대한 무역적자 때문에 일어났다. 1989년에 미국에서 제일 잘 팔린 차는 혼다 아코드였고, 그 때문에 그 해에만도 500억 달러의 무역적자가 일어났다.

1990년에 판매액으로 본 세계 최대 기업 가운데 7개가 일본에 있었다. 그리고 세계 최대 10대 은행도 모두 일본에 있었다. 일본 지도자들은 미국이 더 이상 세계 최고의 경제대국이 아니며, 미국의 근로자들이 무식하고 게으르다고 평가하였다. 그러한 평가에 대해 미국인들은 자존심이 상했다.

다른 한편에서 미국인들은 일본인들의 미국 기업 매입에 대해 두려움을 느꼈다. 1990년에 이미 일본인들은 캘리포니아 금융자산의 25퍼센트를 관리하고, 로스앤젤레스 도심지의 거의 절반을 소유하고 있었다. 1989년에 일본의 쏘니 사는 콜럼비아 영화사를 매입함으로써 미국의 국민생활까지 영향력을 미치게 되었다.

미국 경제가 일본에게 밀리자, 미국의 보호무역주의자들은 "미국 상품 애용"(Buy American) 운동을 벌였다. 미시간 주의 자동차 공장 근로자들은 "일본 타도"를 외쳤다.

그러나 미국과 일본의 경제는 상호의존적이었기 때문에 위험한 경제 전쟁으로는 발전하지 않았다. 왜냐하면 미국의 맥도날드 햄버거, 쉭크 면도기, 코카콜라 같은 상품은 물론 영화를 비롯한 미국문화가 일본시장을 파고 들었을 뿐만 아니라, 두 나라는 안보문제에 있어서 협력관계에 있었기 때문이다.

티아난멘 사건과 소련 공산체제의 붕괴

미국은 1989년 6월에 중국 베이징에서 일어난 티아난멘(천안문) 사건을 둘러싸고 중국과 긴장관계에 들어갔다. 그것은 민주주의를 요구하며 평화적으로 시위를 벌이는 학생들과 시민들을 군대가 공격하여 수백명을 학살한 사건이었다.

중국의 통치자인 덩샤오핑(등소평)은 경제적으로는 실용주의자였지만 정치적으로는 독재자였다. 그러므로 일당독재 체제를 유지하기 위해서는 무력으로 진압하는 도리밖에 없었던 것이다.

부시 행정부는 티아난멘 사태에 대해 침묵하였다. 국제 평화에 중국과의 우호관계가 절대로 필요하다고 생각했기 때문이다.

이와 같은 소극적인 태도에 대해 우파들은 미국이 미래의 중국을 이끌 자유주의 세력을 버리고 기존의 공산주의 통치집단과 손을 잡는 잘못을 저질렀다고 비난하였다. 부시 행정부가 동유럽의 자유주의자들을 지지하면서도 중국의 자유주의자들에 대해 냉담한 것은 모순된 행동이라고 비난하였다.

그러는 동안에 소련과의 냉전도 막을 내리고 있었다. 냉전의 종식을 알린 가장 중요한 사건은 1990년 10월의 독일 통일이었다.

그러나 미국의 관료들은 통일된 독일이 다시 유럽 대륙을 지배하게 될 것을 우려하였다. 왜냐하면 거대한 독일은 북대서양조약기구(NATO)나 유럽공동체(EC) 속에 머물러 있지 않을 것이고, 그렇게 되면 경제력이 강한 독일이 세계 시장에서 미국의 경쟁력을 위축시킬 것이기 때문이다.

그동안 소련에서는 최고 통치자인 미하일 고르바쵸프가 개혁과 변화의 의지를 밝히면서 공산체제가 변화하기 시작하였다. 그러다가 결국 1991년에 소련의 공산체제는 무너지고 말았다. 그에 따라 동유럽의 여러 나라에서도 공산체제가 무너지고, 여러 민족들이 독립운동을 벌였다. 거대한 지각변동이 일어난 것이다.

소련이 약화되었기 때문에 군비 축소 회담이 결실을 가져오기 시작하였다. 그리하여 1991년 중반에 러시아와 미국은 제1단계 전술핵무기 제한(START I)협정에 조인하였다. 그것은 두 나라의 핵탄두를 제각기 6천개까지, 전술 운반 시스템을 1천600개까지 감축하도록 합의하였다.

1992년말에 부시 대통령은 다시 제2단계 전술핵무기 제한(START II)협정에 조인함으로써 군축론자들의 환영을 받았다. 이번에는 고르바쵸프를 몰아내고 정권을 잡은 보리스 옐친 대통령이 조인하였다. 이 협정은 두 나라가 제각기 2003년까지 핵탄두를 3천개로 줄이고,지상에 기지를 둔 대륙간탄도미사일(ICBM)은 각각 500개로 제한하였다.

그럼에도 불구하고 여전히 문제는 있었다. 소련의 해체로 새로이 소비에트 연방으로부터 독립한 나라들이 핵무기를 승계하면서 이 협정을 준수할 것인지가 분명하지 않았기 때문이다. 예를 들어, 우크라이나는 자기 영토에 배치된 장거리 미사일을 러시아로 옮겨가는 데 대해 찬성하지 않았다.

게다가 러시아는 탄두, 미사일, 미사일 사일로(silo)를 제거하는 데 드는 많은 비용을 감당할 능력이 없었다. 그리고 러시아는 부족한 외화를 벌기 위해 핵기술과 핵무기 제조에 필요한 물질을 외국에 팔 가능성이 있었다. 그렇게 되면 핵무기가 확산될 위험이 있었다.

3. 제3세계 문제와 걸프 전쟁

라틴아메리카의 국가채무와 마약전쟁

　냉전은 끝났지만, 미국과 제3세계 국가들의 어려운 관계는 풀리지 않았다. 특히 라틴아메리카와의 관계는 채무 문제와 마약 문제로 더욱 더 어려웠다. 그러나 온건한 부시 행정부는 레이건 행정부와 달리 개입을 자제하려고 노력하였다.
　라틴아메리카는 외국, 특히 미국에 대한 막대한 국가채무를 지고 있었고, 그것이 정치적 불안정을 악화시킨 중요한 요인이 되었다. 1990년에 채무액은 4천억 달러였다. 채무는 브라질, 멕시코, 아르헨티나가 가장 많았다.
　이들 국가들은 채무를 갚기 위해 무역에서 수입을 줄이려고 안깐힘을 썼기 때문에, 미국도 수출이 주는 손해를 입었다.
　국제통화 금(IMF)은 이들 국가를 지원하는 조건으로 우선 경제 구조 조정을 요구하였다. 그에 따라 라틴아메리카의 정부들은 예산을 줄이기 위해 의료 서비스와 교육 지출을 줄이게 되었다. 그렇게 되자, 각국에서는 정치적 불만이 커지게 되었다.
　불법 마약 거래 문제도 라틴아메리카와 미국의 관계를 어렵게 만들었다. 1990년에 이르러 미국의 마약시장은 1천억 달러에 이를 정도로 커져 있었기 때문에, 마약전쟁(Drug War)의 필요성이 더욱 더 커져 갔다.
　마약의 대부분은 코카 잎사귀에서 추출되는 '코케인'과 '크랙'으로서, 콜롬비아, 볼리비아, 페루로부터 미국으로 몰래 반입되었다. 그러므로 미국 정부는 그 나라들의 마약 제조업자와 무역상들을 색출하기 위해 미군을 파견하였다.

그러한 과정에서 일어난 사건의 하나가 파나마침공이었다. 1983년에 파나마에서는 노리에가장군의 정부가 들어 섰다. 정권을 잡기 이전에 노리에가는 미국의 은밀한 협조자로서 니카라과의 우파 '콘트라' 반군을 돕고 훈련시키는데 도움을 주었다.

그러나 정권을 잡은 뒤에 노리에가는 콜롬비아의 코케인 판매업자들과 직접 거래를 트고, 마약 대금을 파나마 은행에서 세탁하였다. 그리고 미국 국내의 마약 조직과 연결되기도 하였다. 파나마에서 노리에가의 독재에 대한 항의가 일어나는 것을 계기로, 미국은 그를 권좌에서 몰아 내려고 하였다. 그러나 노리에가는 오히려 대중의 반미 감정을 부추기면서 미국에 맞섰다.

1989년말에 미국은 2만 2천 500명을 투입하여 파나마를 침공하였다. 그것은 베트남 전쟁이래 가장 큰 규모의 군사 작전으로서, 그 과정에서 500명 정도의 파나마인과 23명의 미군이 죽었다. 노리에가는 미국의 마이애미로 끌려 가 마약 밀매로 기소된 다음, 유죄판결을 받아 투옥되었다. 그 이후에 새로 들어선 파나마 정부는 미국에 의존적이 되었다.

니카라과에서도 미국은 충돌하였다. 산디니스타 민족해방전선이 세운 정부가 좌파적인 것이 확실해졌기 때문에, 미국은 그것을 무너뜨리기 위해 '콘트라' 반군에 대해 자금을 제공하였다. 그럼에도 불구하고 좌파 정권은 흔들리지 않았다.

그러나 예기치 않은 사건으로 미국은 원래의 목적을 달성하게 되었다. 왜냐하면, 1990년에 시행된 선거에서 산디니스타 민족해방전선이 미국의 지원을 받는 전국야당연합에게 패배해 정권을 잃었기 때문이다.

그와 비슷한 성공은 엘살바도르에서도 이루어졌다. 왜냐하면 1992년에 정부에 대해 반란을 일으킨 좌파들이 스스로 무기를 놓았기 때문이다. 좌파들은 정치적 절차를 밟아 자신들의 요구를 관철시키는 데 동의하였던 것이다.

그러나 아이티에서는 미국의 정책이 그렇게 성공하지는 못했다. 아이티에서는 1991년에 자유 선거를 통해 세워진 아리스티데의 민간 정부가 군부 쿠데타로 무너졌다. 미국은 민간 정부의 복귀를 요구하면서 경제 제재의 압력을 행사하였다.

그러나 군사 정권은 미국의 요구를 받아들이지 않았다. 정치적 혼란이 벌어지고 있는 동안에 수천 명의 아이티 인 피난민들이 배를 타고 미국에 망명을 요구하는 사태가 벌어졌다. 그러나 미국 정부는 그들의 피난 동기가 정치적인 것이 아니라 경제적인 것으로 판단하고, 난민을 아이티로 되돌려 보냈다.

걸프전쟁과 미국의 새로운 역할

부시 행정부는 중동에서도 충돌하였다. 부시 대통령이 국내문제에 대한 우유부단한 태도로 비난을 받고 있던 바로 그 1990년 8월에, 이라크의 독재자 사담 후세인은 쿠웨이트 왕국을 침공하였다. 쿠웨이트의 거대한 석유산업을 빼앗기 위한 것이었다.

쿠웨이트 함락은 미국의 오랜 동맹국인 사우디 아라비아에게도 큰 위협이 되었다. 미국은 석유가 풍부한 사우디아라비아를 보호할 필요가 있었다. 만약 쿠웨이트와 사우디의 유전이 탈취되면, 미국과 서방세계는 경제적으로 큰 위협을 받게 될 것이었다.

부시 대통령은 사담 후세인을 히틀러에 비유하면서, 이라크 군 축출 계획을 세웠다. 그리고 미국 국민의 협조를 요청하였다. 그 당시 미국 의회는 분열되어 있었음에도 불구하고 이 문제에 대해서는 의견의 일치를 보았다. 그래서 상원은 52 대 47로 부시를 지지해 주었다.

부시는 베트남 전쟁의 경험을 살려 대규모의 병력을 빠른 속도로 투입하여 빠른 시일 안에 문제를 해결하려고 하였다. 그러므로 부시는 50만 이상의 미군을 급히 파견하였다.

그러나 국제사회의 지지를 얻기 위해 여러 나라 군대로 구성된 다국적 군대 파견의 형식을 띠게 되었다. 그에 따라 국제연합(UN)이 표결을 통해 전쟁을 지지하고 연합군을 조직하는 데 협조하였다.

마침내 1991년초에 역사상 최대의 '공군 무적함대'가 이라크와 쿠웨이트에 있는 이라크 군을 강타하기 시작했다. 미국의 크루즈 미사일은 이라크의 수도인 바그다드를 여러 방향에서 공격하였다. 공습으로 저항력이 약화되자, 1991년 2월말에 지상군이 투입되어 100시간만에 이라크 군을 몰아냈다.

10만명의 이라크 군이 전사한 것으로 추정되었다. 그러나 미군 전사자는 148명에 지나지 않았다. 그 가운데서 35명은 아군의 잘못된 사격으로 죽은 사람들이었다. 그러므로 환희에 찬 부시는 "신의 가호로 우리는 베트남 증후군(Vietnam syndrome)을 영원히 떨쳐 버리게 되었다"고 외쳤던 것이다. 미국은 쇠퇴해 가는 국가가 아니라 재탄생한 초강대국으로 보였다.

그러나 퇴각하는 이라크 군대는 쿠웨이트의 유전을 폭파함으로써 대기가 오염되고, 수백만 배럴의 원유가 걸프만으로 흘러 들어가는 불상사가 일어났다. 미군 폭격기는 이라크의 사회 기본시설을 크게 파괴했기 때문에, 이라크 전역에는 굶주림과 전염병이 휩쓸었다. 그러나 미국은 사담 후세인 정권을 그대로 유지시켰다.

패배한 이라크에서는 오랫 동안 탄압받아 온 시아 파(Shiite) 이슬람교도와 쿠르드(Kurd)족이 반란을 일으킴으로써 내전이 일어났다. 그러나 사담 후세인의 무자비한 진압으로 반란은 실패로 돌아갔다.

미국은 뒤늦게 많은 사람들이 학살된 다음에야 개입하였다. 개입은 더 이상의 학살을 막기 위해 이라크 군대가 특정 지역에서 군사활동을 하지 못하도록 제한하는 정도로 그쳤다.

걸프 전쟁을 통해 미국의 과학기술과 첨단장비는 세계 최고 수준에 올라 있음이 입증되었다. 그럼에도 불구하고 미국은 하루 10억 달러의 막대한 군사비를 지출함으로써 경제적 쇠퇴가 우려되기 하였다. 그 때문에 미국의 승리에는 불안감도 따랐다.

중동평화협상과 소말리아 파병

걸프전쟁은 중동에 있어서 아랍인과 유대인의 분쟁에도 큰 영향을 미쳤다. 미국 국무 장관 제임스 베이커는 이스라엘이 팔레스타인 인을 가혹하게 다루지 못하도록 압력을 넣었다. 그는 이스라엘이 무력을 통해 영토를 넓히고 점령지에 주민을 정착시키는 데 대해 맹렬히 비난하였다. 그는 이스라엘이 팔레스타인 인들의 생존권을 인정해야만 평화가 올 것이라고 주장하였다.

베이커 국무장관의 압력으로 1991년 10월에 이스라엘은 아랍인들과 협상에 들어갔다. 그러나 막상 협상이 타결될 즈음에 이스라엘이 점령지역 포기를 거부함으로써, 평화협상은 깨졌다. 그 이후로 영국, 중국, 미국이 이 지역에 막대한 무기를 판매함으로써 전쟁 가능성은 더욱 더 커져갔다.

미국은 아프리카의 소말리아 내전에도 군대를 파견하였다. 소말리아는 아프리카의 다른 나라들과 마찬가지로 토양 부식과 기근 때문에 굶주리고 있었다. 소말리아는 냉전에서 소련의 편을 들었다가 1991년초에 소련이 붕괴되면서 좌파 정권이 무너졌다.

그 이후 군벌들과 부족들 사이에 권력 투쟁이 일어남으로써 무질서가 사회를 휩쓸었다. 총을 든 도적들이 국제기구에서 보낸 구호물자마저 강탈하였기 때문에, 부시 대통령은 UN의 승인을 얻어 구호물자 전달 보장의 명목으로 2만 명이상의 미군을 파견하였다. 미군은 UN 평화유지군으로 파견되었다.

미국 국민은 그것을 지지하였다. 왜냐하면 그들은 파병을 인도주의적인 경찰 활동으로 보는 동시에 냉전 이후 시대의 세계에서 미국이 담당해야 할 적절한 임무라고 생각했기 때문이다.

제 17 장 좌경화의 1990년대 (1993 - 2000)

1. 클린턴의 진보- 좌파 정권

1992년의 선거와 공화당 영도력의 동요

선거의 해인 1992년이 시작되면서 부시 대통령은 경제위기가 심각해지고 있음을 느끼게 되었다. 1월에 시행된 여론조사에서 미국인의 80퍼센트가 경제 상태가 아주 나쁘다고 생각하였고, 그 책임은 주로 부시 대통령의 우유부단한 정책에 있다는 의견이 많았다.

공화당 행정부에 대한 비판은 민주당으로부터는 물론, 심지어는 공화당 내부의 우파로부터도 나왔다. 그에 따라 강경한 우파이며 신고립주의자인 패트릭 뷰캐넌이 부시에 도전하기 위해 대통령 선거전에 뛰어 들었던 것이다.

1968년 이후 공화당은 6번의 대통령 선거에서 5번을 승리했던 것은 이념적으로 다양한 세력들을 끌어모을 수 있었기 때문이었다.

우선 공화당 지지세력 가운데는 전통적으로 공화당을 지지해 온 경제적 보수주의자들이 있었다. 이들은 복지국가에 반대하는 자유방임주의자들로서, 구우파(the Old Right)로 불리는 사람들이었다.

신우파(the New Right)로 불리는 문화적 보수주의자 또는 사회적 보수주의자들도 공화당의 주요 지지세력이었다. 신우파의 중심세력은 '가정의 가치'를 강조하고 낙태와 동성애를 반대하는 근본주의 신앙을 가진 개신교도들, 즉 복음주의자들이었다.

남부의 보수적인 백인들도 공화당을 지지하였다. 왜냐하면, 그들은 민주당의 민권정책을 싫어했기 때문이다.

이 밖에도 공화당 지지세력 가운데는 이른바 "레이건 민주당 세력"도 있었다. 이들은 민주당을 지지해 온 노동자들이었다. 이들은 당연히 민주당을 지지해야 했지만 레이건에 대한 매력 때문에 공화당 지지로 방향을 바꾼 사람들이었다. 이들은 1988년의 선거에서도 레이건의 후계자인 조지 부시를 지지하였다.

또한 "돈벌이 열기"에 빠져든 20대의 젊은이들도 공화당을 지지하였다. 그리고 대도시 교외지역(suburbs)의 거주하는 중산층도 공화당 지지가 많았다. 이들은 민주당의 세금 인상과 정부 권한 확대에 대해 반감을 가지고 있었다.

이처럼 다양한 세력들이 1980년대에 정치적으로 하나가 되어 공화당을 지지하게 된 것은 경제적 번영, 반공주의(anti-communism), 로날드 레이건이라는 지도자의 영도력이었다.

그러나 1992년의 선거에서는 경제적 곤란 때문에 이러한 이러한 세 가지 요소의 결합이 불가능하게 되었다. 그리고 "권력자를 몰아내라"는 반항의 분위기만이 미국 사회에 팽배했을 뿐이었다. 그것은 정권 교체에 대한 요구로 이어졌다.

빌 클린턴과 로스 페로의 도전

1992년의 대통령 선거에 민주당 후보로서는 아칸소 주지사인 빌클린턴, 전직 매사추세츠 상원의원인 폴 쏭가스, 전직 캘리포니아 주지사인 제리 브라운이 있었다. 그러나 1992년 7월에 민주당이 지명 대회를 소집하게 되었을 쯤에 와서는 이미 클린턴이 예비선거의 승리자로 분명하게 떠올랐다.

클린턴("Bill" Clinton)은 1946년 생으로서 '베이비 붐 세대' 최초의 대통령 후보였다. 그는 야심가로서, 1960년대에 대학을 다닌 베트남 전쟁 세대였다. 클린턴은 베트남 전쟁에 반대하였을 뿐만 아니라 연줄을 이용하여 병역을 기피하였다. 그는 로즈 장학금을 받아 영국에서 공부한 다음, 예일 대학 법과대학원을 졸업하였다. 그리고 고향인 아칸소로 돌아와 1976년에 주 법무국장에 선출되고, 1979년에는 32세의 젊은 나이로 주지사로 선출되었다.

클린턴은 좌파적인 민주당을 좀 더 우파적으로 만들어야 한다고 생각하였다. 왜냐하면, 민주당이 집권하기 위해서는 대도시 교외의 백인 중산층, '레이건 지지 민주당 세력', 기업계의 지지가 필요하였기 때문이다.

그는 진보주의가 생명력을 가지기 위해서는 현대화되어야 한다고 생각하였다. 이러한 목적을 달성하기 위해 클린턴은 민주당원 답지않게 기업가들을 경제 발전의 원동력이라고 칭찬하는가 하면, 복지비 지출의 삭감과 범죄 소탕을 위한 경찰력 강화를 주장하였다.

그럼에도 불구하고 그는 기본적으로 정부의 적극적인 개입을 내세우는 민주당의 진보주의 전통에 뿌리를 박고 있었다. 그 때문에 그는 정부의 공공투자를 주장하였다. 그리고 정부가 자금을 지원하여 직업훈련, 대학교육, 보건사업을 강력히 추진할 것을 주장하였다. 또한 그는 여성들의 낙태권(pro-choice)도 지지하였다.

그의 부통령 후보는 테네시 주 상원의원으로서 온건파인 앨버트 고어였다. 그 역시 클린턴처럼 베이비붐 세대이며 남부 출신 백인이었다. 그리고 종교적으로는 특이하게도 불교신자였다. 그러나 고어는 클린턴과는 달리 베트남 전쟁에 참여하였다. 그리고 그는 환경문제에 대한 전문가로서 명성을 날렸다.

공화당은 조지 부시와 댄 퀘일을 다시 후보로 지명하였다. 그러나 부통령 후보인 댄 퀘일은 실수의 연속으로 부시에게 큰 부담이 되었다. 그는 무능한 인상을 주었기 때문에 농담의 대상이 되는 경우가 많았다. 부시 자신도 나라의 병을 고칠 수 있다는 확신감을 국민에게 주지 못하였다.

게다가 부시는 강력한 제3당 후보의 도전에 부딪히게 되었다. 그는 컴퓨터 산업으로 재산을 모은 텍사스의 로스 페로었다. 그는 쉬운말로 경제문제에 대하여 국민을 설득시키면서 워싱턴의 기성 정치에 물들지 않은 새로운 인물로 부각되었다. 많은 사람들은 기업가로 성공한 그가 정부의 적자를 줄이고 경제를 성장시킬지도 모른다는 기대감을 가졌다.

민주당의 승리

1992년 8월에 공화당 전당대회가 열리자, 부시는 "가정의 가치" (family values)를 크게 내세웠다. 부시는 부모가 모두 있는 전통적인 가정의 가치와 전통적인 생활양식을 옹호하고 동성애를 비난함으로써, 민주당의 클린턴 후보를 간접적으로 비난하였다. 그에 따라 공화당 전당대회는 문화적 보수주의(cultural conservatism)의 분위기에 휩싸이게 되었다.

그러나 부시의 후보지명 수락연설에는 경제위기에 대한 해결책의 제시가 없었기 때문에 '비전'을 바라는 유권자들에게 만족을 주지 못하였다.

선거전에서 부시-퀘일 진영은 클린턴에 대한 인신 공격에 초점을 두었다. 그들은 클린턴의 반전운동 경력과 병역 기피, 혼외 정사 등에 대해 비난하였다. 또한 부시는 자신이 냉전을 종식시키고 걸프 전쟁에서 승리한 사실을 부각시킴으로써 클린턴이 국제문제를 다룰 경험과 능력이 없음을 강조하였다.

이에 대항해 클린턴은 부시가 자연스럽게 일어난 냉전의 종식을 자신의 공로로 돌리는 것은 "새벽이 오는 것을 자신의 공로로 돌리는 수탉"과 같은 생각이라고 비난하였다. 클린턴은 부시가 걸프 전쟁 전쟁에서 이라크의 독재자 싸담 후세인에 대해 "유화정책"을 쓴 것에 대해 비난하였다.
 그러나 두 후보 사이의 외교문제에 대한 논쟁은 구체적인 내용이 없는 피상적인 것이었다. 따라서 미국 국민이 변화된 세계에 대해 적응하기 위한 새로운 방향의 제시가 없었다.
 뚜렷한 쟁점과 '비전' 제시가 없었음에도 불구하고, 세 후보는 선거전에서 치열한 경쟁을 벌였다. 그와 같은 혼탁한 선거 분위기 속에서도 미국 국민은 변화를 요구하고 있다는 한 가지 사실이 뚜렷해졌다. 그에 따라 11월 선거 결과는 나이가 적은 클린턴에게 유리하게 나타났다. 그에 따라 민주당이 12년만에 정권을 잡게 되었다.
 민주당은 동북부 지역, 태평양 연안 지역, 및 중서부의 공업 지대에서 승리하고, 심지어는 공화당의 아성인 남부까지도 파고 들어 갔다. 클린턴과 고어는 공화당 강세지역으로 알려진 대도시 교외 지역, 첨단기술 지역, 은퇴 노인 거주 지역, 및 따뜻한 '썬벨트'(Sunbelt)지대에서도 많은 표를 얻었다.
 민주당의 클린턴과 고어는 일반투표의 43퍼센트 선거인단 투표의 370표를 얻고, 공화당의 부시와 퀘일은 37퍼센트와 168표를 얻었다. 페로는 일반투표에서 19퍼센트를 얻었으나, 선거인단 투표에서는 한 표도 얻지 못하였다.
 선거 결과로 민주당이 상원과 하원을 장악하였다. 여성 의원의 진출이 뚜렷하여, 상원에 4명, 하원에 19명이 되었다. 하원에서는 흑인과 히스페닉계 의원의 수가 늘었다.
 초선 의원들 가운데는 40대의 젊은 나이로 학위를 가진 의원들이 많았다. 그리고 군복무를 하지 않았거나 주 정부 차원에서 정치 경험을 쌓은 사람들이 많았다. 바꾸어 말해, 그들은 '베이비 붐 세대'나 그들과 비슷한 생각을 가진 사람들이었다.
 그리고 그들은 1960년대의 민권 운동, 신좌파 운동, 반전운동, 마르크스주의 운동, 여성해방 운동으로부터 영향을 받은 사람들이었다. 의회는 그동안 변화된 미국 사회의 좌경화 분위기를 반영하고 있었던 것이다.

클린턴 측근의 스캔들

클린턴 행정부의 각료들은 노련한 직업정치가, 젊은 정치가, 시식인, 여성, 그리고 소수민족 출신으로 뒤섞여 있었다. 클린턴은 자기를 당선시켜 준 히스페닉, 흑인, 및 직장여성들에게 감사하게 생각하였다. 그에 따라 이전의 어느 대통령보다도 많은 흑인, 히스페닉, 여성을 장관으로 임명하였다.

우선 클린턴은 자기 아내인 힐러리를 의료보험(health-care) 제도개혁 책임자로 임명하였다.

그는 흑인 여성 헤이즐 올리어리를 동력자원부 장관에 임명하였는데, 그녀는 장관급에 임명된 최초의 흑인여성이었다. 그녀는 정부의 핵폭탄 제조 사업을 중지시키는 한편, 핵 관련 기밀서류를 일반에게 공개하였다.

클린턴은 또 다른 여성으로서 마이애미 지방 검사인 재니트 리노를 법무장관에 임명하였다. 이들은 진보적이거나 좌파적인 생각을 가진 여성들이었다.

이와 같은 참신성과 진보성에도 불구하고, 클린턴 내각은 출발부터 개인적인 비리로 도덕성 시비에 휘말렸다. 처음에 법무 장관으로 내정되었던 여성 변호사 조이 베어드는 불법 이민자를 가정부로 고용하고 사회보장세를 납부하지 않은 사실이 탄로되었다. 그에 따라 지명이 철회되지 않을 수 없었다.

흑인으로서 통상부 장관이 된 론 브라운과 흑인으로서 농무부 장관이 된 마이크 에스피는 내부자 거래와 수뢰 혐의로 조사를 받았다. 주택도시개발부 장관 헨리 시스너로스는 이전의 애인에게 돈을 준 사실이 드러나 사퇴압력을 받았다.

보건부장관으로 지명되었던 여의사 조슬린 엘더스 상원의 인준을 받지 못한 채 물러나고 말았다. 왜냐하면, 그녀는 고등학생들에게 콘돔을 지급하고 불법적인 마약거래를 합법화시켜 주는 것이 국가 보건정책에 도움이 된다는 대담한 주장을 함으로써, 보수적인 상원 의원들과 국민들을 놀라게 했기 때문이다.

클린턴 자신도 사생활 문제로 계속 시달렸다. 클린턴은 아칸소 주 지사 시절 주 공무원이었던 폴라 존스라는 여성에 의해 성 희롱 죄로 고소를 당하기도 하였다. 결국은 고소를 취하하는 대가로 합의금을 지불하였다.

또한 클린턴은 아칸소 주 지사 시절 부동산 개발에 대한 투자로 어느 금융회사를 파산하게 만든 "화이트워터" (Whitewater) 사건에 연루되어 곤욕을 치르게 되었다.

힐러리의 법률 회사 동업자로서 백악관 보좌관 부고문이 된 빈스 포스터가 자살하고, 뒤이어 그의 사무실에 있던 화이트워터 관련 서류가 없어지면서, 그 사건은 더욱 더 커지게 되었다. 그에 따라 그 사건을 조사하기 위한 특별검사가 임명되고, 의회에는 특별위원회가 구성되었다.

2. 진보- 좌파정권의 국내정책

정부 개입주의의 부활

1993년 초에 클린턴이 백악관에 들어갔을 때, 미국의 경제는 어려운 상태에 있었다. 실업률은 7.2퍼센트로 높았다. 그리고 연방정부의 부채는 4조 달러를 넘는 막대한 수준에 이르렀다.

연방 정부의 적자가 늘어난 데는 건강후생(health-care) 비용의 계속 증가도 작용하였다. IBM을 비롯한 대기업들은 수천 명의 노동자를 해고하고 있었다. 유럽과 일본의 경제가 불안해지면서 미국의 수출이 위협을 받아, 1992년의 무역적자는 그 전해보다 29퍼센트 늘어난 8천430억 달러에 이르렀다.

중소기업들은 금리가 떨어지고 있는데도 융자를 받지 못해 기업 활동이 크게 위축되있다. 저축은행들은 부농산에 대한 융자로 손실을 보고 있었기 때문에 대출을 꺼렸던 것이다.

그러므로 클린턴 행정부는 경기부양을 위해 적극적으로 개입하려고 하였다. 그리하여 1993년 2월에 정부개입주의(governmental interventionism) 노선에 따른 경제개혁안을 의회에 제출되었다.

그것은 정부가 투자하는 공공사업(public works)을 통해 경제를 활성화하려고 하였다. 그리고 그것에 요구되는 재원은 세금 인상으로 조달하려고 하였다.

그 때문에 경제개혁안에는 중산층에 대한 세금 인상, 과세대상 소득이 25만 달러를 넘는 고소득자에 대한 10퍼센트의 부가세 부과, 에너지세의 부과, 기업세 인상이 포함되어 있었다. 또한 클린턴은 컨트리 클럽 가입비와 같은 기업 운영비용에 대한 세금공제 혜택을 폐지하는 등의 방법으로 기업에 대한 혜택을 줄이려고 하였다.

이러한 세금인상에 대해 중산층 이상의 유산계급들이 맹렬히 반발하였다. 그들은 클린턴이 중산층에 대한 세금을 줄이겠다는 선거공약을 지키지 않았다고 비난하였다. 이에 대해 클린턴 대통령은 연방정부의 부채가 예상했던 것보다 훨씬 더 심각하기 때문에 적자재정을 줄여나가기 위해서는 세금을 더 걷는 방법밖에 없다고 반박하였다.

그는 전국을 돌아다니며 세금 인상의 불가피성을 국민에게 직접 호소함으로써, 보수적인 공화당 상원의원들의 반발을 누르는 데 성공하였다. 결국 의회는 경제개혁안의 대부분 내용을 아주 근소한 차이로나마 통과시켜 주었다.

그러나 연방정부의 지출도 줄지 않고 경제회복 정책도 느리게 시행되고 있었다. 그 때문에, 클린턴의 인기는 급격히 떨어졌다. 국민들은 클린턴이 모험심이 없는, 다시 말해, 반발이 일어나면 뒤로 물러서는 우유부단한 성격을 가진 것으로 보았다. 문제가 있는 사람들을 요직에 임명하려다가 막판에 포기하는 등의 서투른 행동으로 클린턴은 국정수행 능력에 대한 의심을 받았다.

의료보험에 대한 정부개입의 좌절

클린턴의 좌절은 자기 아내인 힐러리에게 맡긴 의료보험(health care)제도 개혁이 차질을 빚으면서 시작되었다. 그 임무가 힐러리에게 맡겨졌을 때, 공화당은 선출되지 않은 사람이 정부안에서 너무 많은 영향력을 행사하고 있다고 불평하였다.

의료보험제도 개혁은 클린턴이 선거유세 기간에 내세웠던 선거공약으로서, 의료보험이 없는 3천700만 명의 중하층 근로자계급에게 혜택을 확대하려는 것이었다. 이들 중간계급은, 자신이 의료비용을 부담하는 상류층이나 정부의 지원을 받는 빈민층과는 달리, 아무런 혜택이 없이 힘들게 살아가는 사람들이었다.

또한 개혁안은 기존 의료보험 제도의 낭비와 비효율성을 해결하려는 목적도 가지고 있었다.

미국에서 연간 의료보험 비용으로 지출되는 돈은 연방정부 예산의 7분의1인 9천억 달러에 이를 정도로 막대하였다. 예를 들면 포드 자동차 회사는 강철 매입에 드는 비용보다 회사 노동자들의 의료보험에 따른 비용을 더 많이 지불할 정도로 의료 보험에 대한 기업의 부담도 컸다. 그리고 1990년 파업의 55퍼센트가 의료보험 관련 분쟁일 정도로 의료보험은 노동문제의 중요한 부분이 되었다.

그럼에도 불구하고 미국의 보건후생제도는 서유럽 국가들의 그것과 비교해 낙후된 상태에 있었다. 전국에는 1,500 종류 이상의 보험이 난립하였다. 보험회사들은 가능한한 비용을 줄이기 위해 혜택의 범위를 축소하고, 고용주들은 비용 부담을 노동자들에게 떠넘기려고 안깐힘을 썼다.

또한 의사들은 의료사고 소송을 두려워한 나머지 환자들에게 값비싸고 불필요한 검사를 권유하였다. 그리고 제약회사들은 약값을 턱없이 높게 책정하였다. 예를 들어 코데인 성분의 타일레놀 100알이 멕시코에서는 3달러 32센트인 데 비해 미국에서는 19달러38센트로 비쌌다. 그 때문에 "온난대"(Sunbelt)의 주민들 가운데는 약을 사기 위해 멕시코로 가기도 했다.

힐러리의 의료보험 개혁안은 정부가 국민 모두에게 의료보험을 제공한다는 "보편적 혜택"(universal coverage)의 원리를 내세웠다. 그 때문에 그것은 의료보험 가입을 개인의 문제가 아닌 국가의 문제로 보려 한다는 인상을 주었다. 그 때문에 그것은 공화당으로부터 사회주의적이라는 비난을 받았다.

그러나 이 제도는 정부가 의료보험의 문제를 떠맡으려는 것은 아니었다. 그것은 모든 고용주에게 근로자에 대한 의료보험 혜택을 도입하도록 요구하는 것이었다. 그리고 그것은 의사들과 병원들 사이에 경쟁을 일으킴으로써 의료비를 낮추려는 데 목적이 있었다. 간단히 말해서, 그것은 정부가 통제만 하는 "관리의료"(managed-care) 제도였다.

따라서 그것은 캐나다의 정부 운영 의료제도(single payer)와 미국의 민간보험 회사에 의한 "자유시장"(free-market) 의료제도를 절충한 것이었다.

그러나 개혁안에 대한 반대는 컸다. 기업들은 부담금이 늘어날 것을 예상하여 반대하였다. 보험회사들과 미국의사협회(AMA)도 반대하였다. 유복한 중산층은 의사 선택권을 정부에 빼앗길 것으로 생각하여 반대하였다.

따라서 이 문제는 선거에서 민주당에게 불리하게 작용할 것으로 예상되었다. 그 때문에, 밥 돌이 이끄는 공화당은 1994년의 중간선거가 가까올 때까지 일부러 심의를 늦추었다. 예상대로 민주당은 이 문제로 중간선거에서 패배하였고, 법안도 의회를 통과하지 못했다.

사회정책의 진보 – 좌파적 성격

클린턴 행정부의 진보–좌파적 노선은 민감한 사회 문제들을 처리하는 데 있어서도 나타났다. 낙태 찬성론자인 클린턴은 공화당 행정부가 만든 '상담 금지'(gag rule) 조치, 즉 연방정부의 보조금을 받는 병원이 낙태 상담을 하지 못하도록 금지했던 조치를 폐지함으로써 낙태를 쉽게 하였다.

또한 클린턴은 동성애자(gay)의 군 입대를 금지하고 있는 법을 폐지하여, 군대 안에서 동성애자들을 차별하지 못하게 하였다. 그러나 동성애 허용 조치에 대해 군부와 공화당의 반발이 너무나 컸기 때문에, 클린턴은 군대 안의 동성애자들에게 약간의 규제를 부과하는 절충적인 방법을 선택하였다.

그래서 그는 '묻지도 말고 말하지도 말라'는 애매한 원칙을 제시하였다. 이것은 상관이 부하의 동성애 여부를 물어서도 안 될 뿐만 아니라 동성애자 부하도 답변할 필요도 없다는 원칙이었다.

그러므로 동성애자는 공공연히 자신의 성적 취향을 밝힌다 하더라도 불미스러운 행위만 없으면 군대생활을 할 수 있게 되었다. 그러나 법 개정에도 불구하고 동성애에 대한 병사들의 편견이 강했기 때문에, 이러한 방침은 실제로는 실현되기 어려웠다.

또한 클린턴은 민주당 지지세력이면서도 투표장에 나가기를 싫어하는 청년들과 빈민들이 투표를 쉽게 할 수 있도록 선거법을 바꾸었다. 그래서 자동차 운전면허증을 신청하고 갱신하는 자동차등록사업소에서도 유권자 등록을 할 수 있도록 하였다. 그 때문에 개정된 선거법은 "자동차–유권자"를 위한 법이라고 불리게 되었다.

여기에 덧붙여 그 법은 빈민들에게 정부의 생활보조비를 지불하는 구호기관에서도 유권자 등록 용지를 나누어 주도록 하였다. 동시에, 그것은 우편을 통해 유권자 등록을 접수시킬 수 있도록 바꾸었다.

또한 클린턴 행정부는 부시 대통령이 서명을 거부했던 "가사 휴직" (family leave)법에 서명하였다. 이것은 50명 이상 근무하는 직장의 근로자들이 출산, 양자 입양, 가족 간호, 질병 치료와 같은 가정 일로 연간 12주의 무급 휴가를 가질 수 있게 만든 법이었다. 이 법은 근로 의욕을 해치고 게으름을 조장한다는 비난을 받았다.

또한 클린턴 행정부는 국가청년봉사(national youth service) 제도를 도입하여 청년들이 지역 봉사 활동을 통해 대학 등록금을 벌도록 하였다. 이것은 복지 혜택의 성격을 띠고 있었다.

클린턴은 대법원의 보수적인 성격을 바꾸려고 하였다. 그리하여 1993년에 보수적인 대법관 바이론 화이트가 퇴임하자, 그 자리에 여권운동가인 루스 베이더 긴스버그를 임명하였다. 1994년에는 스테판 브라이어가 물러나자, 진보주의자인 해리 블랙먼을 임명하였다.

이에 따라 보수-우파적이었던 대법원이 진보·좌파적인 방향으로 바뀌어 가기 시작하였다. 그 때문에 대법원에서는 동성애자의 권리, 언론의 자유, 선거권에 관련된 재판이 일어날 때 마다, 우파와 좌파 사이에 대립이 일어났다.

낙태 문제에 대해서는 좌파가 약간 더 우세하였다. 그 때문에 1992년의 산아제한 대 케이시(*Planed Parenthood v. Casey*) 판결은 임신중절의 권리를 5대 4로 계속 인정해 주었다.

그러나 소수세력 우대조치(Affirmative Action)와 학교 흑백 분리 문제에 대해서는 보수-우파가 우세하였다. 그래서 1994-95년에는 흑인을 비롯한 소수세력 우대조치를 어느 정도 제한하는 판결들이 나왔다.

그러나 1년 후에는 진보-좌파가 우세해져, 미국 대 버지니아(*U.S. v. Virginia*) 판결에서 버지니아 군사학교의 여성 입학 금지를 불법으로 규정하였다. 그 판결은 여성의 입학 금지야 말로 누구나 법의 동등한 보호를 받을 수 있도록 헌법이 보장한 권리를 위반하는 조치라고 선언하였다.

그 판결은 흑인을 격리시킬 목적으로 내려졌던 1896년의 퍼가슨 판결을 거꾸로 해석한 것이었다. '격리되지만, 동등한'이란 원칙이 헌법에 위배된다는 것을 이용한 해석이었다. 즉, 그것은 퍼가슨 판결이 인종문제에 있어서만 헌법에 위배되는 것이 아니라, 성 문제에 있어서도 위배되는 것이라고 해석했던 것이다.

진보·좌파적이 된 대법원은 동성애 권리의 신장에 있어서도 획기적인 조치를 마련하였다. 그것은 1996년의 로머 대 에반스(*Romer v. Evans*) 판결에서 콜로라도 주가 동성애자의 인권보호를 취소하기 위해 주헌법을 수정한 것은 위헌이라고 선언했던 것이다.

제 18 장 좌경화에 대한 반발 (1993 - 2000)

1. 보수- 우파의 반격

백인들의 분노

　클린턴 행정부의 진보-좌파적 성향의 정책들은 개인주의, 자유방임주의, 청교도적 윤리가 미국적 가치라고 생각해 온 보수적인 미국인들에게 상당히 충격적인 것이었다.
　왜냐하면 진보적인 복지정책에 덧붙여 낙태,동성애,여성해방을 인정한 좌파적인 사회정책은 전통적인 미국사회의 성격을 크게 바꾸어 가고 있었기 때문이다.
　그것은 1960년대의 '신좌파'와 그들의 '히피'문화(대항문화)가 연방정부 차원에서 실현되고 있는 것으로 보였다. 공화당 출신의 하원 의장 뉴트 깅그리치가 클린턴-힐러리 부부를 가리켜 "대항문화에 물든 반전운동가"(Counterculture McGoverniks)라고 비난한 것은 바로 이러한 이유 때문이었다.
　이와 같은 변화는 공화당과 백인 중산계급을 중심으로 한 보수-우파세력에게 큰 두려움이 되었다. 왜냐하면 클린턴을 중심으로한 집권세력은 단순히 기존 체제의 결함을 시정하기 위한 진보적인 차원을 넘어,

미국 사회의 성격 자체를 근본적으로 바꾸려는 좌파적, 혁명적인 차원의 의도를 가진 것으로 보였기 때문이다.

그러므로 그들은 이제는 단순히 현상을 유지하려는 보수주의자들의 영역을 넘어 사회의 '좌경화'를 막기 위해 적극적으로 투쟁하는 우파가 되어야 한다고 생각하였다. 그에 따라 미국사회는 보다 더 격렬한 좌파와 우파의 대결구도로 나가게 되었다.

그와 같은 좌, 우 대결은 1994년의 중간선거에서 뚜렷이 나타났다. 선거를 앞두고 하원의 공화당 지도자 뉴트 깅그리치(Newt Gingrich)는 "미국과의 계약"(Contract with America)으로 불리는 선언서를 발표하였다. 그것은 복지 국가의 폐지와 재정적자의 소멸을 위한 정부 개혁에 대한 요구였다.

중간선거 결과는 공화당의 대승이었다. 그에 따라 많은 공화당 소속 입후보자들이 주 지사나 의원에 당선되었다. 민주당의 거물들이 많이 낙선하였는 데, 그 가운데는 하원의장인 탐 폴리, 뉴욕 주지사 마리오 쿠오모, 텍사스 주 지사 앤 리차즈가 있었다.

버지니아에서는 이란 콘트라 사건에 연루되었던 올리버 노스(Oliver North) 해병대 중령이 거의 당선될 뻔 하였다. 그는 기독교 계통의 우파로부터 자금지원을 받았다.

1994년의 중간선거 결과는 "분노한 백인들의 반란"이었다. 그것은 복지국가와 재정적자를 없애고 "보다 작은 정부"(less government)를 만들려는 부유층과 중산층이 투표장에 많이 나간 결과였다.

선거중에 캘리포니아에서는 불법 이민에 대한 교육과 의료 혜택을 대부분 폐지하려는 주민투표안 제187호(Proposition 187)가 통과되었다. 이것도 복지국가에 대한 반대의사의 표현이었다.

그리고 선거일에는 낙태와 동성연애를 금지시키기 위한 주민투표도 지방별로 실시되었다.

1995년에 새로운 의회가 소집되었을 때, 공화당은 1946년 이래 처음으로 상, 하 양원을 지배하고 있었다. 상원 공화당 원내 총무인 밥 돌과 공화당 출신 하원의장 뉴트 깅그리치는 더욱 더 격렬하게 민주당 행정부를 공격하였다.

그들은 균형예산의 유지를 행정부의 의무 사항으로 만들기 위한 헌법수정으로부터 시작하여, "복지 제도에 대한 전쟁"(war on welfare)에 이르는 광범위한 경제개혁안을 발표하였다. 그것은 한 마디로 뉴딜 진보주의의 정책을 뒤집어 놓으려는 것이었다.

백인 민병대와 극우파

그러나 일부 극단적인 보수세력들은 이와 같은 온건한 신우파의 노선에 만족하지 않았다. 이들 "극우파"(the far right)는 진보-좌파 집권세력을 제거하기 위한 보다 더 적극적이고 과격한 방법을 생각하게 되었다. 그들은 민병대(militia)로 불리는 과격한 백인들의 비밀 조직을 통해 활동하였다.

이들 백인 과격 단체는 1995년에 전국 34개 주에 200여 개가 있는 것으로 추산되었다. 그리고 그 대표적인 경우가 1995년 오클라호마시티 연방정부 청사를 폭파한 사건으로 알려지게 된 미시간 민병대였다.

그들은 몬태나, 아이다호, 위스컨신과 같은 중서부의 농촌 백인 지역에서 번창하였다. 그리고 그들은 소규모 조직으로 흑인, 유대인, 공무원, 진보파 정치인들에 대한 테러 행위를 산발적으로 벌였다. 그러나 뚜렷한 조직의 중심이 없었기 때문에, 그들의 행동은 흔히 "지도자 없는 저항"으로 불렸다.

민병대는 식민지 시대부터 치안을 유지하고 외적의 침입을 막기 위해 자발적으로 만들어진 자경단(vigilantes)의 전통을 물려 받은 군사조직들이었다. 그들은 18말기에 영국에 대항해 벌인 독립 전쟁의 주역이었다. 그들은 자신들이야 말로 납세의 의무와 병역의 의무를 충실히 이행하여 아메리카 공화국을 지키는 건전한 시민이며 애국자라고 자부하는 사람들이었다.

이들의 활동이 1990년대에 활발해지게 된 것은 미국 사회의 '좌경화'에 대한 두려움 때문이었다. 그들은 연방정부를 장악하고 있는 진보-좌파들이 미국을 유럽의 사회민주주의 방향으로 끌고 감으로써 전통적인 미국을 파괴하고 있다고 생각하였다. 선량한 시민들이 모르는 사이에, 민주주의라는 구호밑에서 아메리카 공화국의 파괴 음모가 진행되고 있다고 그들은 생각하였다.

그러한 '음모 세력'은 권력의 자리를 차지하고 있는 진보-좌파적인 정치인, 언론인, 교수, 지식인들 및 관료들이라고 생각하였다. 그러한 '불순분자들'의 대표는 클린턴 대통령 부부였다.

진보-좌파 집권층은 흑인과 같은 빈민대중에게 아첨하고 막대한 복지비 지출을 약속함으로써 선거를 통해 정권을 잡는 사악한 자들이었다. 그리고 그들은 동성애, 낙태, 여성해방을 강조함으로써 건전한 시민정신을 타락시키는 부도덕한 자들이었다. 또한 그들은, 클린턴의 병역기피 사실에서 나타나는 바와 같이, 애국심이 없는 자들이었다.

그 때문에 극우파들은 반(反)정부주의자들이 되었다. 그들이 볼 때, 연방정부는 진보-좌파 엘리트가 세금조차 낼 능력이 없는 빈민대중을 선동하여 권력을 잡아 건전한 중산계급 시민의 자유를 억압하는 새로운 전제정치의 도구였다. 즉, 연방정부는 과거의 전제군주와 같은 이 시대의 폭군(Federal Tyranny)이었던 것이다.

그러므로 극우파는 연방정부를 완전히 없애거나, 아니면 적어도 약화시켜 그 권력을 지방정부로 분산시켜야 한다고 주장하였다.

그들은 군(county) 정부가 정치생활의 중심이 되는 지방분권제를 주장하였다. 최고의 법 집행자는 연방정부의 대통령이나 의회가 아니라 각 군의 보안관을 정점으로 소집되는 '군민 회의'(Posse Comitatus)라고 그들은 주장하였다.

이러한 관점에서 볼 때, 극우파는 '작은 정부', '시민에 가까이 있는 정부'를 내세우는 제퍼슨주의자들이었다. 그리고 정부에 대항해 개인의 자유를 최대로 실현하기 위해 직접민주제를 주장하는 자유지상주의자(libertarian)들이었다. 이것은 그들이 어느 정도는 무정부주의자들의 기질을 가지고 있음을 보여 주고 있다.

백인 민병대 세력은 특히 민주당을 증오하였는데, 그 이유는 민주당이 게으름을 국가차원에서 조장했기 때문이었다. 그들에게 있어서 복지국가는 성실한 백인 근로자들의 재산을 세금의 형태로 빼앗아 게으르고 부도덕한 흑인들에게 사회보장의 형태로 나누어 주는 부도덕한 제도였던 것이다.

그 때문에 그들은 납세거부 운동을 벌였다. 그리고 정부 복지 정책의 수혜자인 빈민 가운데는 흑인이 많았기 때문에, 극우파 세력은 흑인을 공격하는 "쿠클락스클랜"(KKK)에 가입하는 경우가 많았다.

그들은 옛날의 아메리카 공화국(the American Republic)을 원형대로 보존하기를 바라는 전통주의자들이었다. 그들은 사회주의에 물들지 않았던 '뉴딜 이전의' 미국을 복원시키려는 사람들이었다.

따라서 그들이 '진짜 미국'으로 생각하는 나라는 1789년 건국 당시의 헌법 전문과 10개의 수정헌법 조항에서 제시된 공화국이었다. 즉, 그것은 흑인과 빈민을 돕기 위한 민권법이나 누진소득세법과 같은 헌법수정조항들이 만들어지기 이전의 미국이었다. 그것은 백인 중산계급 시민들의 미국이었다.

또한, 극우파는 전통적인 청교도적 가치를 유지해야 한다고 주장하는 도덕주의자들이었다. 그들은 프로테스탄트 교도들이 세운 미국이 카톨릭 교도와 세속주의자들에 의해 변질된 사실에 분개하였다. 그에 따라 정부의 낙태 허용, 동성애 허용, 여성해방 조치에 맹렬히 반대하였다.

극우파 테러와 반유대주의

　1993년에 연방정부의 주류담배총기단속국(AFT)이 텍사스 주 와코(Waco)의 외딴 종교적 공동체를 공격하여 어린이를 포함한 90명의 신도들이 불에 타 죽게 만든 사건이 일어났다. 그것은 젊은 종교 지도자 데이비드 코레시(David Koresh)가 추종자들을 이끌고 자신들의 독특한 생활방식을 실천하기 위해서 만든 작은 공동체였다.
　이러한 '학살'에 대해 극우파들은 분개하였다. 그것은 연방정부가 미국 시민의 기본권인 신앙의 자유를 무시하고 있음을 말해 주는 좋은 증거로 보였다.
　이와 같은 연방정부의 '폭정'에 보복하기 위해 나온 극우파의 행동이 1995년의 오클라호마 연방정부 청사 폭파 사건이었다. 그것은 극우파 청년 티모시 맥베이(Timothy McVey)가 코레시 일파의 원수를 갚기 위해 연방정부 건물에 폭탄을 장치함으로써 일어난 사건으로서, 500여명의 사망자를 냈다. 맥베이는 코레시 일파가 공격당한 날짜로부터 꼭 2년이 되는 같은 날짜(4월19일)를 선택할 정도로 연방정부에 대한 복수심에 불타 있었다.
　이처럼 연방정부의 탄압을 당하고 있다고 생각하고 있었기 때문에, 극우파는 연방정부로부터 자신들을 지키기 위한 무기를 가질 수 있어야 한다고 주장하였다. 따라서 그들은 연방정부가 총기단속법(gun control)을 제정하려는 데 대해 맹렬히 반대하였다. 그들은 그러한 주장의 근거로서 1789년 건국 당시 헌법수정 조항 제2조에서 '무기를 소지할 권리가 보장되었음을 상기시켰다.
　또한 극우파는 유대인에 대해서도 강한 적개심을 가지고 있었는데, 그것은 유태인들이 아메리카 공화국을 파괴하려는 음모의 중심세력이라고 생각했기 때문이다.
　반(反)유대주의를 정당화함에 있어서 그들은 "기독교 정체"(Christian

Identity) 신학으로 알려진 독특한 신앙을 가지고 있었다. 실제로 대부분의 극우파가 이 신앙을 가지고 있었다.

그것은 고대 이스라엘의 현대적 계승자는 유대인이 아니라 앵글로색슨 족 기독교인들이라는 주장에 토대를 두고 있었다. 그리고 이들 현대 기독교인들은 오늘날에 와서야 그러한 자신들의 진정한 정체를 발견하게 되었다는 의미에서 자신들의 신념에 정체라는 말을 붙였던 것이다.

반유대주의의 감정은 미국사회에서 유대인들이 실제로 차지하고 있는 우월한 지위에 대한 반감 때문에 더욱 더 강해졌다. 즉, 그것은 미국 인구의 2.2퍼센트밖에 안 되는 유대인이 금융, 법률, 언론을 주도하고 있는 데 대한 두려움에서 오는 것이었다.

유대인은 최고의 권위를 가진 신문인 뉴욕타임스와 워싱턴포스트를 소유하고, 4대 일간지의 경영진과 필진의 35퍼센트를 차지하고 있었다. 또한, 유대인은 방송과 영화에서도 절대적으로 우세한 영향력을 행사하고 있었다.

그리고 유대인은 '아이비리그'에 속하는 동부 명문대학의 총장과 교수 가운데서 40퍼센트를 차지하고 있었다. 그리고 워싱턴과 뉴욕의 법률회사 변호사 가운데 45퍼센트를 차지하고 있었던 것이다.

극우파의 반유대주의 감정은 미국 정부의 국제주의적인 정책에 대해서 반대하는 민족주의적 성향을 보였다. 왜냐하면, 대외적으로 미국은 세계정부를 만들려는 유대인들의 음모에 말려들고 있다고 생각했기 때문이다.

그 대표적인 근거로서 그들은 클린턴 행정부에 코헨 국방장관과 올브라이트 국무장관을 비롯한 유대인이 뿌리를 박고 있는 사실을 지적하였다.

따라서 그들은 국제 유대인들의 무대가 되고 있다고 생각되는 국제연합(UN), 서방선진7개국 회담(G7), 북미자유무역협정(HAFTA) 등과 같은 국제기구로부터 미국이 탈퇴할 것을 요구하였다.

유대인의 영향력 증대

　이와 같은 좌·우 대결은 미국 사회에서 유대인들의 입지가 강화되는 과정에서 더욱 더 부각되었다. 유대인들의 우세는 클린턴 행정부의 요직인 국무부, 국방부, 재무부의 장관이 모두 유대인들이었던 사실에서도 확인되고 있다.

　1654년부터 유대인들이 미국으로 몰려 들기 시작한 것은 유럽과는 달리 시민권, 직업, 거주지, 토지소유, 결혼 등에 대한 차별이 없었기 때문이었다. 특히 독일과 동유럽의 유대인들이 박해를 피해 많이 이주해 왔다.

　그러나 미국에서도 유대인에 대한 차별은 어느 정도 있었다. 그래서 하바드 대학 입학이 거부당하든가, 또는 쿠클럭스클랜 조직의 습격을 받기도 하였다.

　그러나 유대인이 대량으로 미국에 들어오고 또한 차별을 받지 않게 된 계기는 제 2차대전이었다. 전쟁 기간에 유대인은 나찌 독일의 대학살(Holocaust)을 겪으면서 동정심을 얻게 되었다. 미국은 유대인들에게 난민의 지위를 부여함으로써 미국 이민을 쉽게 해주었다.

　그 결과는 2000년에 미국의 유대인은 이스라엘 국가의 전체 인구와 맞먹는 550만 명으로서, 미국인구의 2퍼센트를 좀더 차지할 정도로 많아졌다.

　유대인들의 사회 진출이 두드러지게 된 데는 제2차 세계대전 이후 냉전의 도움을 많이 받았다. 미국사회는 무신론적인 공산주의와 소련과 싸우는 과정에서 종교를 존중하였고, 그에 따라 유대교도 인정을 받게 되었기 때문이다.

　유대의 높은 교육열도 사회진출에 도움이 되었다. 유대인은 성인의 60퍼센트 이상이 대학졸업자였다. 그 결과 유대인의 60퍼센트가 교양과 재산을 가진 중산층과 부유층에 속하였다. 그러면서도 대부분의 유대인들은 아직도 자신들이 미국 사회에서 차별을 받고 있다고 생각하고 있었다.

이념적으로 유대인들은 진보-좌파적인 성향을 가지고 있었고, 그 때문에 국가의 재원을 사회복지에 쓰려는 민주당을 압도적으로 지지하였다. 그들은 총기소유 허가를 반대하고, 여성의 낙태 선택권을 지지하였다.

유대인들은 오랫동안 받았던 박해의 경험 때문에 흑인의 민권운동을 열렬히 지지하였다. 그럼에도 불구하고 흑인들은 성공한 유대인들을 아주 싫어했기 때문에, 두 인종 사이에 갈등이 자주 일어나고 있었다.

유대인들은 로비활동에 있어서도 뛰어남을 보였다. 그것은 미국의 전국총기협회, 은퇴자 협회같이 강력한 로비단체들처럼 정치자금을 제공하여 의회에 막강한 영향력을 행사하였다. 가장 대표적인 조직이 6만 5천 명의 회원을 가진 공적문제위원회(the American Israel Public Affairs Committee)였다.

또한 유대인은 모금 활동에 있어서도 탁월하였다. 유대인 가운데는 거액의 기부금을 정계에 내놓는 사람들도 많지만, 적은 액수의 기부금들의 역할이 컸다. 그들은 개미군단적인 방법으로 모금운동을 펼쳤다. 유대인들은 예전부터 자기 민족을 위해 상부상조하는 문화를 가지고 있어서, 10퍼센트 정도가 기부금을 내는 것으로 알려졌다.

유대인 단체들은 어떤 정치 문제에 대한 정보와 대책을 회원들에게 알려주고 지역 국회의원들에게 편지를 쓰도록 촉구하였다. 그리고 나서 자기들의 의견을 듣는 정치가들에게 자금을 지원하였다.

팔레스타인에서 무력충돌이 계속됨에 따라, 워싱턴에서의 유대인 로비도 강화되어 갔다. 로비그룹은 빈번한 기자회견과 군중모임을 통해 이스라엘 지지가 미국의 국익에 중요하다는 것을 강조하였다.

이와 같은 유대인들의 적극적인 행동은 국제적으로 아랍인들을 분노케 하는 경우가 많았다. 그리고 국내적으로는 보수-우파의 두려움을 자아내기도 하였다.

문화전쟁

　이와 같은 좌우 대결은 미국 사회에서 '미국적인 것'이 무엇인가 하는 데 대한 논쟁을 불러 일으켰다. 그 논쟁은 미국적 생활 방식(American way of life), 즉 미국적 문화가 무엇인가 하는 문제에 대한 것이었다. 그 때문에 그것은 흔히 '문화전쟁'(Cultural War)으로 불리게 되었다.
　보수-우파 세력에게 있어서 진정한 미국은 건국초기에 자립적인 시민들로 이루어진 공화국(American Republic)을 의미하였다. 그것은 자영농, 상인, 기술자로 이루어진 중산계급의 나라였다.
　공화국의 시민들은 사회에서 무엇인가 지킬 것(a stake in society)을 가진 사람들이었기 때문에, 병역과 납세의 의무를 최고로 신성시하였다. 그러한 점에서 그것은 고대 로마 공화국과 비슷하였다.
　바로 이와 같은 공화국에 대한 충성심 때문에 미국은 이질적인 요소들을 하나로 통합할 수 있었다고 그들은 생각하였다. 과거의 미국은, 낡은 유럽대륙에서 어떤 신분과 어떤 민족에 소속되어 있었던 간에, 모든 개인이 중산 계급엥 속하게 되는 동질적인 국가였다. 즉, 그것은 도가니(melting pot)인 동시에 국민국가(nation-state)였던 것이다.
　그러나 오늘날의 미국은 정부의 구호정책에 의존적인 사람들로 뒤덮인 빈민의 나라로 바뀌었다. 그것은 사지가 멀쩡한 흑인 청년들이 아무 하는 일없이 하루 종일 빈둥거리고, 수천만이 정부가 지불하는 생활보조비(welfare)를 받아 사는 나라로 바뀌었다.
　또한 오늘날의 미국은 중남미계 미국인들을 비롯한 소수 인종들은 영어를 배우는 대신 자신의 모국어를 공용어로 사용할 것을 권리로서 당당하게 요구하는 비영어권의 나라로 바뀌었다.
　또한 그것은 하시드 파의 유태인들이 공립 학교를 종교 학교처럼 운영하는 나라로 바뀌었다. 그리고 그것은 개신교도들에 의해 세워진 나라에서 카톨릭 교도가 우세한 세력으로 자리잡아 가는 나라로 바뀌었다.

그러므로 오늘날의 미국은 수많은 민족과 인종들이 동화되지 않고 자신들의 고유성이 지켜지는 샐러드 그릇(salad bowl)과 같은 보편주의적인 제국(empire)이 되었던 것이다. 그러한 점에서 그것은 고대 로마 제국과 비슷하였다.

그에 따라 아메리카 공화국을 뒷받침하고 있던 시민 정신도 무너져 가고 있었다. 빈민의 지지에 기반을 둔 정치인들이 정치 권력을 잡고, 빈민에 호소하는 지식인들이 사회적으로 영향력을 행사하게 되었다. 빈민이 정치적으로 중요해짐에 따라 공동체주의가 강조되고, 그에 따라 전통적인 개인주의(individualism)의 국민 정신이 흔들리게 되었다.

이와는 반대로 진보-좌파 세력에게 이와 같은 변화는 아메리카 민주주의(American Democracy)의 완성을 향해 가는 진보의 과정으로 보였다. 왜냐하면, 그것은 지금까지 주류 사회에서 소외되었던 빈민, 여성, 소수 인종, 동성애자 등과 같은 사회적 약자들의 다양한 생활방식을 인정하는 다문화적 사회(multicultural sockety)의 출현으로 보였기 때문이다.

좌, 우 두 진영의 이처럼 큰 시각의 차이는 바로 미국 사회가 문화전쟁의 홍역을 치르고 있음을 말해 주고 있었다.

클린턴 행정부의 전략적 후퇴

보수-우파들의 반격으로 클린턴 행정부의 진보-좌파 노선은 어느 정도 바꾸지 않을 수 없게 되었다. 그러므로 클린턴은 1996년 7월에 공화당이 주도하는 의회가 통과시킨 사회보장제도 개혁안에 서명하였다. 그 법안은 클린턴에 의해 두 번씩이나 거부되었던 것이었다.

그 개혁안의 목적은 국가의 도움을 계속 받아야만 살도록 되어 있는 빈민들의 "국가 의존의 악순환"을 끊어 버리려는 것이었다. 그에 따라 그 법안은 빈민에게 무기한 적으로 주어지던 사회보장 혜택을 한시적으로만 허용하였다.

어떤 가장도 평생 5년 이상은 정부로부터 사회보장 혜택을 받을 수 없도록 제한하였다. 그리고 정부로부터 혜택을 입은 수혜자는 사회봉사 활동으로 국가에 보답하도록 하였다.

또한 연방정부는 빈민 아동에게 주던 지원금을 주 정부에 넘겨 자율적으로 운영하도록 하였다. 또한, 10대의 어린 미혼모에게 주던 지원도 중단되었다. 예외가 있다면, 18세 미만으로서 보호자와 함께 살면서 학교에 다니는 경우 뿐이었다.

또한, 그것은 미국 정부에 세금을 낸 적이 없는 이민들에 대한 사회보장 혜택도 폐지하였다. 그리하여 이민들에게는 입국한지 5년까지는 사회보장 혜택을 받지 못하도록 제한하였다.

이처럼 공화당이 우세한 의회는 정부 예산의 삭감과 정부 규제의 폐지라는 공화당의 목표를 어느 정도 달성하였다. 의회는 항목별 거부(line-item veto)에 관한 권한을 대통령에게 줌으로써, 연방예산의 특정 부문을 줄일 수 있게 하였다.

그리고 의회는 1996년의 '텔리코뮤니케이션' 법을 제정하여 케이블 TV 회사들이 TV와 라디오 방송국을 소유할 수 있도록 허용하였는데, 이것은 언론사, 전화회사, 케이블 TV 회사들 사이의 경쟁 체제를 유도하려는 것이었다. 이것은 정부개입의 영역을 줄이고 자유경쟁의 영역을 확대시키려는 조치였다.

그러나 공화당이 추진한 "미국과의 계약"(Contract with America)은 복지 관련 지출을 줄이게 됨으로써 그러한 혜택을 기대하고 있던 사람들의 불만을 샀다. 그것은 노인의료지원(Medicare)과 빈민의료지원(Medicaid)에 대한 지출을 줄임으로써, 노인들과 빈민들의 분노를 샀다. 또한, 그것은 교육에 대한 재정 지원금과 대학에 대한 융자금을 줄임으로써, 교육 관련자들의 불만을 샀다.

또한 그것은 고속도로 건설 지원금과 농가 지원금을 줄이고, 사회 복지비와 제대군인 처우개선비를 줄였다. 그것들은 모두 종전의 수혜자들을 분노케 하였다.

공화당은 정부예산을 줄이기 위해 학교급식을 포함한 어린이들의 영양 지원 사업을 주 정부로 떠넘기려 하였다. 그리고 환경보호와 직업안정과 관련된 법들을 폐지하려고 하였다. 이것들도 모두 종전의 수혜자들을 분노케 하였다.

또한, 공화당은 민주당 행정부가 균형 예산을 이룩하도록 1995년과 1996년에 예산 집행을 거부하는 극단적인 방법을 썼는데, 이것도 공화당에게 불리하게 작용하였다.

정부 기능이 마비되어 업무상의 불편이 일어나게 되자, 국민들은 정부 빚을 늘리는 클린턴 행정부에 대해서 보다 국정을 마비시키는 의회에 대해 더 불만을 터뜨렸던 것이다. 그들은 공화당이 우세한 의회가 지나치게 원칙에 집착해 있다고 비난하였다.

2. 클린턴의 2차 임기

백악관 스캔들과 1996년의 선거

1996년의 선거에서 민주당은 다시 클린턴을 대통령 후보로 지명하였다. 공화당은 캔사스 주 출신 상원의원 밥 돌(Bob Dole)을 대통령 후보로 지명하였다. 돌은 제2차 세계대전에 참전하여 부상을 입은 애국자였고, 30년간 의원직에 있었던 정치 원로였다.

공화당은 빌 클린턴의 도덕적 자질을 문제 삼았다. 왜냐하면, 아칸소 주지사 시절에 발생했던 화이트워터 개발회사와 관련된 스캔들이 폭로되어, 그 영향이 백악관에까지 밀려올 정도로 컸기 때문이다. 사건의 진상을 밝히기 위한 특별검사로 공화당 성향을 지닌 케네스 스타(Kenneth

Starr)가 임명되었다.

　클린턴 부부는 화이트워터 개발회사의 법률 고문을 맡았을 정도로 그 사건에 깊이 개입해 있었다. 그 사건과 관련하여 1993년에 백악관 보좌관실 부고문인 빈스포스터가 자살하였다. 그는 클린턴의 오랜 친구이며 힐러리의 법률회사 동업자였다.

　포스터의 자살에 대한 조사가 이루어지고 있는 동안에 그의 사무실에 있던 화이트워터 관련 서류가 없어진 사실이 밝혀져, 또 한 차례 크게 문제가 되었다.

　그러므로 케네스 특별검사의 조사과정에서 클린턴 대통령은 비디오테이프로 녹화된 증언을 할 정도로 궁지에 몰렸다. 대통령의 부인 힐러리도 상원 조사위원회에 나가 증언을 해야했다.

　상원 조사위원회가 이전에 아칸소 주 리틀록의 법률회사로부터 받은 영수증을 제출하라고 요구하자, 힐러리는 이 기록들이 백악관으로 이사하는 과정에서 없어졌다고 얼버무림으로써 의심을 증폭시켰다.

　클린턴 부부와 함께 화이트워터 회사 고문이었던 제임스 맥두걸 부부와 주 지사인 팀 텀커도 조사를 받았고, 결국 두 사람은 1996년에 우편물 사기죄와 음모죄로 기소되어 유죄판결을 받았다. 조사의 초점은 클린턴의 직접 개입 여부였으나, 그에 대한 혐의는 명확하게 밝혀지지 못했다.

　화이트워터 사건을 조사하는 과정에서 클린턴의 불성실한 가정생활에 대한 소문도 터져 나왔다. 그는 주지사 시절 폴라 존스라는 여성 공무원을 성 폭행한 혐의를 받아, 그녀로부터 고소를 당하였다. 그 혐의는 금전적인 보상을 약속한 다음에야 벗겨지게 되었다.

　그 과정에서 현직 대통령이라 할지라도 공적인 업무 이외의 행동에 대해서는 고소당할 수 있다는 1997년의 대법원 판결이 나오게 되었다.

　대통령 부인 힐러리는 백악관 여행 업무와 관련된 공무원의 해임, 그리고 법률 회사 동업자였던 포스터의 자살과 관련해서도 연루의 의심을 받았다.

한편, 선거기간에는 1993-94년에 연방수사국(FBI)이 900여 명의 공화당원에 대한 비밀기록을 백악관에 보낸 사건도 터져나왔다. 클린턴 행정부는 이 사건이 백악관의 명령에 따라 일어났다는 것을 시인하지 않을 수 없었다.

그러나 개인적인 스캔들에도 불구하고, 여론조사는 클린턴의 인기가 계속됨을 보여주었다. 그에 따라 선거 분위기는 클린턴의 재선으로 기울어져 가고 있었다. 왜냐하면 미국의 경제는 유례없는 호황을 보여주었기 때문이다.

그렇게 된 데는 클린턴이 공화당의 요구안을 부분적으로나마 받아들인 유연한 태도가 도움이 되었다. 클린턴은 온건한 보수세력의 지지를 얻기 위해 공화당의 정강인 균형예산과 가정의 가치(family values)를 받아들였던 것이다.

클린턴은, 민주당원답지 않게, 출산 휴가 연장에 대한 법 제정에 반대하고, 청소년 금연운동을 지지하였다. 또한 클린턴은 연방정부의 사회보장 제도의 일부를 축소하는 데 동의하였다. 그리하여 60년 동안 시행되어 온 뉴딜 복지정책 가운데서 두 가지를 폐지하는 법안에 동의하였다. 그 하나는 1935년의 사회보장법 가운데서 어린 자녀들이 있는 가난한 가정에 대해 생활보조금을 제공해 온 부양자녀 지원 조항(AFDC)의 폐지였다. 다른 하나는 농민들에게 보조금을 주던 자영농법(Freedom Farm Act)의 폐지였다.

그러므로 1996년의 선거 결과는 유연한 정강을 내세운 민주당과 빌 클린턴의 승리였다. 클린턴은 일반투표에서 49퍼센트밖에 못 얻었지만, 무소속 후보인 로스 페로가 8퍼센트를 얻음으로써 공화당의 봅 돌의 득표율을 41퍼센트로 떨어뜨릴 수 있었던 것이다.

그러나 국회 의원 선거에서는 종전의 세력판도가 그대로 유지되어, 공화당이 상원과 하원에서 계속 다수당으로 남게 되었다.

특별검사의 조사 활동

선거에서 승리하기는 하였지만 비행과 스캔들은 클린턴 대통령을 계속 괴롭혔다. 특별검사 케네스 스타는 1994년부터 화이트워터 사건을 계속 파헤치고 있었다.

그러나 스타검사는 뜻하지 않게 힐러리가 일했던 법률회사의 경영진에 속했던 웨브 후벨의 도움을 받게 되었다. 후벨은 클린턴 대통령의 가까운 친구로서 법무차관에 임명된 사람이었다. 그는 탈세혐의와 우편사기를 문제삼지 않는 것을 대가로 하여 조사에 협조하였다.

1996년의 선거 기간에 스타 검사는 맥두걸과 터커를 기소하여 유죄판결을 내리게 함으로써 사건을 백악관으로 까지 확대하려고 하였다. 그는 상원 특별 조사위원회로 하여금 대통령의 부인 힐러리를 증언대에 세우는 데 성공하였다. 힐러리는 자신의 혐의에 대해 납득할만한 증언을 제시하지 못했다.

그럼에도 불구하고 클린턴은 궁지를 벗어날 수 있게 되었다. 왜냐하면 1998년에 아칸소주 리틀록에서 열린 화이트워터 사건의 대배심은 그 사건으로 기소된 자들에게 무죄 평결을 내렸기 때문이다. 클린턴이 위기를 벗어나는 듯이 보였다.

그러나 스타 검사는 방향을 바꾸어 클린턴은 성희롱 사건에 얽혀 공격하였다. 그것은 백악관에서 인턴으로 일하던 젊은 여성 모니카 르윈스키와 관련된 사건이었다. 스타 검사가 화이트워터에 대해 진상규명을 하고 있던 과정에서 클린턴과 모니카 르윈스키 사이에 성적관계에 대한 소문이 떠돌았다. 두 사람은 성적 비행의 사실을 완강히 부인하였다.

그러나 1998년초에 르윈스키의 직장 동료였던 린다 트립의 출현으로 조사는 활기를 띠었다. 그녀가 르윈스키와의 전화 통화 내용을 녹음한 테이프를 특별 검사에게 제출했기 때문이다. 녹음 테이프에는 르윈스키가 대통령과 애정관계를 갖고있다는 내용이 들어 있었다. 그러나 클린턴은 그 사실을 부인하였다.

스타 검사는 백악관 직원들과 경호원들의 증언 내용, 그리고 르윈스키 어머니의 대배심원 증언을 모아 클린턴을 불리한 입장으로 몰고 갔다.

그러나 국민들은 경제적 호황을 누리고 있었기 때문에 대통령의 사적 생활에는 별로 관심을 보이지 않았다. 오히려 스타 검사의 방법이 지나치고 수사 기간이 너무 길다고 생각하는 사람들도 많을 정도였다.

그럼에도 불구하고 스타 검사는 끈질기게 클린턴과 르윈스키의 관계를 물고 늘어졌다. 조사의 초점은 대통령이 거짓 증언을 사주함으로써 공정한 조사를 방해하고, 대통령의 조서가 거짓임을 밝히려는 데 있었다.

스타 검사의 끈질긴 추적에 마침내 르윈스키는 굴복하였다. 그녀는 고소당하지 않는다는 보장을 받고 나서, 마침내 대통령과의 성적 관계를 인정하였다.

그에 따라 클린턴은 대통령으로서는 처음으로 대배심원 앞에서 증언을 해야 했다. 그러나 클린턴은 그녀와의 관계가 부적절했음을 시인하면서도, 성적 관계라는 말은 절대로 사용하지 않았다.

하원의 클린턴 탄핵

1998년 9월에 특별검사 스타의 보고서가 제출되었고, 하원은 그것을 인터넷 상에 공개하였다. 그것은 1995-97년 기간에 클린턴과 르윈스키 사이에 있었던 성적관계를 자세히 설명하고, 클린턴 대통령을 탄핵해야 할 이유를 제시하였다. 대통령의 잘못은 거짓말을 한 것, 공정한 법의 집행을 방해한 것, 증거인멸, 권력남용의 4개 사항이었다.

하원은 1998년 12월에 2개 사항만을 인정함으로써 탄핵을 결의하였다. 그것은 대통령이 배심원 앞에서 위증을 했다는 것, 그리고 법 집행을 방해했다는 것이었다.

하원에서 탄핵안이 통과되었다. 그에 따라 클린턴 문제는 상원으로 넘어 가게 되었다.

그럼에도 불구하고, 여론조사는 대다수의 미국인들이 그가 대통령 직에서 물러나는 것을 원하지 않고 있음을 보여주었다. 오히려 국민들은 탄핵의 방향으로 몰고 간 공화당을 비난하고 있었다.

그것은 1998년의 중간 선거에서 공화당의 의석이 줄었다는 사실에서 나타났다. 그 때문에 오히려 공화당의 지도자인 깅그리치가 책임을 지고 하원 의장직은 물론 의원직마저도 물러났다.

클린턴은 130년 전에 앤드루 존슨에 이어 상원에서 심판을 받아야하는 두 번째의 대통령이 되었다. 탄핵안이 상원에서도 통과되면, 클린턴은 대통령직을 잃도록 되어 있었다.

상원에서 공화당 의석은 민주당에 대해 55대 44로 우세했지만, 탄핵안을 통과시키기 위한 3분의2에는 못 미치는 숫자였다. 결국 탄핵안은 50 대 50으로 부결되었다. 클린턴과 민주당은 환호하였다.

그러나 탄핵 문제로 공화당과 민주당이 날카롭게 대립하는 과정에서 긴급을 요구하는 법안들이 하나도 처리되지 못하였다. '베이붐' 세대가 정년에 이르기 전에 사회보장제도와 노인의료 제도를 개선하려던 법안도 다루지 못했다.

또, 보험회사들(HMOs)에 대항해 환자의 권리를 보호하려는 법안, 그리고 개인이 정당에 정치자금을 무한정 기부하지 못하게 하려는 선거자금 개혁법안도 다루지 못했다.

심지어는 콜롬바인 고등학교에서 총격 사건이 일어나 총기 규제에 관한 여론이 들끓게 되었는데도, 총기 구매자의 범죄 경력 조사를 의무화하는 법도 제정하지 못하였다.

행정부와 의회의 대결 과정에서 국가의 중요한 문제들은 어느 하나도 제대로 처리될 수 없었던 것이다.

제 19 장 1990년대의 미국과 세계

1. 해외문제 개입의 확대

유고, 체첸, 러시아 문제

 클린턴이 국내 스캔들 문제에 몰두하고 있는 동안, 미국은 냉전 이후의 세계에서 보다 더 유동적이고 다양한 새로운 문제들에 부딪히고 있었다. 그러한 문제들은 소련과 공산주의의 팽창을 봉쇄한다는 과거의 냉전이라는 "틀"(paradigm)을 가지고는 더 이상 해결하기 어려운 것들이었다.
 따라서 미국은 해외 개입의 원칙을 새롭게 설정하지 않으면 안 되었다. 그리고 이와 같은 새로운 환경에서 미국인들은 해외 문제 개입에 있어서 두 가지의 서로 모순되는 태도를 가지고 행동하였다.
 우선 미국인들은 세계 유일의 초강대국으로서 세계 문제에 대한 책임을 회피할 수 없다고 보고, 해외 개입을 당연하게 받아 들이는 태도를 보였다. 텔리비젼을 통해 전 세계에서 인간들이 여러 종류의 분쟁으로 고통을 당하고 있는 것을 보면서, 미국인들은 그대로 앉아 있을 수는 없었던 것이다.
 그러면서도 미국인들은 그 개입이 오랜 기간 동안 큰 희생을 치르는 것이 되어서는 안 된다는 태도도 보였다.

그러나 실제로 대외정책을 시행하는 과정에서 모순되는 두 가지 원칙을 모두 지키는 일은 쉽지 않았다. 그 때문에 클린턴 행정부는 어떤 때는 적극성을 보였다가도, 다시 소극적인 태도로 쉽게 전환하는 불안정성을 보였던 것이다.

이와같은 이중적 원칙이 적용된 경우의 하나가 옛 유고슬라비아 지역에서 일어난 민족 분쟁이었다.

원래 유고슬라비아 연방은 세르비아 민족들을 중심으로하여 여러 민족들로 이루어져 있었다. 그러나 소련의 붕괴와 함께 해체되고 말았다. 1991-92년 기간에 슬로베니아, 크로아티아, 마게도니아, 보스니아-헤르체고비나가 유고 연방을 탈퇴해 독립했기 때문이다. 그에 따라 유고슬라비아는 세르비아와 몬테네그로만을 포함하는 작은 나라로 남게 되었다.

그러므로 유고슬라비아의 주축을 이루고 있던 세르비아는 예전의 영토를 다시 찾으려고 하였다. 그래서 세르비아는 독립된 지역들에 흩어져 있는 세르비아 인들의 반란을 부추겼다.

그리하여 보스니아-헤르체고비나에서는 세르비아인, 크로아티아인, 터키인들 사이에 인종 분쟁이 일어났다. 그리고 그 과정에서 수천 명이 살해되었다.

세르비아인들은 영토를 독점하기 위해 다른 민족들을 쫓아 내려는 '인종 청소'의 의도를 가지고 있었다. 그에 따라 다른 민족들에 대해 집단 학살과 집단 강간을 벌이게 되었다. 그렇지만 어느 나라도 세르비아의 인종 말살 행위를 견제하지 않았다.

클린턴 행정부는 개입이 불가피하다고 판단하였다. 그리고는 세르비아의 군사 기지를 폭격하였다. 그 결과 1995년에는 보스니아-헤르체고비나에 새로운 다민족 국가를 세운다는 합의가 이루어졌다. 그리고 그것을 이행하기 위해 미군을 포함하는 '나토'군이 평화유지군으로 주둔하였다.

세르비아 인들은 다시 코소보 지역에서 알바니아 인들을 말살하려고 하였다. 그 때문에, 1999년에 미군을 포함하는 '나토'군은 세르비아를 폭격하였다. '나토'군은 평화유지군으로 주둔하게 되었다. 그리고 분쟁의 원흉인 유고슬라비아의 밀로세비치 대통령과 그 일파를 잔학행위에 대해 국제전범 재판소에 고소하였다.

그러나 코소보 개입 문제를 놓고 '나토' 진영은 분열하였다. 왜냐하면, 회원국인 프랑스, 그리스, 이탈리아가, 러시아의 주장에 따라, 세르비아 폭격에 반대했기 때문이다.

그러나 클린턴은 구 소련 영토 체첸의 인종 분규에 대해서는 유고슬라비아의 경우처럼 적극적이지 못하였다. 체첸 문제는 이슬람 교도들의 체첸 공화국이 완전 독립을 못하도록 러시아가 무력을 사용함으로써 일어났다.

그러나 클린턴 행정부는 러시아의 인종탄압 문제에 개입하기가 어려웠다. 왜냐하면, 러시아에서는 공산주의 체제의 잔재를 청산하는 것이 더 시급했기 때문이다.

오히려 클린턴은 1993년 4월에 캐나다의 뱅쿠버에서 열린 정상회담에서 러시아의 옐친에게 막대한 원조를 약속하였다. 그리고 1993년 10월에 러시아에서 극단주의적인 민족주의자들과 공산주의자들의 합작으로 쿠데타가 일어나자, 미국은 친서방적인 옐친 체제가 살아 남도록 도와 주었다. 미국은 옐친의 러시아가 국제사회의 협조적인 일원으로 자리잡기를 희망하였다.

그럼에도 불구하고 러시아는 세계에서 자꾸 격리되어 가고 있었다. 왜냐하면, 러시아의 경제 상태는 자꾸 나빠지고 있었고, 옐친도 건강 문제로 영도력을 제대로 발휘할 수 없었기 때문이다.

게다가 서방세계와 러시아의 관계도 원만한 것이 아니었다. 코소보 전쟁이 일어나기 바로 직전에 폴란드, 헝가리, 체코공화국이 '나토'에 가입하였는데, 소련은 이것을 반러시아적 움직임으로 보고 불쾌하게 생각하였다.

1997년에 클린턴은 옐친을 설득하여 제3단계 전술핵무기제한 협정 (START-III)을 성사시킴으로써 전술 핵무기를 다시 한 번 감축하는 데는 성공하였다. 그러나 다시 대륙간탄도미사일에 대한 감축을 제안하자, 소련은 격분하였다. 그 때문에 러시아의 제2단계 전술핵무기제한협정 (START-II) 비준마저도 불확실하게 되었다.

뒤이어, 러시아의 부패와 개혁거부 문제를 둘러싸고 미국과 러시아 사이에 불화가 일어났다. 그에 따라 2000년에 두 나라는 "차가운 평화" (Cold Peace)의 분위기 속에 빠지게 되었다.

중동과 '테러리즘'의 문제

1991년 4월에 걸프 전쟁이 끝났을 때, '유엔'은 이라크가 생화학무기와 핵무기생산을 중지하고 당시 현존하는 대량살상무기의 파괴를 요구하였다. 만일 그렇게 하지 않는 한, 이라크에 대한 경제제재가 계속될 것이라고 경고하였다.

경제제재는 1990년에 이라크가 쿠웨이트를 침공했을 때 '유엔' 안전보장이사회가 내렸던 조치였다. 그것은 이라크의 모든 무역을 차단시켰다. 오로지 외국과의 금융거래, 항공여행, 의약품과 인도적 차원의 식료품 공급만을 예외로 했을 뿐이었다.

경제제재 때문에 이라크 국민들의 생활은 아주 어려웠다. 그 때문에 '유엔' 안전보장이사회는 이라크의 요구를 약간 받아 들여 몇 차례 경제제재를 완화하였다. 그러나 이라크의 후세인은 계속해서 미국의 비위를 거스르고 있었다.

가장 중요한 도발은 쿠르드 족을 보호하기 위해 설정한 비행금지 구역을 이라크 전투기들이 침범하는 행위였다. 따라서 클린턴 행정부는 1993년 6월에 경고의 표시로 바그다드에 대해 토마호크 크루즈 미사일을 발사하였다. 그것은 이라크가 부시 전 대통령을 암살하려고 음모를 꾸민

데 대한 보복이기도 하였다.

1998년 말에도 후세인이 유엔의 무기사찰을 막자, 유엔은 석달 동안에 걸쳐 이라크 영토를 폭격하였다. 그 과정에서 미국과 유엔의 제트기가 격추되기도 하였다.

군사적 압박과 경제적 제재로 이라크에서는 식량 부족으로 영양실조가 확산되고 유아사망률이 높아졌다. 그럼에도 불구하고 후세인은 군사력 증강에 대해 집착하였다.

팔레스타인 해방기구(PLO)는 걸프전쟁에서 이라크를 지지했기 때문에 사우디아라비아로부터 받던 재정지원을 삭감당하였다. 그리고 국제적 입지가 좁아졌다. 그에 따라 이스라엘과의 협상에 호응할 가능성이 커졌다.

이와 같은 기회를 살려, 1991년 가을에 미국은 아랍과 이스라엘의 지도자들을 마드리드 평화회의에 초청하였다.

그 이후 평화 협상이 계속되어, 1993년 여름에는 이스라엘과 팔레스타인 해방기구(PLO)가 서로를 승인하고, 가자 지구와 제리코 지구에 팔레스타인 자치 정부를 수립하는 데 동의하였다.

타협은 1993년 9월에 라빈 이스라엘 총리와 아라파트 팔레스타인 해방기구(PLO)의장이 백악관 남쪽 잔디밭에서 감동적인 의식과 함께 악수함으로써 이루어졌다. 1994년에는 요르단도 이스라엘과 평화협정에 조인하였다. 그에 따라 아랍 국가들과 이스라엘 사이에 평화가 수립되는 것 같았다.

그러나 팔레스타인인들 가운데서 아라파트의 타협안에 반대하는 과격파(하마스)는 이스라엘 인에 대한 테러를 계속하였다. 이에 대항해 이스라엘의 과격파들도 팔레스타인 이들에 대한 테러를 계속하였다. 그 과정에서 1995년 11월에는 이스라엘의 라빈 총리가 암살당하였다.

미국의 압력으로 이스라엘은 1997년 팔레스타인의 도시 헤브론에서 철군하는데 합의했다. 그렇지만, 최종 평화를 위한 조치는 마련되지 못하였다.

중동 문제에 개입하는 과정에서 미국은 점차 아랍인들과 적대 관계에 놓이게 되었음을 알게 되었다. 아랍 과격파들은 미국이 이스라엘의 편을 들고 있을 뿐만 아니라, 미국 문명이 이슬람 문명을 파괴하고 있다고 생각하게 되었기 때문이다.

그러한 분위기 속에서 1993년 초에 이슬람 과격파들은 뉴욕 시내의 세계무역센터에 폭탄을 장치하였다. 그것이 폭발함으로써 6명이 사망하고 1천여명이 부상당했다.

1995년에는 마닐라 공항에서는 아랍 인이 미국으로 향하는 비행기를 폭파하려다가 미수에 그친 사건이 일어났다. 범인은 나중에(2001년) 세계무역센터 폭파사건의 주범이 된 람지 요우세프였다.

또한, 1996년에는 사우디아라비아의 미군 주둔지에 폭탄을 실은 트럭이 터져서 미군 19명이 사망하였다. 또한 1998년에는 케냐와 탄자니아에 있는 미국대사관에 폭탄장치가 된 트럭이 폭파되어 213명이 사망하였다.

다르에스살람에서도 비슷한 사건이 일어나 11명이 사망했는 데, 이때 주역은 나중에 뉴욕 세계무역센터 폭파의 배후자인 오사마 빈 라덴이었다.

그러나 클린턴 행정부는 아랍인들의 테러 활동에 대해 이렇다할 근본적인 대책을 세우지 못하였다.

소말리아와 르완다, 아이티 문제

클린턴 행정부는 내전과 굶주림으로 시달리는 아프리카에도 개입하였다. 클린턴 행정부는 내전으로 피폐해진 소말리아에 식량을 공급하고 치안을 유지하기 위해 수만 명의 미군을 파견했던, 클린터 행정부의 정책을 계속하였다.

치안유지에 어느 정도 성과를 보이자, 미국과 '유엔'은 소말리아에 새로운 정부를 세우려고 하였다. 그러나 권력을 잡으려는 여러 무장 단체들과 관계가 복잡하게 얽히면서, 미군은 소말리아 게릴라들의 공격을 받았다.

1993년 가을에 일어난 공격으로 12명의 미군이 죽었다. 모가디슈의 거리에서 죽은 미군 병사가 끌려가는 장면이 텔레비전에 비치자, 분노한 미국 국민들은 미군의 즉각적인 철수를 요구하였다. 미군은 1994년 3월까지 철수하였다.

그러나 다시 아프리카의 르완다에서 비참한 살륙전이 텔레비전 방송에 보도되면서, 미국의 여론은 다시 해외 파병을 허락하게 되었다. 다수족인 후투족이 소수족인 투치족을 80만 명이나 학살하고, 그 결과로 100만 명의 피난민이 발생하였다.

그 때문에 클린턴 행정부는 1994년에 4천 명의 미군을 파견하였다. 그러나 이번에 미군은 정치 문제에는 일체 간여하지 않고, 인도주의적인 지원 업무에만 전념하였다.

1994년 여름에는 미국의 인접국인 쿠바가 다시 미국의 문제로 떠올랐다. 공산주의자인 카스트로의 쿠바는 소련의 붕괴와 함께 극심한 경제난에 빠지게 되었다. 왜냐하면, 모스크바는 이제 더 이상 쿠바에 식량과 연료를 공급하지 못했기 때문이다.

그 때문에 수 천명의 쿠바 피난민들은 보트나 뗏목을 타고 미국의 플로리다로 몰려들었다.

이와 같은 일은 1980년에도 일어나 12만 명의 쿠바인 들이 미국에 몰려 들어왔고, 그것은 민주당의 카터가 선거에서 불리한 위치에 놓이게 되는 원인이 되었다.

그러므로 클린턴은 1980년의 경험을 살려 쿠바인을 받아들이지 않았다. 그 대신 그는 피난민을 쿠바의 미군기지인 관타나모에 임시 막사를 짓고 수용하였다. 수용소에는 미국입국을 거부당한 2만 명의 아이티 인들도 함께 수용되었다.

1991년 9월에 아이티에서는 군부 쿠데타가 일어나, 민주적으로 선출된 대통령 아리스티데가 쫓겨났다. 그 과정에서 수만 명의 피난민이 미국으로 탈출하였다. 그러나 클린턴은 피난민을 받아들이지 않았다.

그는 아이티 문제에 개입하여 군사 정부를 압박하기 위해 경제 봉쇄를 강화하였다. 그리고 UN의 허락을 받아, 아리스티데 복귀를 위한 침공 계획을 세웠다. 1994년에 아이티 침공이 확실하게 되자, 그것을 두려워한 군부 통치자들은 아이티 섬을 스스로 떠났다.

그에 따라 아리스티데가 다시 돌아와 정권을 잡았다. 미국의 개입이 성공한 것이다.

2. 미국과 세계화 문제

무역의 팽창과 세계화

클린턴 행정부는 무역의 활성화만이 미국의 번영과 세계의 안정을 가져올 것이라고 믿었다. 그 때문에 그것은 미국 상품에 대한 외국의 시장 개방을 촉구하였다.

1998년에만도 미국의 무역적자는 2천334억 달러에 이르고 있었기 때문에, 미국에게 무역 진흥은 무엇 보다도 중요하였다. 그래서 클린턴은 북아메리카 무역자유협정(NAFTA)을 의회에서 통과시켰다.

그와 같은 의도에서 1994년에 미국은 무역에서 최혜국 지위를 중국에게 부여하였다. 중국에서는 인권침해가 문제되었지만, 클린턴은 그것을 무역 문제와 결부시키지 않았다. 그리고 그는 수출증가를 기대하면서 중국이 1999년에 세계무역기구(WTO) 가입하는 것을 방해하지 않았다.

WTO는 국제무역을 규제하고 분쟁을 해결하기 위해 1994년에 수립된 국제기구로서, 이전의 관세를 위한 일반협정(GATT)을 대치한 것이었다.

그것은 세계화의 상징이었기 때문에 자본주의 체제를 반대하는 좌파로부터 맹렬한 비난을 받았다.

가장 강렬한 비판은 시에라클럽과 같은 환경단체나 노총(AFL-CIO) 같은 노동단체로부터 왔다. 반대한 이유는 WTO가 135개 국가를 포함하는 막강한 조직이기 때문에, 노사문제에 있어서 기업가들에게 유리하게 작용할 것으로 생각했기 때문이었다.

WTO가 무역 장애를 이유로 개입하게 되는 경우에, 모든 나라의 노동, 인권, 공공위생의 문제들이 영향을 받을 수 있었던 것이다.

미국은 멕시코의 경제 파산 문제에도 개입하였다. 1995년에 멕시코 경제가 정치적 부패로 위기에 몰려 거의 붕괴 직전까지 이르자, 미국은 막대한 차관을 제공하였다.

인도네시아와 러시아에서도 클린턴 행정부는 IMF(국제통화기금)를 통해 경제를 구출하였다.

미국은 그 나라들에게 은행과 금융제도의 개혁을 강력히 요구하였다. 그러나 그러한 개혁에는 사회복지 프로그램의 축소가 포함되는 경우가 많았기 때문에, 빈민들의 반발에 따른 국내 정치적 위기가 일어나기도 하였다.

미국은 무역 문제로 다른 나라들과 충돌하기도 하였다. 1999년 유럽연합(EU)이 호르몬이 가미된 미국산 쇠고기 수입을 금지하자, 미국은 그것에 보복하기 위해 치즈 겨자 등과 같은 유럽 상품에 대해 100% 관세를 붙였다.

이에 대해 프랑스는 미국의 관세부과는 다국적 기업을 통해 세계의 입맛까지도 획일화하려는 제국주의적인 것이라고 비난하였다. 그리고 항의의 표시로 맥도날드 햄버거 가계를 점거하거나 코카콜라에 100%의 부가세를 붙이기도 하였다.

무역 문제는 일본과도 긴장을 일으켰다. 가장 어려운 문제는 1990년대 중반에 미국이 일본에 대해 갖고 있던 500억 달러의 무역적자였다.

미국인들은 일본의 관세, 가격담합, 정부 보조금 때문에 미국 상품이 일본 시장에 침투할 수 없다고 불평하였다. 이에 대해 일본인들은 미국 제품의 수준이 떨어진다고 불평하였다.

그러나 두 나라는 직접적인 무역전쟁까지는 가지 않았다. 왜냐하면, 두 나라의 경제는 어느 한 쪽이 다른 한쪽을 응징하거나 분리시킬 수 없을 정도로 상호의존적이었기 때문이다.

게다가 1990년대 후반에 일본의 경제가 침체상태에 빠지면서, 일본에 대한 미국인들의 감정이 누그러졌다. 그리고 실제에 있어서는 맥도날드가 일본에서 가장 큰 식당 체인으로 떠오를 정도로, 일본은 미국 상품을 받아 들였다.

무역 활성화에 대한 욕구는 적대국이었던 베트남에 대한 미국의 정책도 바뀌게 하였다. 그리하여 클린턴 행정부는 1994년에 베트남에 대한 무역제재를 풀고, 1995년에는 외교관계를 다시 수립하였다. 미국의 제대 군인들과 베트남 전쟁 전사자 가족들은 분노하였다. 그러나 제네랄 엘렉트릭이나 펩시콜라 같은 기업들은 환영하였다.

대량살상무기의 확산 위협

냉전 이후의 시급한 문제의 하나는 대량살상 무기가 세계로 확산되어 나가는 것이었다. 이 문제에 대한 우려가 커져 가고 있었지만, 그것은 미국의 힘만으로 해결될 수 있는 것이 아니었다.

냉전이 끝난 다음부터 지대지 미사일 같은 최신 무기들이 빠른 속도로 퍼져 나갔다. 가장 위험스러운 것이 핵무기였다. 그 때문에 1995년에 핵확산금지조약(NPT)의 시효가 연장되었다.

러시아와 구 소련 공화국들로부터 핵무기가 퍼져 나갈 위험이 있었기 때문에, 미국은 그것들을 해체하도록 요구하였다. 그러나 경비 부족으로 해체가 잘 이루어지지 않자, 미국은 10억 달러 이상을 지원하였다.

핵 무기를 가지려던 나라들은 많았다. 그 가운데서 아르헨티나, 브라질, 남아프리카 공화국은 핵무기 개발 프로그램을 포기하였다. 그렇지만, 인도와 파키스탄은 결국 1998년에 핵무기를 가지고 말았다.

그 때문에 1996년에 총체적으로 핵 실험을 금지하는 조약이 151개국에 의해 서명되었다. 그러나 1999년 10월에 공화당이 우세한 미국 상원은 51대 48로 그것의 비준을 부결시켰다.

1997년에 미국은 독가스 같은 화학무기의 폐기를 요구하는 합의서에 서명하였다.

그러나 같은 해에 10여개 국가들이 서명한 지뢰사용 금지 조약에는 서명하지 않았다. 왜냐하면 한 반도 주둔 미군에게 지뢰는 북한으로부터의 공격에 대한 주요 보호수단이었기 때문이다.

생물무기의 위협도 커져 가고 있었다. 그 때문에 클린턴은 1998년에 아프가니스탄과 수단의 테러주의자들의 본거지를 공격하도록 명령하였다. 미국은 테러리스트들이 바이러스를 무기로 사용할 수도 있음을 우려했던 것이다.

환경오염과 인구폭발위기

세계는 환경문제로 세계질서와 정치적 안정을 위협받고 있었다. 그 때문에, 미국은 이 문제에 관해 다른 나라들과 협의하지 않으면 안 되었다.

산성비, 맹독성 산업폐기물, 오존층의 감소, 토질의 척박화, 물의 오염, 열대우림의 파괴는 자연환경을 훼손하고 야생동물을 멸종시키고, 토양을 피폐시켰다. 과학자들은 온실효과에 따른 지구의 기후 변화로 해수면이 높아지고 농토가 침식되어 수백만의 이재민을 낸다고 경고하였다.

이것은 인류의 생존에 중대한 문제였다. 그 당시 세계 인구는 매년 8천만 명이 늘어나 1999년에 60억에 이르렀지만, 대부분의 정부들은 대처

할 능력이 없었다.

정부들은 가뭄, 기근, 인구의 대규모 이동의 문제를 해결하지 못하였다. 그러면서도, 진보적인 정책을 통해 기아에 허덕이는 자들에게 복지혜택을 줄 수 있을 것이라고 국민을 속이는 경우가 많았다.

클린턴 정부는 건강한 환경이 국가 안보에 아주 중요하다고 생각하고, 1993년에 종의 다양화협약(Biodiversity Treaty)에 서명하였다. 그러나 공화당이 우세한 상원은 그것에 대한 논의조차 거부하였다.

1994년에 다시 미국은 토양보전과 개간, 온실개스 배출 감소를 논의하기 위해 다양화에 대한 회의가 소집되는 것에 동의하였다. 그리고 1997년에는 지구 온난화 감소를 논의하기 위해 지구온난화회의를 소집하는 데 대해 서명하였다. 그러나 이것도 비준되지 않았다.

또한 1997년 가을에 클린턴은 1982년에 합의된 해양법(Sea Treaty)을 상원에서 비준 받으려 하였다. 이미 유럽연합(EU)을 포함한 129개 국가가 이 법을 비준하였다. 그리고 그 법에 따라 국제해저면기구(International Seabed Authority)가 발족되어 활발히 움직이고 있었다.

그러나 공화당이 우세한 미국 상원은 이 법도 승인하지 않았다.

여권과 보건의 문제

미국은 세계 여성의 인권을 신장시키는 문제에 있어서 다른 나라들과 협조하지 않으면 안 되었다. 성차별의 문제는 국제관계와 서로 얽혀 있었기 때문이다.

1990년대 중반에 미국 국무부와 유엔은 여성의 처지를 세계 인권의 문제로 다루었다. 그 보고서에 따르면 세계에서 여성은 빈민의 70%를 차지하였다. 여성은 남성과 똑같은 일을 하면서도 30-40퍼센트 적은 임금을 받는 고용차별을 당하고 있었다.

각국의 의회에서도 여성 의원은 10퍼센트밖에 되지 않는 정치적 차별을 당하고 있었다. 게다가 여성들에게는 이슬람 국가들을 중심으로 불임수술이나 낙태수술, 매춘, 그리고 여성할례의 악습이 강요되기도 하였다.

세계 인구의 반은 여성이기 때문에 그들의 지위를 향상 시켜주지 않는 이상, 세계에서 인권은 향상되지 못할 것이 분명하였다. 그러므로 1995년에 베이징에서 개최되었던 제4차 세계여성대회는 "여성에게 권한을 주자"라는 구호를 내걸었던 것이다.

미국은 이슬람 국가의 여성할례를 비롯한 성차별 폭행의 피해자들을 위한 피난처를 마련하였다.

미국은 유엔 산하의 세계보건기구(WHO)와 협력하여 질병과 싸우는 일에도 적극 나섰다. 미국은 WHO 재정의 가장 큰 부분을 담당해 왔을 뿐만 아니라, 전세계에 걸친 WHO의 에이즈 퇴치운동을 위해 재정을 부담하였다. 에이즈 감염은 특히 사하라 사막 이남의 지역에서 급속히 확산되었다.

그리고 미국은 금연운동에도 협력하였다. 왜냐하면, 1997년에 WHO는 암을 유발하는 흡연을 "지구촌에서의 방화"로 규탄하면서, 아시아에서 흡연이 날로 증가하고 있는 데 대해 미국의 담배회사들을 비난하였기 때문이다. 미국의 담배 회사들은 국내에서 금연운동의 저항에 부딪히자, 판매 부진을 아시아에서 만회하려했던 것이다.

지구화와 미국문화의 확산

1990년대 미국과 세계의 관계에서 가장 두드러지게 나타난 현상의 하나는 미국 대중문화의 수출이었다.

냉전이 끝나면서 미국문화는 공산권에 속하였던 동유럽과 구 소련 공화국들을 휩쓸었다. '빅맥'이라고 불려지는 맥도날드 햄버거는 1990년에 모스크바의 심장부에 파고 들었다.

그리고 옛 공산권 국가에서는 영어를 배우려는 열풍이 일어났다. 그 결과로 유럽에서는 18-24세의 연령대의 70퍼센트가 영어를 말할 수 있게 되었다.
　미국 농구에 대한 흥미 또한 곳곳에서 일어났다. 특히 미국의 '드림팀'이 1992년 여름 바르셀로나 올림픽에서 승리하는 것이 텔리비젼으로 방영되면서부터 더욱 관심이 커졌다. 덩크슛을 잘 하는 시카고 불즈의 마이클 조단의 모습을 인쇄한 T셔츠가 세계적으로 많이 팔렸다. 그리고 동유럽 선수들을 포함한 세계의 농구 선구들이 미국 대학의 농구 팀으로 대거 진출하였다.
　미국의 영화와 텔리비젼 영상물, 음악, 책, 컴퓨터 소프트웨어, 및 그 밖의 "지적 재산"들도 세계의 시장을 석권하였다. 텔리비젼 연속극인 '앉아 있지 못하는 젊은이'(The Young and Restless)는 뉴델리에서 인기 속에 방영되었다. 바르샤바 시민들은 '여의사 퀸 박사'(Dr. Queen, Medicine Woman)를 열심히 보았다.
　심지어 반미감정이 강하고 정부의 검열이 엄격한 이란의 테헤란에서 조차도 젊은이들은 영화 '공군 제1부대'(Air Force One)를 비디오 테이프로 보았다.
　타임워너사의 텔리비젼 영상물은 175개국에 판매되었다. '리더스 다이제스트'는 미국 안에서는 1천 470만 부밖에 못 팔렸지만, 국외에서는 19개국 언어로 2천 800만 부가 팔렸다. 36개의 국외판을 갖고 있는 잡지 '코스모폴리탄'(Cosmopolitan)은 글래머를 흠모하는 세계의 여성들에게 날개 돋친 듯 팔렸다.
　전 세계에서 전송되는 인터넷의 90퍼센트가 영어로 쓰여졌다. 자유가 제한된 지역의 사람들도 전자우편(e-mail)을 통해 자유롭게 미국인들과 정보를 교환하였다. 세계의 기후, 자유, 성, 폭력, 기술적 진보 등에 관한 개인적인 관심이 인터넷을 통해 빠른 속도로 전해졌고, 그 과정에서 미국문화는 확산되어 갔다.
　이것은 미국을 중심으로하여 세계적인 단일 문화가 형성되고 있음을 의미하는 것 같았다. 그에 따라 음식의 상징인 프랑스 요리가 맥도날드에게 인기의 자리를 빼앗긴 듯이 보였다.

그러나 미국문화의 세계화에 대한 반발도 만만치 않았다. 각국의 전통주의자들은 자신들의 고유한 토착문화가 천박하고 폭력적이고 불건전한 미국의 수입품들에 의해 소멸되고 있다고 분개하였다.

정보산업의 발전과 정보전쟁

2000년초에 미국경제는 번영하고 있었다. 그것은 1991년부터 오랜 기간 동안 인플레가 없는 호황을 누렸다. 1999년에 소비자들의 자신감은 30년 이래 가장 높은 수준에 이르렀다. 그리고 주식가격도 크게 올라 있었다.

그러한 번영은 기술에서의 새로운 혁명에 토대로 두고 있었다. 200년 전에 미국은 증기기관의 출현으로 산업혁명을 경험하였다. 그리고 100년 전에는 전기와 내연기관의 출현으로 교통혁명을 경험하였다. 그러나 2000년에 미국은 정보 통신 분야에서 '디지털' 혁명을 경험하게 되었던 것이다.

정보의 시대의 국가간의 힘 겨루기는 더 이상 영토의 크기나 공업생산에 의존하지 않았다. 그것은 지적재산의 힘에 대한 의존으로 바뀌어가고 있었다. 그리고 '정보의 시대'를 맞이하는 데 있어서 미국은 확실히 유리한 고지를 점령하고 있었다.

정보 시대의 개막은 첨단 기술을 이용한 정보 전쟁의 가능성을 열어 놓았다. 1999년 봄 미국은 세르비아를 공격하기에 앞 서, 미사일로 통신망과 텔리비젼 시스템을 파괴하였다. 그것은 미국이 적국 정보망의 중추를 '스마트 폭탄'으로 파괴함으로써, 사회 전체를 마비시킬 수 있음을 보여 주었다.

그때 미국은 세르비아의 컴퓨터 네트워크를 '해킹'하여 철도를 탈선시키고 전기보급을 중단케할 수 있는 '사이버 전쟁'을 고려하고 있었다. 미국은 이 작전을 채택하지 않았다. 왜냐하면, 그것은 군사적 목표물뿐만 아니라 민간인에게까지 피해를 줌으로써, 전쟁 범죄의 비난을 받을 위험이 있었기 때문이다.

21세기가 시작되면서 미국의 막강한 힘은 여러 측면에서 나타났다. 미국은 세계 경찰(globocob)로서 다른 나라 문제에 간섭하고, 시장개방 압력을 넣었다. 그리고 미국 문화는 웹사이트와 인터넷에 실려 세계 곳곳으로 퍼져나갔다.

정보산업의 중요성이 너무나 커졌기 때문에, 그것의 횡포에 대한 우려도 일어났다. 그 때문에 클린턴 행정부는 2000년초에 빌 게이츠의 마이크로소프트사를 독점행위의 혐의로 기소하였다. 기소에 적용된 법적 근거는 100년 전에 제정된 셔먼 독점금지법(Sherman Anti-trust Act)이었다.

그러나 정보산업의 독점성 여부에 관한 법원의 판단도 쉬운 것이 아니었다. 지방법원은 마이크로소프트 사를 독점기업으로 정의하는 동시에, 그것이 국내 기업뿐 아니라 세계의 소비자에게도 부담을 준다는 이유로, 두 개 회사로 분리하도록 판결하였다.

그러나 이에 대해 빌 게이츠는 즉각 항소하여, 마이크로소프트 사는 독점기업이 아니라는 판결을 받아냈다.

2000년의 미국

21세기에 접어든 미국은 유례없는 호경기를 누리고 있었고, 그 국민은 전체적으로 보아 그때까지 최고의 삶의 질을 누리고 있는 듯이 보였다.

그것을 말해 주는 구체적인 증거는 미국인 평균수명이 77세에 이르렀다는 것이다. 이것은 1900년의 47세, 1950년의 68세와 비교하면 크게 향상된 것이었다.

미국 상무부 인구통계국의 발표에 따르면 2000년도 미국의 인구는 2억8천 142만명으로서, 10년 전보다 13.2퍼센트 증가한 것이었다. 이것은 그보다 앞선 30년간의 인구 감소 추세를 바꾸어 놓은 것이었다. 인구증가의 주된 요인은 이민의 증가였다.

2000년도의 인구통계는 인구 분포에 있어서 상당한 지역적 변화가 있음을 보여주었다. 남부와 서부 지역에서 인구증가가 가장 두드러졌다.

그에 따라 다음 선거에서는 애리조나, 플로리다, 조지아, 텍사스와 같은 남부 주들은 2개의 연방하원 의석을 더 차지하게 되고, 동북부의 뉴욕과 펜실바니아는 2개를 잃게될 전망이었다. 12개의 주가 의석을 잃거나 얻는 변동을 겪을 전망이었다.

인구 분포도의 변화에 따라 2001년에는 연방 의회 선거구를 64만 7천명을 단위로 재조정하여, 총435석의 하원의석을 주별로 재할당되었다.

그렇지만 투표권이 없는 대표를 연방 하원에 보내도록 되어 있는 워싱턴 D.C.와 푸에르토리코(the Commonwealth of Puerto Rico)의 주민은 의석 할당 배정 인구에서 제외되었다.

2001년 7월에 나온 인구통계에 따르면, 총 인구 2억 8천 480만 명 가운데서 소수인종은 30퍼센트 늘어나 있었다. 가장 인구가 많이 늘어난 것은 13퍼센트(3천600만)를 차지한 히스패닉계였다. 흑인은 12.3 퍼센트, 아시아계는 4퍼센트였다. 아랍계도 계속 늘고 있었다.

이처럼 히스패닉계의 인구가 크게 는 것은 멕시코와 쿠바 및 카리브해 섬들로부터 많은 이민이 들어왔기 때문이기도 하였다. 그렇지만, 산아제한을 금지하고 있는 카톨릭 교회의 영향 때문이기도 하였다. 그들의 출산율은 백인의 0.3퍼센트, 흑인의 1.5퍼센트를 압도하는 4.7퍼센트였다.

히스페닉계의 증가는 미국의 문화에도 상당한 변화를 가져다 주었다. 그리하여 멕시코의 파스타가 보편화된 패스트푸드 음식으로 자리 잡았고, 대학에서도 스페인어 수강생이 프랑스어나 독일어를 제쳤다.

지난 40년간 이민정책의 변화로 다양한 국적과 인종적 배경을 가진 인구 증가가 계속되었다. 이와 더불어 미국의 사회와 문화도 모든 인종 집단이 자신들의 문화를 제 각기 향유하는 다문화적(multicultural)인 성격을 띠게 되었다.

비(非)히스페닉계 백인은 1990년에 국민의 76퍼센트를 차지했으나, 2001년에는 70퍼센트로 줄었다. 그리고 그 추세는 더욱 더 계속될 전망이었다.

그 때문에 보수적인 백인들은 백인이 수적 열세에 몰리게 될 미래를 우려하였다. 그리하여 극우파 정치인인 패트릭 뷰캐넌은 <서방의 죽음>이란 책에서 2050년이면 백인이 50퍼센트 이하로 줄어 들게 되고, 그에 따라 미국은 3류 국가로 떨어지게 될 것이라고 경고하였다.

그럼에도 불구하고 미국의 전통적인 국민적, 사회적 가치는 뿌리채 흔들지는 않았다. 왜냐하면 새로 들어오는 이민들도 미국은 개인주의 철학에 토대를 둔 예외적인 나라라는 사실에 상당히 동조하고 있었기 때문이다.

제 20 장 보수-우파의 복귀 (2001-2003)

1. 부시의 공화당 행정부

2000년의 선거와 개표 분쟁

이와 같은 변화된 환경 속에서 2000년의 선거가 벌어지게 되었다. 클린턴의 재임이 개인적인 스캔들로 얼룩져 있었기 때문에 미국의 유권자들은 이번 선거에서는 영도력은 물론 인품도 갖춘 인물이 당선되기를 희망하였다.

공화당의 후보 경쟁은 텍사스 주지사 로서 부시 전 대통령의 아들인 조지 부시(George W. Bush)와 애리조나 출신 상원 의원 존 맥케인의 두 사람으로 좁혀졌다.

부시는 자신을 "인정 있는 보수주의자"(compassionate conservative)로 내세웠다. 그는 보수주의자로서 교육과 군대를 강화하고 세금을 줄이면서도 소수계의 권익을 옹호하겠다고 주장하였다.

맥케인은 선거자금 개혁을 들고 나왔다. 그는 해군 전투기 조종사로서 베트남 전쟁에 참전하였고, 1967년에는 하노이에서 격추 당해 5년반 동안 전쟁포로의 고통을 겪었던 애국자였다.

결국 후보직은 부시에게 돌아갔다.

민주당의 후보 경쟁은 부통령인 앨 고어(Al Gore)와 전 상원의원인 빌 브래들리로 좁혀졌다. 브래들리는 프린스턴 대학을 거쳐 뉴욕 닉스팀의 유명 프로 농구선수로 활약했고, 옥스퍼드 대학의 교수도 역임하였다. 브래들리도 맥케인과 같이 선거자금 개혁을 구호로 내세웠다. 결국 후보직은 앨 고어에게 돌아갔다.

그에 따라 2000년의 대선은 부시와 고어의 대결이 되었다. 그러나 선거는 미국 역사상 가장 근소한 차로 경합한 치열한 것이 되었다. 두 후보는 개표 마지막 단계에서도 선거인단 투표의 당선권인 270명 선에 도달하지 못하였다. 그 때문에 아직 개표가 덜 된 플로리다의 결과에 기대하게 되었다.

집계 결과는 600만 표가 가운데서 단지 몇 백표를 더 얻은 공화당의 부시가 플로리다 주의 선거인단표를 모두 차지하게 되었다. 그러자 민주당의 고어는 기계에 의한 개표가 부정확할 수 있다고 주장하면서 4개의 군(county)에 대한 재개표를 요구하였다.

그 이후 5주 동안 법정 대결이 뒤따랐다. 주법원과 연방법원은 투표자가 실수하기 쉬운 투표용지의 디자인 결함, 손으로 하는 개표의 문제점, 그리고 이 선거에서 불거져 나온 여러 가지 문제점들에 대해 심의하였다.

마침내 이 문제는 연방대법원이 더 이상 손 개표의 진행을 허용하지 않음으로써 종결되었다. 그에 따라 부시의 승리가 선포되었다.

부시는 1888년의 벤자민 헤리슨의 당선 이래 처음으로 일반투표에서는 졌으면서도 선거인단 투표에서는 이긴 대통령이 되었다. 고어는 일반선거에서 50만 표를 더 얻었었으나, 플로리다 주에서 이기지 못함으로써 25석의 선거인단표를 잃었다. 그 결과로 고어는 266표, 부시는 271표를 얻었다.

부시는 존 퀸시 애덤스이래 처음으로 대통령의 아들로서 대통령직을 맡게 되었다. 그리고 공화당은 거의 반세기만에 처음으로 백악관과 상,

하 양원을 모두 지배하게 되었다. 그리고 이것은 미국이 천천히 보수주의의 방향으로 기울어지고 있음을 의미하는 것 같았다.

부시 내각의 성격

부시(George Walker Bush)는 1946년생으로서 코네티컷의 뉴헤이븐에서 태어났으나, 두 살 때 정유사업을 시작하려는 그의 부모를 따라 텍사스로 옮겨 휴스턴에 정착하였다. 그는 예일 대학교에서 역사학으로 학사학위를 받고, 병역을 마치기 위해 텍사스 국민방위군 공군에 들어가 전투기 조종사 중위로 근무하였다.

하바드 경영대학원을 졸업하고, 텍사스로 돌아와서 그의 아버지와 같이 정유사업에 종사하였다. 틈틈히 아버지의 정치 활동을 도우면서, 텍사스 레인저즈 프로야구팀의 단장을 맡기도 하였다. 야구팀의 운영은 북부 출신인 부시가 남부에서 정치적으로 뿌리를 내리는 데 도움이 되었다.

1994년에 부시는 텍사스 주지사에 당선되었다. 주 지사로서 부시는 복지정책의 예산을 줄이고 교육에 대한 권한의 상당 부분을 지방에 넘겨주었다.

부시는 과거에 정부가 맡았던 복지 사업을 종교단체들에게 떠맡겼다. 그는 사회문제들의 근본 원인이 1960년대부터 시작된 국민의 도덕적 타락과 정부에 대한 지나친 의존이라고 믿는 보수주의적인 것이었다.

또한 그는 교육을 강조하기 위해 교사의 월급을 크게 올렸고, 그 결과로 교육평가의 점수가 올라갔다. 그리고 도끼 살인범의 사형을 집행함으로써 범죄 퇴치에 대한 강한 의지를 보여 주었다. 여기에다 경제적 번영이 따라 줌으로써, 부시는 4년 임기의 주지사에 2번 당선된 최초의 텍사스 인이 되었다.

부시는 2001년 1월 20일에 43대 대통령으로 취임하였다. 부시는 취임 연설에서 '인정어린 보수주의'(compassionate conservatism)를 내세웠다. 그것은 정부예산을 줄여 기업활동을 촉진하면서도, 민간기업들로 하여금 스스로 소수인종과 저소득층을 위해 교육과 고용의 기회를 확대하도록 유도한다는 것이었다.

바꾸어 말하면, 그것은 복지제도와 메디케어 제도의 적용 범위를 축소하면서도, 빈곤퇴치와 개인의 책임감을 북돋우겠다는 이중적 목표를 가진 것이었다.

그는 취임연설에서 세금을 줄여 국민들에게 되돌려줌으로써, 침체된 경제를 활성화시키겠다고 주장하였다. 그리고 교육과 군사 부문의 예산을 늘리고, 그 대신 교통, 에너지, 환경, 농업 부문의 예산을 줄이겠다고 주장하였다.

부시는 내각을 구성함에 있어서 미국 사회의 다양성을 반영하였다. 국가안보와 관련된 중요한 자리에는 두 사람의 흑인을 앉혔다. 그리하여 국무장관에는 흑인 장군인 콜린 파월이, 국가안보회의 고문에는 스탠포드 대학 교수인 흑인 여성 콘돌리자 라이스가 임명되었다.

국방부 장관에는 포드 행정부에서 그 자리를 맡았던 경험이 있는 도널드 럼스펠드를 임명하였다. 법무장관에는 전임 미주리 주 상원의원으로서 인종과 사회문제에 대해 보수적인 견해를 가지고 있는 존 애쉬크로프트를 임명하였다.

이 밖에도 부시 내각은 5명의 여성 외에도, 3명의 흑인, 2명의 아시아계, 1명의 히스패닉계를 기용하였다.

보수적인 사회정책

임기 초기에 부시는 교육에 관한 입법을 우선적으로 처리하려고 하였다. 그의 교육개혁은 교육문제를 연방정부보다 주정부에게 맡기고, 학생들의 실력을 평가하기 위해 매년 시험을 보게 하는 것이었다.

교육을 강화하기 위해 부시는 '군 출신 교사'(Troops to Teachers)제도를 도입하였다. 이것은 대학교육을 받은 제대군인을 재교육시켜 초등학교 교사로 근무케 하는 제도였다. 이 제도는 클린턴 행정부 때에 추진되었던 '군인봉사단'(Americorps)의 한 부분으로서, 자원봉사자들을 모집하여 국내의 저소득층 지역의 재건과 교육에 투입하도록 한 것이었다.

'군인봉사단'의 또 다른 사업은 '국가를 위한 교육'(Teach for America)이었다. 이것은 대학졸업자들을 낙후된 지역에 2년동안 국내 평화봉사단처럼 파견하였다. 부시는 두 개의 교육 사업에 대해 예산을 크게 늘려 주는 동시에, 그것의 관리를 주정부로 넘겼다.

전직 교사였던 영부인 로라 부시는 '낙오 어린이 없애기'(No Children Left Behind) 운동에 대한 적극 참여를 통해 교사의 수적 확충과 질적 향상을 주장하였다.

부시의 정책 시행은 버몬트 출신 상원의원 제임스 제포즈의 공화당 탈당으로 어려움을 겪게 되었다. 왜냐하면, 그것은 상원에서 민주당의원의 숫자를 늘림으로써 부시 행정부가 제출하는 법안들의 의회 통과를 불확실하게 만들었기 때문이다.

부시는 주지사 시절과 마찬가지로 사형집행을 계속 추진하여, 2001년 6월에 오클라호마 민병대 폭파사건의 극우파 주모자인 티모시 맥비이의 사형을 집행하였다. 부시는 법의 엄격한 시행을 통해 사회의 도덕성을 회복하려고 하였다.

개신교 신앙의 강조가 사회의 도덕성을 회복하는 데 도움이 된다고 생각했기 때문에 공립 학교에서의 기도시간(school prayer)을 장려하였다. 그 자신도 독실한 감리교도였다. 그에 따라 학교 기도 시간이 일부 군(county)과 도시에서 부활되기 시작하였다. 그리고 그 추세는 9·11 테러 사건 이후에 더욱 더 강화되었다.

총기소유의 문제에 있어서 부시는 전형적인 서부인으로서 행동하였다. 그는 총기소유가 헌법 수정조항 제2조에서 보장된 시민의 기본권이기 때문에 포기되어서는 안된다는 입장을 고수하였다.

또한, 부시 행정부는 1978년의 대법원 판결로 시행되어 온 소수세력 우대 조치(Affirmative Action)에 제동을 걸려고 하였다.

그것은 미시간 대학이 히스패닉,흑인,인디언 등과 같이 대한 진학률이 낮은 소수인종들을 우대하기 위해 입학심사 때 150점 만점에서 20점의 가산점을 주는 데 반발하여 어느 백인 학생이 소송을 제기한 것이 계기가 되었다.

부시 행정부는 2003년 4월에 열릴 대법원의 재판에 제출한 정부 의견서에서 인종에 따른 신입생 할당은 헌법에 위배될 뿐만 아니라 국민을 분열시키는 것이라고 주장하였다.

정부예산 축소와 세금 삭감

부시 행정부는 공화당의 전통적인 자유방임 주의적인 노선에 따라 정부 예산과 정부 채무를 줄임으로써 '작은 정부'의 이상을 실현한다는 생각을 가지고 있었다. 그리고 그 목적을 달성하기 위해 국민의 세금 부담을 줄이려고 하였다.

그러나 전반적인 경기 침체로 그 정책의 실현이 쉽지 않았다. 세계 경제의 침체와 함께 미국의 성장률도 2001-2002년 기간에 평균 1.3퍼센트로 낮아졌고, 실업률은 6퍼센트로 높았다. 연방준비제도이사회(FRB)가 금리를 1.25퍼센트까지 내리는 파격적인 조치를 강구했지만, 경기는 활성화되지 않았다.

부시는 2003년초에 세금을 줄여 기업투자와 개인소비 증가를 유도하려는 세금감면법을 발표하였다. 그것은 1년에 납세자 1인당 평균 1천83달러의 세금 부담을 줄여 주었다. 감세의 가장 중요한 항목은 주식에서 얻는 배당금에 대한 소득세 감면이었다.

그러나 이러한 조치가 기업과 부유층에게만 유리하다는 비난을 받을 염려가 있었다. 그 때문에, 맞벌이 부부에 대한 소득 공제, 자녀 부양에 대한 환급, 실업수당 지급기간 연장 등을 포함시켰다. 이것은 민주당의 반발을 무마하기 위한 전략이었다.

그러나 이러한 감세안은 부자들에게만 유리하게 만드는 것이라고 민주당을 중심으로한 진보-좌파 세력은 비난하였다. 그것은 이미 상위 10퍼센트의 가구가 미국 전체 국부의 83피센트를 차지할 정도로 벌어져 있는 빈부격차를 더욱 더 크게 만들 것이라고 비판하였다.

기이한 것은 이와 같은 비판에는 빌 게이츠, 조지 소로스, 테드 터너, 록펠러 집안과 루즈벨트 집안과 같은 부자들이 합세했다는 사실이었다. 특히 그들은 상속세 폐지에 강하게 반대하였는데, 그 이유는 그것이 부자들의 기부 의욕을 떨어뜨린다는 것이었다.

정부 예산의 축소를 공약했음에도 불구하고, 부시 행정부는 실제로 그렇게 하지 못했다. 2003년 2월에 의회에 제출된 2004회계년도 예산안은 2억2천300억 달러로 전년도 보다 4.2퍼센트 늘어나 있었다.

그러나 세금 감면으로 세입이 줄어들어 든데다가 국방비가 늘어났기 때문에, 재정적자가 커질 것이 분명하였다. 그것은 1990년대에 호황으로 거의 사라졌던 재정적자를 다시 일으킬 위험이 있었다.

2. 대외정책과 문명충돌

9·11 테러사건과 문명충돌

진보-좌파와 보수-우파는 미국 국내에서는 '문화전쟁'의 갈등을 겪고 있었다. 그렇지만, 대외적으로는 미국 문명(American Civilization)을 구성하는 기본적인 요소들에 대해 대체로 합의점을 가지고 있었다. 그러한 기본 요소들은 개인의 자유, 재산권, 대의제도, 법치주의, 언론의 자유 등과 같은 가치들이었다.

 그러나 이와 같은 성격의 미국문명은 지구의 다른 문명들과 많은 부분에서 충돌하였다.

 <문명의 충돌>을 쓴 새뮤얼 헌팅턴에 따르면, 현재 세계에 존재하는 문명들 가운데 중요한 것은 9개였다. 그리고 그러한 문명들의 특징을 결정하는 가장 중요한 요소는 종교였다. 그것들 가운데서도 미국과 유럽을 포함하는 서방문명에 가장 심각하게 도전할 위험이 있는 것은 이슬람 문명과 유교 문명이었다.

 두 문명 가운데서 보다 더 직접적으로 미국에 도전적인 것은 이슬람 문명이었다. 중동지역의 아랍인들은 미국이 그들의 적인 이스라엘을 후원하고 있다고 미워하였다. 그리고 중동, 아프리카, 동남아시아의 이슬람 교도들은 미국의 자유주의적이고 자본주의적인 문화가 자신들의 종교적이고 봉건적이고 공동체적인 생활방식을 무너뜨리고 있다고 두려워하였다.

 이슬람교도들의 증오심은 과격파 테러리스트들이 2001년 9월 11일에 대담하게 뉴욕과 워싱턴을 공격함으로써 극적으로 표출되었다.

 그날 아침 아랍인 테러리스트들에 의해 4대의 미국 민간 항공기가 납치되었다. 그 가운데 2대는 뉴욕 시의 세계무역센터에 돌진하여 쌍둥이 빌딩을 완전히 무너뜨렸다. 세 번째 여객기는 워싱톤디시의 국방부 건물인 펜타곤의 한 부분에 부딪혀 폭발하였다.

 네 번째 여객기는 펜실배니아주 서부 생크스빌 들판에 떨어져 폭발하였다. 납치범들은 워싱톤디시의 백악관을 목표로 했던 것 같았지만, 승객들의 저항으로 뜻을 이루지 못하였다.

 이 엄청난 사건으로 3천명 이상이 죽었다. 사망자는 국적별로 90개국이 넘었기 때문에, 충격은 국제적인 것이었다. 테러리스트도 19명이 죽었다.

 테러의 주역은 과격한 이슬람 교도들로 이루어진 알카에다(al-Qaeda)

조직 소속의 아랍인들이었다. 그 조직의 책임자는 부유한 사우디아라비아 인으로서 탈리반 정권의 보호를 받아 아프가니스탄에 살고 있는 오사마 빈 라덴이었다.

그가 17번째 아들로 태어나 적어도 3명의 아내를 가졌다는 사실이 이슬람 문명의 전근대적인 성격을 보여주는 것 같았다. 그는 미국 문명이 고유한 이슬람 문명을 파괴하고 있다고 믿고 미국에 대한 조직적인 테러를 준비해 왔던 것이다.

미국은 아프가니스탄에 있는 알카에다 조직의 본거지를 없애려고 하였다. 그래서 미국은 영국의 도움을 받아 2001년 10월 7일 아프가니스탄에 대한 공습을 시작하였다. 이것은 테러리스트의 훈련소와 탈리반의 군사시설을 공격함으로써 알카에다 조직망과 탈리반 정부를 분쇄하기 위한 것이었다.

10월 19일 경 아프가니스탄에 지상군이 제한적으로 투입되기 시작하였다. 이어서 11월말에 수백 명의 미국 해병이 아프가니스탄 남부에 있는 도시, 칸다하르 근처에 상륙하였다.

12월초에 탈리반정부는 칸다하르에서 굴복하였다. 그에 따라 아프가니스탄에는 몇 개의 부족들로 이루어진 북부동맹이 임시 정부로 들어섰다.

미국의 목표는 알카에다의 잔당을 모조리 소탕하고 빈 라덴을 체포하는 것이었다. 그러나 그의 행방은 묘연하였다.

미국과 이슬람 교도

알카에다 조직은 1980년대 부터 여러 나라에 기지를 둔 수많은 이슬람 과격 단체들의 하나였다. 그들은 이슬람 근본주의(fundamentalism) 종교운동에 토대를 두고 있었다.

그들의 목표는 서방 문명의 침투로 점점 쇠퇴해가고 있는 이슬람의 법률과 가치를 회복하는 것이었다. 그들은 타락해가는 이슬람 세계를 개혁하여 7세기에 무하마드가 세웠던 '신정한 무슬림의 공동체'로 되돌리려고 하였다.

이러한 원리주의적 종교운동은 80년대 이란에서 호메니에 의해 정치혁명으로 폭발되었다. 또 아프가니스탄에서는 소련 점령군에 대항한 게릴라 활동으로 나타났다. 그러다가 그것은 결국 서방에 대한 테러리즘의 투쟁으로까지 발전한 것이다.

그리고 투쟁은 1960년대부터 이스라엘에 대항하기 위해 팔레스타인인들이 사용해 오던 비행기 납치의 단계를 넘어, 자살폭탄 테러의 단계로 발전하였다. 그들에게 테러행위는 이슬람 율법을 재건하고 이슬람의 문화적 정체성을 회복하기 위한 성전(jihad)이었다.

이들의 적은 서방 국가들, 그 가운데서도 특히 미국이었다. 아랍 과격파들은 미국이 석유자원을 확보하기 위해 아랍세계를 식민지로 만들고 있다고 비난하였다. 특히, 그들은 1991년의 걸프전쟁 뒤에 미군이 무하마드의 탄생지가 있는 사우디 아라비아에 주둔하고 있는 사실에 대해 분개하였다.

또한 그들은 미국이 이스라엘을 지지함으로써 팔레스타인에 대한 압박을 가중시키고 있다고 비난하였다. 그리고 그들은 미국이 사담 후세인을 응징하기 위해 유엔을 통해 이라크에 대해 경제제재를 부과함으로써 그 국민을 압박하고 있다고 분개하였다.

1985년에 테러조직인 헤즈볼라는 레이건 행정부에 압력을 넣기 위해 아데네에서 로마로 향하는 TWA기를 납치하였다. 또한 최대의 테러리스트인 아부 니달은 로마와 비엔나 공항에 수류탄을 던지고, 서방에 호의적인 요르단의 후세인 왕을 암살하려하였다.

알카에다 조직은 1993년에 뉴욕 세계무역센터 폭탄 폭발 사건을 일으켰다. 그리고 이라크의 주도로 1995년에는 극동에서 미국으로 오는 비행기에서 12명의 미국인을 살해하려는 음모가 꾸며졌다. 또한, 이란의 주도로 1996년에는 사우디 아라비아의 다란에 있는 미군 숙소에서 폭파사건이 일어났다.

또한, 알카에다 조직은 1998년에는 케냐와 탄자니아에서 미국 대사관을 폭파하여 200명 이상을 죽였다. 그리고 테러리스트들은 2001년 11월에 아테네에서 미국 함선 코울(Cole)을 폭파하였다. 그리고 로스앤젤러스 공항과 요르단의 기독교 성전 폭파를 음모한 밀레니엄 사건이 일어났다.

이와 같은 수많은 테러 활동의 출현은 새무얼 헌팅턴의 '문명충돌론'을 뒷받침하고 있는 것 같았다. 왜냐하면 미국인에 대한 최근의 테러 사건들은 7세기부터 오랫 동안 벌어져 왔던 기독교문명과 아랍문명의 충돌의 연장으로 보였기 때문이다.

더욱이 미국에 거주하는 일부 아랍인들이 9·11 테러사건에 연루되어 있었음이 드러나기 시작하면서, 인구의 0.3퍼센트를 차지하고 있는 60만 명의 이슬람교도에 대한 두려움이 일어났다.

미국에서 이슬람 교도의 민족적 구성은 다양하였다. 그 중 아랍계는 3분의 1을 차지하고, 나머지는 아시아와 유럽인 그리고 흑인들로 구성되어 있었다.

4만명이 거주하는 미시간의 디어본에는 공립 학교에서 영어와 아랍어의 이중언어교육을 실시할 정도로 힘이 강했다. 미네소타 주의 10만 이슬람 교도 가운데는 소말리아로부터 온 난민들만 약 4만 명에 이르렀다.

또한, 로스앤젤스의 이슬람 교도들 가운데는 과거에 백인을 증오했던 과격한 흑인 이슬람교도(Black Muslim)에 속했던 사람들이 많았다.

이슬람 교도들이 운영하는 학교도 200여개에 이르렀다. 이들 학교에서는 기본 교과 교과 과정 이외에도 이슬람 관련 과목과 아랍어를 가르쳤다. 학생들은 이슬람식 교복을 입고, 여학생은 이슬람식 스카프(hijap)을 썼다. 그리고 학생들은 매일 식당에 모여 메카를 향해 절을 하였다.

또한, 미국의 이슬람 교도들은 자기들의 정체성을 유지하려고 하였다. 예를 들면, 그들은 이슬람 법에 따라 이자를 붙여서 돈을 빌려주거나 빌리는 것을 모두 금지하였다.

 그에 따라 이슬람 상조회들은 이자없이 돈을 대출하고 1년 뒤에 기부금을 받아 또 다시 대출하는 방식으로 이슬람 교도들의 경제활동을 도왔다. 그 때문에 미국의 이슬람 교도 1인당 소득은 3만5천 내지 4만5천 달러로서, 2만4천 내지 2만7천 달러의 미국인 평균 소득을 능가하였다.

 9·11 테러사건이 일어나자, 며칠 동안 아랍계 미국인들에 대한 사적인 폭행이 산발적으로 일어났다.

 그러나 그것은 곧 수그러들었다. 이것은 여러 시민단체, 문화단체, 또 사적 공적 교육기구들이 언론과 인터넷을 통해 계몽운동을 벌인 결과였다. 그들은 아랍계도 미국인으로서 헌법에 보장된 권한을 누려야 한다는 것을 역설하였다. 부시 대통령은 직접 이슬람 상원을 방문하여 국민적 화합을 강조하였다.

테러와의 전쟁

 9·11 테러 사건으로 미국의 사회 분위기는 새로운 변화를 맞는 조짐을 보였다. 1960년대부터 우세해 오던 진보-좌파적 분위기가 테러에 따른 국가적 위기감의 팽배와 더불어 보수-우파적으로 바뀔 조짐도 보였다.

 국가적 비극 속에서 애국심이 자생적으로 퍼져나가고, 초등학교에서 기도시간의 부활이 강화되었다. 사형집행이 강화되고, 가족의 윤리도 강조되었다.

 그에 따라 미국에 거주하는 외국인의 활동과 이민들의 입국 조건도 까다로워졌다. 비행장에서의 승객들의 수하물에 대하 검색도 훨씬 더 강화되었다.

 9·11 테러 계획을 사전에 발견하지 못한데 대한 반성으로 정보체계의 대폭적인 강화가 이루어졌다. CIA에서는 정보원들 가운데서 범죄의

전력이 있던 사람들을 정보 네트워크에서 제거하였다.

부시는 테러리스트의 조직이 국제적인 성격을 띠었다고 보고, 그것에 대한 분쇄도 국제적인 차원에서 추진하려고 하였다. 그는 국제 테러로부터 미국을 보호하기 위해 안보 관련 기관들을 통합적으로 관리하는 국토안전부(Department of Homeland Security)를 내각에 새로이 설치하고, 탐 리지를 장관으로 임명하였다.

그리고 의회는 테러의 피해자들을 경제적으로 도와주기 위해서 긴급자금지원을 통과시켰다.

국제 테러의 본원지를 폐쇄시키기 위해 미국과 영국은 2001년 10월 알카에다 조직의 본거지인 아프가니스탄에 대한 공습을 시작하였다. 이것은 테러리스트의 훈련소와 군사시설을 공격함은 물론, 그것을 비호하는 탈리반 정부를 분쇄하기 위한 것이었다.

뒤이어 지상군을 투입하여 칸다하르에서 탈리반 정권을 무너뜨렸다. 그러나 탈리반 정권의 수반과 빈라덴은 체포하지 못하였다.

그와 동시에 미군은 필리핀에서도 아랍인들의 테러 활동을 진압하는 데 도왔다.

그러나 미국인들은 국제 테러 행위의 배후에는 클린턴 대통령이 '불량국가(rogue state)'라고 부른 이라크, 이란, 시리아, 북한, 쿠바, 아프가니스탄, 수단의 7개 국가의 지원이 있다고 믿었다. 그 가운데서도 특히 이라크, 이란, 북한과 같이 부시 대통령이 '악의 축'이라고 부른 반미적인 국가들에게 책임이 있다고 믿었다.

불량국가의 기본적 요소는 대량살상무기를 소유하거나 개발하는 국가들로서, 테러집단에게 무기를 공급할 우려가 있었다. 그러므로 부시는 이들 국가들의 무장을 해제하려고 하였다.

우선 부시는 이라크를 겨냥하고, 2002년 9월에 유엔에서 이라크를 응징하도록 촉구하는 연설을 하였다. 그는 이라크가 대량살상무기와 생화학무기 제조 혐의가 있으므로, 유엔이 사찰할 것을 강력히 요구하였다.

이라크는 1991년의 걸프 전쟁에서 패배한 뒤에 사찰을 받기로 약속했으나, 계속 거부해왔다. 그에 대한 보복으로 유엔은 이라크에 대해 대외무역 금지 조치를 내렸고, 그것이 계속된 10년 동안 이라크의 국민 경제가 극심하게 피폐해졌던 것이다.

9.11테러가 있기 전인 2002년 2월에도 이미 미국은 이라크를 공습하고 있었다. 그것은 1991년의 걸프 전쟁이래 이라크의 비행금지구역에 관한 규정이 아직도 유효하다는 것을 상기시키기 위한 것이었다. 그에 따라 미국과 영국의 전투기는 수도 바그다드의 남쪽에 있는 이라크의 군사 지휘부를 폭격하였던 것이다.

유엔이 협조하지 않을 경우에, 미국은 단독으로 이라크에 대한 강제 조치를 강구하겠다는 강경한 태도를 보였다. 그리고 부시는 미국 국내에서 테러와의 전쟁을 효율적으로 수행할 재량권을 대통령에게 부여해 줄 것을 의회에 요청하였다. 의회는 부시가 선포한 "테러와의 전쟁"을 지지해 주었다.

그러면서도 부시의 재량권이 이라크에 대한 전쟁으로 이끌가 하는 두려움을 가졌다. 그 때문에 의회는 그의 요구에 쉽사리 호응하지 않았다.

유엔은 이라크로 하여금 대량 살상 무기를 포기하게 함으로써 미국의 이라크 공격을 막기 위해 무기 사찰단을 파견하였다.

미국에게 관심의 대상으로 떠 오른 또 다른 나라는 북한이었다. 1993년에 북한이 핵무기를 개발하기 위한 노력이 확인되자, 클린턴 행정부는 1994년의 제네바 협약을 체결하여 북한과 타협하였다.

그것은 북한이 핵 개발을 포기하는 대가로 전력을 생산할 수 있는 경수로 원자력 발전소를 한국, 미국, 일본이 세워주고, 그것이 완성될 때까지 중유를 공급한다는 조건이었다. 이것은 북한을 개방시켜 국제사회의 일원으로 포용한다는 유화정책으로서, 흔히 '연 착륙(soft landing)'으로 불렸다.

그러나 2001년에 부시 행정부가 들어서면서 북한에 대한 정책은 강경해졌다. 부시는 북한의 핵 무기 개발과 미사일 개발을 용납하지 않을 것이라는 의사를 밝혔다.

그는 미국을 외국의 미사일 공격으로부터 보호하기 위해 국가 미사일 방어체제(NMD, National Missile Defense System)를 알라스카에 구축하겠다고 발표하였는데, 그 대상국에는 러시아, 중국과 함께 북한도 포함되어 있었다.

그러므로 북한은 중국, 러시아와 함께 강하게 반발하였다. 한국의 김대중 정부도 여기에 소극적으로나마 동조하였다.

2002년말에 북한이 1994년의 제네바 협약을 어기고 핵 무기 개발을 진행시키고 있다는 사실이 밝혀졌다. 그 사실을 북한도 인정하였다. 그리고 2003년초에는 예멘으로 수송되는 북한제 미사일을 실은 선박이 나포됨으로서, 북한의 무기 수출 사실이 드러났다.

그에 따라 미국과 북한의 관계는 다시 악화되기 시작하였다. 미국이 보복으로 중유 공급을 중단하자, 북한은 핵 확산 금지 조약(NPT)을 탈퇴하였다.

미국문명과 서유럽문명의 갈등

미국에게 있어서 '문명충돌'은 이슬람 문명,중국문명과 같은 이질적인 문명들과 사이에서만 일어난 것이 아니었다. 그것은 오랫 동안 미국과 같이 서방 문명(the Western Civilization)을 형성해 왔던 주요 유럽국가들과의 사이에서도 일어나고 있었다.

그것은 1993년에 미국이 "불량국가"로 규정한 이라크에 대한 제재 문제를 둘러싸고 독일과 프랑스가 미국에게 정면으로 도전하면서 표면화하였다. 미국은 국제 테러 지원국이라고 판단한 이라크를 무장해제시키기 위해 영국과 함께 군사력을 사용하려고 한 데 대해 독일과 프랑스가 강하게 반대했던 것이다.

　결국 미국은 영국의 협력을 얻어 2003년 4월에 이라크를 공격하고, 후세인 정권을 무너뜨렸다. 그러나 프랑스, 독일, 러시아, 중국의 반대로 국제연합의 승인을 얻지는 못하였다.

　미국에게는 이와 같은 프랑스와 독일의 태도가 배신 행위로 보였다. 미국은 제2차 세계대전 당시에 미국은 나찌 독일의 점령으로부터 프랑스를 해방시켜 주었다. 그리고 대전 후에는 패배한 독일을 소련의 침공 가능성으로부터 보호해 주었다. 그리고 미국은 두 나라에 대해 '마샬 계획'을 통해 전후 경제 복구를 도왔던 것이다.

　그럼에도 불구하고 2003년 2월에 프랑스와 독일은, 러시아, 중국과 함께, 미국의 이라크 공격 계획에 노골적으로 반대하였다. 그에 따라 미국의 신문들과 프랑스-독일의 신문들 사이에 상호 비난이 일어났다.

　미국과 유럽의 대립은 성격이 다른 두 문명 사이의 근본적인 갈등 현상인 것 같았다. 그러한 의미에서 서유럽과 미국의 갈등은 많은 공통점을 공유하면서도 갈등을 빚었던 고대 그리스 문명과 로마 문명 사이의 관계를 연상시키는 것이었다.

　두 지역의 이질화는 9·11 테러사건 이후 미국의 사회 분위기가 새로운 변화를 맞으면서 더욱 더 뚜렷해지는 듯이 보였다. 미국에서는 테러가 가져다준 국가적 위기감 때문에 사회 분위기가 상당히 보수적으로 돌았다.

　이와 같은 미국의 태도 변화에 대해 유럽에서는 많은 동정과 지지가 있었다. 그렇지만, 다른 한편에서는 반감과 냉소가 공공연히 표현되었다. 그것은 2002년에 유럽이 미국의 국제형사재판소 가입을 거부한 데서도 나타났다.

　두 지역의 차이는 2002년 말에 미시간 대학이 발표한 '세계가치관 조사'보고서에서 잘 나타났다.

　그 보고서에 따르면, 미국인과 유럽인은 모두 여성의 사회 참여, 동성애 존중, 시민운동과 같은 자기 표현의 가치, 그리고 정치적 안전, 경제적 안전과 같은 생존적 가치를 중요하게 여긴다는 점에서 공통점을 보여주고 있었다.

그러나 미국인들이 애국심, 종교, 가족과 같은 전통적 가치를 중요하게 보고 있는 것과는 달리, 유럽인들은 이혼, 낙태, 안락사, 자살의 권리와 같은 세속적-이성적인 가치를 중요하게 보고 있었다.

애국심의 경우에 있어서, 미국인들은 국민의 72퍼센트가 "내 조국이 자랑스럽다"고 할 정도로 강하였으나, 유럽인들은 그렇지 않았다. 유럽인들은 국가주의에 대한 경계심 때문에 국가 보다는 국제공동체 유럽연합에 대해 더 큰 애정을 가지고 있었다.

미국인들은 종교를 애국심과 결부시키고 있을 정도로 중요시하고 있었다. 그러나 유럽인들은 2004년부터 시행될 새로운 유럽연합 헌법의 초안에서 종교적 유산을 상징하는 신(神)을 일체 연급하지 않을 정도로 세속적이었다. 세속주의는 '세속적, 민주적, 사회적 공화국'을 헌법에서 강조한 프랑스에서 가장 강하였다.

이와 같은 문화적 차이는 미국이 '정력적이고 순진한' 성격을 강하게 띠고 있는 데 대해, 유럽은 '세련되고 원칙에 얽매이지 않는' 성격을 강하게 띠고 있다는 의미로 해석할 수 있었다. 바꾸어 말하면, 그것은 미국은 보다 더 우경화되어 있고 유럽은 보다 더 좌경화되어 있다는 의미로 해석할 수 있었다.

이처럼 미국 문명이 유럽 문명을 토대로 출발했으면서도 오늘날에 와서 유럽인들과 갈등을 빚게 된 사실은 고대 지중해 세계에서 로마 문명이, 그리스 문명을 토대로 했으면서도, 그리스 인들과 갈등을 빚게 되었던 사실을 연상시키고 있는 것이다.

'자유의 제국'

2003년에 미국은 80개 나라에 군대를 주둔시키고 있었다. 그러한 의미에서 미국은 하나의 국민국가(nation-state)라기보다는 하나의 제국(empire)이었다. 그 때문에 많은 사람들이 미국을 현대의 로마 제국이라고 부르고 있는 것이다.

미국에서 다문화주의(multiculturalism)가 강조되고 있는 사실이 바로 미국이 고대 로마제국처럼 수많은 인종과 문화로 이루어진 제국임을 말해주고 있는 것이다.

고대 로마제국이 라틴어라는 공통된 언어를 수단으로하여 지중해 세계를 지배하였듯이, 현대 미국은 영어라는 공통된 언어를 통해 세계에 영향을 미치고 있다.

또한, 고대 로마제국이 로마로 통하는 잘 짜여진 도로망을 통해 문화의 중심지 역할을 했던 것처럼, 현대 미국은 현대판 로마의 길이라고 할 수 있는 인터넷을 통해 세계 문화의 중심지 역할을 하고 있다.

그 때문에 미국은 민주주의의 확산, 자유경제체제의 수립, 인도주의의 전파라는 명분 밑에서 전 세계의 분쟁에 개입하게 되었다. 미국인들 자신의 표현을 빌리면, "세계적인 책임"을 지고 있는 것이다.

그러나 아직 미국의 패권은 고대 로마제국만큼 확고하게 이루어지지 않았다. 왜냐하면 여전히 미국의 패권이나 일방주의에 (unilateralism)에 대해 제동을 거는 세력은 막강하기 때문이다. 그것은 전직 프랑스 외무장관 위베르 베드리느의 말 속에서 잘 나타났다. "우리는 정치적으로 하나의 축을 가진 세계, 문화적으로 획일화된 세계, 그리고 미국과 같은 하나의 초국가(hyper-power)적 일방적 체제를 받아들일 수 없다"고 그는 말했던 것이다.

게다가 미국인들 자신도 아메리카제국의 문제나 가치의 문제에 있어서 통일되어 있지 못하다. 즉, 미국 국민은 앞에서도 지적한 바와 같이 두 개의 국민으로 분열되어 있기 때문이다.

즉, 유럽처럼 세속주의적인 미국, 다시 말해 선거 때 민주당에 투표하는 미국이 있는가 하면, 전통주의적인 미국, 다시 말해 선거 때 공화당에 투표하는 미국도 있기 때문이다.

이러한 점에서 본다면, 민주당을 지지하는 미국인들은 문화적으로 유럽인들과 비슷한 점이 많고, 공화당을 지지하는 미국인들은 유럽인들과는 다른 성격을 보여 주고 있는 것 같다.

이와 같은 "두 개 미국"의 존재에도 불구하고, 외국인들에게 미국은 조지 부시 대통령이 2002년 11월에 체크 공화국에서 언명했던 "자유, 인권, 민주주의"란 공통된 가치를 추구하는 나라로 비쳐지는 것이다.

지금 세계에는 이와 같은 미국적 가치를 대신할만한 다른 가치 체계가 뚜렷하게 보이지 않는다. 그 때문에 설사 전 세계에서 미국 문명에 대항한 '문명 충돌'이 빈번히 일어난다고 해도, 앞으로 얼마 동안은 미국적 가치가 위축될 것 같지는 않다.

오히려 미국은 토마스 제퍼슨이 말한 '자유의 제국'(Liberal Empire)으로서 그의 영역을 더욱 더 확대해 나갈 가능성이 있어 보이는 것이다.

참고문헌

강선주, "미국의 세계교육을 둘러싼 논쟁: 다원론적 관점과 국익중심 관점," <미국사 연구> 14 (2001, 11)
강성학/피터 딕스, <키신저 박사와 역사의 의미> (박영사, 1985)
고대영미 문화 연구소/Luther S, Luedke(ed), <미국의 사회와 문화> (고려대, 1989)
권오신, <미국의 제국주의: 필리핀인들의 시련과 저항> (문학과 지성사, 2000)
권용립, <미국의 정치문명> (삼인, 2003)
권용립, <미국대외정책사> (민음사, 1997)
김남균, "미국의 일본안보정책에 끼친 한국전쟁의 영향," <미국사 연구> 4 (1996, 12)
김남균, "미국 역사가들과 한국전쟁: 해석의 변증법," <미국사 연구> 12 (2000, 11)
김덕호, "빈곤과의 전쟁을 통해서 본 1960년대 미국의 복지정책," <한국서양사> (1998)
김덕호, 김연진 편, <현대미국의 사회운동> (비봉출판사, 2001)
김봉중 "카터 인권외교에 대한 재조명," <미국사 연구> (1999, 5)
김봉중, "냉전, 베트남, 그리고 역사적 기억: 로버트 맥나마라와 미국의 베트남 전쟁 개입," <미국사 연구> 12 (2000, 11)
김명애, "1970년대 미국의 대외정책과 라틴 아메리카 외채위기의 원인," <미국사 연구> 14 (2001, 11)
김연진, "1960년대 미국내 '백인 소수 민족의 부활'," <미국사 연구> 7 (1998, 5)
김영흠, <미국의 아시아 외교 100년사> (신구문화사, 1989)
김정배, "프랭클린 루즈벨트의 전후구상: 미국 헤게모니의 한계," <미국사 연구> 13 (2001, 5)
김정배, "냉전의 기원: 공존과 지배의 전략," <미국사 연구> 5 (1997, 5)
김정배, "애치슨「방위선」의 정치적 성격", <부산대학교> 15·16 (1992)
김종철/알렉스 헤일리, <맬콤 엑스 사상> 상, 하 (창작과 비평사, 1978)
김주환, <미국의 세계전략과 한국전쟁> (청사, 1989)
김진웅, <현대미국외교사> (아세아문화사, 1987)
김진웅, "냉전의 기원론에 대한 일고찰", <역사교육논집> 6 (경북대학교, 1984)
김진웅, "미국인의 의미와 성격," <미국사 연구> 5 (1997, 5)
김진희, "미국 노동사의 위기와 해결의 모색," <미국사 연구> 10 (1999, 11)
김쾌상/Peter Steinfels, <현대 미국 지성사 : 신보수주의자들> (현대 사상사, 1983)
김행자/Betty Friedan, <여성의 신비> (평민사, 1978)
김형곤/William J. Ridings, Jr., <위대한 대통령, 끔찍한 대통령> (한언, 2000)
김형인, "미국에서의 사회주의적 꿈의 좌절: 미국적 평등주의의 전통" <미국사 연구> 14 (한국미국사학회, 2001, 11).
김형인, "미국 흑백인종주의 특성과 변천: 노예제도에서 민권운동까지," <서양사 논총> 70 (한국서양사학회, 2001, 9), 155-185.
김형인 외/William W. Stueck, <한국전쟁의 국제사> (푸른 역사, 2001)
남문현, "에디슨의 기업가 정신과 기술혁신," <미국사 연구> 7 (1998, 5)
미국사학회 편역, <미국 역사의 기본 자료> (소나무, 1992)
민병갑 외, <미국속의 한국인-교포들의 이민생활 및 사회적응 분석> (유림문화사, 1991)

박무성, <뉴딜 정책의 성과 비판> (일조각, 1984)
박무성/Arthur M. Schlesinger, Jr., <뉴딜사상> (범조사, 1980)
박무성/Dexter Perkins, <미국 외교 정책사> (범조사, 1985)
박무성/프라이델 F. 외, <미국현대사> (대학문화사, 1985)
박영호 김광석 외, <한미관계사> (실천문학사, 1990)
바용규/존 우드브리지 외, <기독교와 미국> (총신대출판부, 1992)
박인숙, "윌리암 애플맨 윌리엄스의 미제국론 연구," <미국사 연구> 3 (1995, 12)
박재규, <냉전과 미국의 대아시아 정책> (박영사, 1980)
배영수,"미국 뉴딜 행정부의 사회정책", <복지국가의 형성> (민음사, 1983)
서인재, "킹 박사의 항거 사상", <미국학 논집> 제1집(한국 아메리카학회, 1969)
경남대극동문제연구소, <80년대 미소관계> (1991)
손영호, "미국사회에서 소수민족 동화에 대한 일고찰: Melting Pot 이론의 개념과 타당성을 중심으로," <교육과학연구> 6 (1992)
손영호, "미국 이민자들과 학교 교육," <미국사 연구> 9 (1999, 5)
시찬주/ 마이켈 우드, <영화 속의 미국> (현대미학사, 1994)
안경환, <미국법 역사> (대한 교과서 주식회사, 1988)
안윤모, "뉴딜의 구제 정책(1933-1939):빈곤 퇴치 정책을 중심으로", <역사학보>
안윤모, "매카시즘의 우파 대중주의적 성격," <미국사 연구> 8 (1998, 11)
안윤모, "매카시즘과 노동자 문제, 1946-1954," <미국사 연구> (1997, 11)
양호환, "미국의 역사교육, 그 역사와 문제점", <역사와현실> 7 (1992)
연동원, <영화 대 역사> (학문사, 2002)
이길용, <미국이민사> (대한교과서 주식회사, 1992)
이보형, 홍영백, 이주영 공역/ Carl N.Degler, <현대 미국의 성립> (일조각, 1978)
이보형 편, <미국사 연구 서설> (일조각, 1984)
이보형 편, <미국 역사의 새 발견> (소나무, 1991)
이삼성, <미국 외교 이념과 베트남 전쟁> (법문사, 1991)
이상호, "미국의 태평양보안정책과 한국전쟁," <미국사 연구> 9 (1999, 5)
이상민, "미국에서의 대통령 기록관제도의 성립과 발전," <미국사 연구> 10 (1999, 5)
이연선/Assar Lindbeck, <신좌파의 정치경제학:비판,재비판,그리고 논쟁> (현상과 인식, 1985)
이재봉, <반미주의> (들녘,1989)
이주영, <미국 경제사 개설> (건국 대학교 출판부, 1988)
이주영, "'위대한 사회'와 미국의 자유주의", <인문과학논총> 제18집(건국대, 1986)
이주영, "미국 자유주의의 위기", <미국사연구서설> (일조각)
이주영, "신자유주의의 역사적 의미", <인문과학논총> 27(건국대,1995)
이주영, "아서 슐레신저와 미국의 자유주의 사관", <역사와 인간의 대응>(한울사, 1984)
이주영/Paul K.Conkin, <뉴딜정책> (탐구당,1977)
이주영. "신좌파의 기술에 대한 태도: 전근대적 시각의 부활," <미국사 연구> 7 (1998)
이주영, "1960년대 미국 학생운동의 마르크스주의화 과정," <미국사 연구> 9 (1999, 5)
이주영, "미국 극우파의 성격(1980-1995)," <미국사 연구> 11 (2000, 5)
이주천, "전쟁초기 프랭클린 루즈벨트 대통령의 대소 무기 대여정책 (1941-1942)," <미국사 연구> 5 (1997, 5)
이주천, "프랭클린 루즈벨트 대통령과 냉전의 기원",<원광대논문집> 22-1(1988)
이주천, "루스벨트 행정부의 신탁통치 구상과 대한정책, <미국사 연구> 8 (1998, 11)
이주천, "프랭클린 루즈벨트의 원자에너지 정책: 소련과의 共有문제," <미국사 연구> 13 (2001, 5)

이창신, "제2차 세계 대전 중 미국정부의 이미지 전략과 젠더 이데올로기," <미국사 연구> 제15집(2002, 5)
이창신, "미국 여성과 여성사: 성 젠더, 그리고 차이의 역사학," <미국사 연구> 10 (1999, 5)
이춘란/Richard Hofstadter, <미국의 정치적 전통> 하(탐구당, 1976)
임찬빈/David E. Nye, <현대의 미국사회> (탐구당, 1994)
이형대, "미국 지성사에서 라인홀드 니버의 위치," <미국사 연구> 6 (1997, 11)
이형대, "미국사 서술에서 "포스트모던적" 연구의 문제점과 "문화적 좌파"에 대한 비판," <서양사론> 57 (1998)
이형대, "20세기 미국사회과학의 기원과 모더니즘," <미국사 연구> 10 (1999, 5)
임희섭, <한국과 미국> (경남대극동문제연구소, 1991)
장준갑, "한국전쟁 직후 미국의 한반도 정책 (1953-54): 냉전 외교의 한계," <미국사 연구> 제15집 (2002, 5)
정경희, "초기 신좌파의 성격," <미국사 연구> 13 (2001, 5)
정만득 편, <사료 미국사> I, II(계명 대학교 출판부, 1979)
정만득, <미국의 청교도 사회: 정착 초기의 역사> (비봉출판사, 2001)
정명진/엘리스 코스, <미국 4대 신문의 성장사> (한국언론자료간행회, 1992)
정상준, 황혜성 공역/ Arther M. Schulesinger, Jr., <미국역사의 순환> (을유문화사, 1993)
정성화, "미국의 대소 핵전쟁: 트루만, 아이젠하워 시대," <미국사연구> 9 (1999. 5)
정용석, <미국의 대한정책> (일조각, 1984)
정의숙/Kate Millet, <성의 정치학> (현대 사상사)
조지형, "도미니크 라카프라의 텍스트 읽기와 포스트모더니즘의 역사서술," <미국사 연구> 6 (1997, 11)
조지형/ Sara M. Evans, <자유를 위한 탄생: 미국여성의 역사> (이화여자대학교 출판부, 1998)
차상철, <해방 전후 미국의 한반도 정책> (지식 산업사, 1992)
차상철, "미국의 일본점령정책", <충남대 인문과학연구소논문집> 40 (1992)
차상철, "냉전초기 미국의 중국정책," <미국사 연구> 4 (1996, 12)
차상철, "매카시즘과 스탈린주의 그리고 냉전의 심화," <미국사 연구> (1999, 5)
차상철, "아이젠하워, 이승만, 그리고 1950년대의 한미관계," <미국사 연구> 13 (2001, 5)
최상용, <미군정과 한국민주주의> (나남, 1989)
최성홍, <키신저의 사상과 표현> (정도출판사, 1987)
최영보 외, <미국현대 외교사> (비봉출판사, 1998)
최 웅, "대공황과 뉴딜", 미국학 연구 제4집(광주:전남 대학교 미국문화 연구소, 1976)
한영ökr, <한미관계의 정치 경제> (평민사, 1989)
한혜련, "미국의 원자에너지 정책과 냉전의 기원, 1941-45", <이대사원> 16(이화여대, 1979)
홍백룡, "대니엘 부어스틴의 Neo-Conservatism", <논문집> 제5집 (숭전대학교, 1974)
홍영백, "미국 기업, 기업가사 연구 접근 방법", 동국사학 제21집(동국 대학교 사학과, 1987)
황보종우, "SDS의 초기노선과 활동에 대하여: 포트 휴런 선언과 공동체조직운동을 중심으로," <미국사 연구> 6 (1997, 11)
황혜성,"루이 하츠의 '미국자유주의전통'에관한 소고", <미국학> 13(서울대미국학연구소, 1990)
황혜성, "마틴 루터 킹과 말콤 엑스: 그들은 영원한 라이벌인가?" <미국사 연구> 14 (2001, 11)
황혜성 외/Alan Brinkley, <미국인의 역사> 2, 3권(비봉출판사, 2000)
James T.Patterson, *America Since 1941: A History*, second edition (Hartcourt College Publishers,2000)
Michael Schaller et al., *Present Tense:The United States Since 1945*, Second Edition (1996)
Alan Brinkley et al., *American History:A Survey*, Volume II (1991)

Mary Beth Norton et al., *A People And A Nation:A History of the United States* (1994)
John M.Blum et al., *The National Experience II: A History of the United States Scince 1865*, 5 ed.(1981)
Thomas A.Bailey et al., *The American Pageant:A History of the Republic*,Volume II,8 ed.(1987)
Carl N.Degler et al.,*The Democratic Experience*, 4 ed. Volume II(1979)
John A.Garraty *The American Nation*,Volume Two:*A History of the United States Since 1865*(1983)
Norman A.Graebner et al., *The American Past*, Part Two:*A Survey of American History Since 1865*(1984)
Robert A. Divine, *Since 1945:Politic and Diplomacy in Recennt American History*, 2 ed.(1979)
Ralph F. de Bedts, *Recent American History:1945 To The Present*, Volume II(1973)
Arthur S. Link et al., *American Epoch*, Volume II:*A Era of Total War and Uncertain Peace 1938-1980*, 5 ed.(1980)
Howard Zinn, *Postwar America:1945-1971*(1973)
Walter LaFeber et al, *The American Century:A History of the United States Since The 1880s* (1975)
William H.Chafe, *The Unfinished Journey:America since World War II*, 2 ed.(1991)
John Patrick Diggins *The Proud Decades:America in War and Peace,1941-1960*(1988)
Godfrey Hodgson, *America in Our Time* (1976)
John Morton Blum, *Years of Discord:American Politics and Society,1961-1974* (1991)
Alan M. Dershowits, *Sexual McCarthyism: Clinton, Starr, and the Emerging Constitutional Crisis*, (Basic Books, 1998)
Danny Goldber and others, ed., *It's a Free Country: Personal Freedom in America after September 11* (Akashic Books, 2002)
Paul Pillar and Michael H. Armacost, *Terrorism and U.S. Foreign Policy* (Brookings Institution Press, 2001)
Richard Falk *The Great Terror War: The World after September 11* (Interlink Publishing Group, Inc., 2002)
Robert Cwiklik, *Bill Clinton: President of the 90s* (Millbrook, 1997)
Robert J. Lieber, *Eagle's Rule? Foreign Policy and Ameican Primacy in the Twenty-First Century* (Prentice Hall, 2001)

찾아보기

【ㄱ】

가정 수호(pro-family) 운동　196
개인주의　13, 38, 279
거듭난 기독교인　200
걸프전쟁　252
고립주의　25
공공사업　21
공동체주의　12
공화당　11
구우파　205
국가통제　19, 51
국가건설　92
국방부 문서 파문　150
극우파　274
근본주의　18
기독교 정체　274

【ㄴ】

나토　45
노르망디 상륙작전　30
노인의료법　121
노인의료지원　280
노조 없는 작업장(open shop)　16
뉴딜　11
뉴딜 연합전선　59
뉴프론티어　115
닉슨, 리차드　66, 114, 141

【ㄷ】

다문화적　304
다문화적 사회　279
다문화주의　322
대중영합주의(populism)　23
대서양 헌장　33

대항문화　131
덜레스　87
도덕적 다수파　203, 215
도미노 이론　88
동성애　137, 234
동성애자　266

【ㄹ】

로드니 킹 사건　241
로우 대 웨이드　137

【ㅁ】

마샬 계획　43
마약　234
마틴 루터 킹　118, 138
말콤엑스의 흑인민족주의　127
매카란 보안법　64
매카시즘　67
매카시, 조셉　67
맥아더　73
맥아더, 더글라스　47
맨하튼 계획　32, 66
메갈로폴리스　104
모겐소 계획　35
무기 대여　28
문명충돌　311
문화전쟁　241, 278
문화혁명　131
미국노총　101
민권법　120
민중주의　67, 180

찾아보기 329

【 ㅂ 】

반공법 62
반공주의 62, 83
백인 민병대와 극우파 271
베이비 붐세대 103, 167, 213
베를린 봉쇄 45
보수주의 11, 24, 305
보수-우파 11, 269, 305
보안법 68
복지국가 22
봉쇄 정책 41, 70, 76
북미무역자유협정 247
브라운 판결 61, 84
브레튼우즈 회의 42
비트 족 110
비 미국적 23
빈곤에 대한 전쟁 120
빈민의료지원 280

【 ㅅ 】

사회민주주의 12, 23
사회보장법 22, 81
소수세력 우대조치 197, 229, 267
스태그플레이션 151, 169
스포크 박사 107
스푸트니크 충격 89
신우파 198, 205
신이민 193
신좌파 132

【 ㅇ 】

알저 히스 48, 65
암스트롱, 닐 149
얄타체제 28
얄타 회담 34
에이즈 234
여성해방 운동 133
여피들 213
왓츠 126
우드스탁 국민 131

운디드니 192
워렌 대법원 123
워터게이트 사건 159
월리스, 조지 141
유색인종 지위향상 협회(NAACP) 60
U-2기 사건 91
음모이론 67
이란-콘트라 222
이란 인질 사건 185
이피들 140
일기예보자들 149

【 ㅈ 】

자기중심의 시대 198
자유방임주의 13, 78, 206
자조(self-help)의 정신 21
전국여성기구(NOW) 135
정부 개입주의 19, 78, 262
제국 279, 322
존 버치 협회 124
중앙집권화 20
좌우합작 41
지구화 299
진보주의 11, 13, 24, 38, 50, 114, 213
진보-좌파 11, 256, 262, 266, 272, 279
집단주의 39

【 ㅊ 】

청교도 17
총기단속법 274
충성도 심사 사업 63, 83

【 ㅋ 】

칼빈주의 17
쿠클락스클랜 18, 85, 273
키신저 174
킨제이 박사 109

【 ㅌ 】

태프트-하틀리 법　56, 57
테헤란 회담　34
토마스 판사 인준　241
토착주의　17
통킹만 사건　145
트루먼 선언　43

【 ㅍ 】

파나마 운하조약　185
판결도　139
페이딜　60
평등권 헌법수정안(ERA)　136
폐쇄적 작업장(closed shop)　56
포드, 제랄드　162
폴웰, 제리　203
풍요한 사회　99

【 ㅎ 】

혁신당　59
화이트칼라　106
황제 지상주의　23, 164
황제적 대통령직　157
흑백버스 통합　190
흑인민족주의　127
히피　132

【저자약력】

이주영

현재 건국대학교 사학과 교수
서울대 사학과에서 수학(학사 및 석사)
하와이대(석사) 및 서강대(박사)에서 수학
프린스턴대, 콜롬비아대 객원 연구원
한국 미국사학회, 역사학회 회장 역임

김형인

현재 한국외국어대학교 연구교수
고려대학교에서 수학(학사 및 석사)
미국 뉴멕시코대 사학과에서 수학(석사 및 박사)

미국현대사의 흐름 뉴딜에서 현재까지

초판발행 | 2003년 5월 30일
초판 4쇄 | 2006년 4월 5일

저 자 | 이주영 · 김형인
펴낸이 | 박기봉
펴낸곳 | 比峰出版社
주 소 | 서울 금천구 가산동 550-1. IT캐슬 2동 808호
전 화 | (02)3142-6551~5
팩 스 | (02)3142-6556
E-mail | beebooks@hitel.net / bbongbooks@hanmail.net
등록번호 | 2-301 (1980년 5월 23일)
ISBN | 89-376-0308-X 03900

값 15,000원

이 책의 한국어판 판권은 본사에 있습니다.
본사의 허락 없이 이 책의 복사, 일부 무단전제, 전자책 제작 유통 등 저작권 침해 행위는 금지됩니다.
(파본이나 결함 있는 책은 우송해 주시면 교환해 드립니다.)